U0522336

发现长安：

中国社会科学院考古研究所西安研究室成立六十周年纪念

中国社会科学院考古研究所 著

中国社会科学出版社

图书在版编目(CIP)数据

发现长安：中国社会科学院考古研究所西安研究室成立六十周年纪念／中国社会科学院考古研究所著. —北京：中国社会科学出版社，2017.9
ISBN 978 – 7 – 5203 – 1231 – 8

Ⅰ.①发… Ⅱ.①中… Ⅲ.①文物—考古—研究所—概况—西安 Ⅳ.①K872.411 – 24

中国版本图书馆 CIP 数据核字(2017)第 250096 号

出 版 人	赵剑英
责任编辑	郭　鹏
责任校对	韩天炜
责任印制	李寡寡

出　　版	中国社会科学出版社
社　　址	北京鼓楼西大街甲 158 号
邮　　编	100720
网　　址	http://www.csspw.cn
发 行 部	010 – 84083685
门 市 部	010 – 84029450
经　　销	新华书店及其他书店

印刷装订	北京君升印刷有限公司
版　　次	2017 年 9 月第 1 版
印　　次	2017 年 9 月第 1 次印刷

开　　本	880×1230　1/16
印　　张	23.75
字　　数	468 千字
定　　价	198.00 元

凡购买中国社会科学出版社图书，如有质量问题请与本社营销中心联系调换
电话：010 – 84083683
版权所有　侵权必究

编辑委员会

主　任　刘庆柱　王　巍　刘　政
副主任　白云翔　陈星灿　李　港
委　员（以姓氏笔画为序）
　　　　　王小庆　丛德新　巩　文　安家瑶
　　　　　刘永茂　刘振东（执行委员）刘　瑞
　　　　　汪亚刚　赵　岚　徐良高　龚国强

西安的世界文化遗产

图版一　秦始皇陵（1987 年 12 月）

图版二　汉长安城未央宫（前殿）遗址

图版三　唐长安城大明宫（含元殿）遗址

图版四　大雁塔

图版五　小雁塔

图版六　兴教寺塔（黄伟提供，2014年6月）

序

　　中国社会科学院考古研究所西安研究室始建于1954年，至今已经走过了60多个年头。对于人类历史来说，一个甲子只是一瞬间，但是西安研究室之于中国考古学史而言，半个多世纪以来却留下了辉煌的学术篇章。

　　新中国成立伊始，中国科学院考古研究所（1977年更名为中国社会科学院考古研究所）的领导决定建立京外业务派出机构：西安研究室、洛阳工作站和安阳工作站，这样的安排主要是因为上述地区在中国历史上占有极为重要地位，中国古代文明最早形成、发展在那里。其中西安地区与中原地区的新石器时代晚期文化，构成中国历史上的"根文化"，最早的中国正是从这里走上历史舞台。进入历史时期，西安地区作为周秦汉唐王朝的都城所在地，成为中国古代历史上建都朝代最多、时间最长的地方，周秦汉唐诸王朝以长安为都城，使之成为当时的国家政治统治中心、文化礼仪活动中心、经济管理中心、军事指挥中心，铸就了中国古代历史上辉煌的"盛世"。古都长安留下大量重要历史文化遗产，成为中国乃至世界考古的重地，被夏鼐先生誉为中国的"考古首都"。由于西安地区在中国考古学的重要性，时任中国科学院考古研究所副所长的夏鼐先生出任了中国科学院考古研究所西安研究室首任主任。与此同时，领导派出了号称考古研究所"五虎上将"之中的王伯洪、王仲殊、石兴邦、马得志等四位学术骨干，分别负责新组成的西安半坡、丰镐遗址、汉长安城遗址、唐长安城遗址考古工作队，长期开展西安地区史前与西周、汉唐考古。

　　20世纪50年代以来至今，中国社会科学院考古研究所相关考古工作队在西安及其附近地区进行的新石器时代晚期的半坡遗址、北首岭遗址，新石器时代中期的白家遗址、新石器时代早期的黄陵遗址等，先秦时代的长武先周遗址、西周周原遗址、丰镐遗址等，秦汉栎阳城遗址、秦阿房宫遗址与秦汉上林苑遗址、汉长安城遗址、汉宣帝杜陵陵园遗址、隋唐长安城遗址、隋仁寿宫与唐九成宫遗址、汉唐帝陵等考古工作，在中国考古学发展史上有着重要的学术意义。其中有些考古工作，对于中国考古学、历史学有着里程碑意义。比如：

发现长安：中国社会科学院考古研究所西安研究室成立六十周年纪念

20世纪50年代的西安半坡史前遗址考古发掘与研究，开创了中国考古学"聚落"考古之先河，首次全面、深入地揭示了新石器时代晚期的基本社会形态与物质文化面貌，借此建立了中国第一座史前聚落遗址博物馆。

丰镐遗址的考古发掘，从遗迹与遗物两方面奠定了西周考古学遗存类型的学科基础。丰镐遗址的考古也促使周原遗址考古在20世纪60年代初提上考古学研究日程，并为以后先周遗址的探索提供了科学支撑。

21世纪进行的秦阿房宫遗址考古工作，曾经引起社会广泛关注，学术界极为重视，在新的科研成果基础之上，考古研究所的学者涉及历史学方法、理论等重大学术问题所撰写的相关论文，被《新华文摘》全文转载。

从1956年开始的汉长安城遗址考古，半个多世纪以来取得了丰硕的学术成果，是目前中国古代都城遗址考古中，发掘遗址类型最多、面积最大的都城遗址，与此同时先后出版了《汉长安城未央宫（1980～1989年考古发掘报告）》《西汉礼制建筑遗址》《汉长安城武库》《汉长安城桂宫（1996～2001年考古发掘报告）》与《古都遗珍——长安城出土的北周佛教造像》等，成为出版田野考古发掘报告最多的都城遗址考古项目。汉长安城遗址的考古工作曾经先后在《人民日报》及海外版的第一版报道。与汉长安城遗址密切相关的汉宣帝杜陵陵园遗址的考古工作，是迄今汉代帝陵陵园遗址最为完整、系统的考古发掘与研究，《人民日报》1988年10月6日在第一版以《西安杜陵发掘获丰硕学术成果——西汉帝陵及礼制建筑的布局真相大白》为题详细报道了汉宣帝杜陵的考古收获。

20世纪50年代中期以来，隋唐长安城遗址的考古调查、勘探与发掘，究明了都城布局形制，其中的城门遗址（明德门、含光门、延平门、丹凤门、玄武门等）、大明宫遗址、兴庆宫遗址、青龙寺遗址、西明寺遗址、西市遗址、圜丘遗址等考古发现，使隋唐考古学学科框架得以更为全面的构建。特别需要提出的是，20世纪80～90年代作为隋唐长安城有机组成部分的隋仁寿宫、唐九成宫遗址的考古发现，学术意义至关重要。

汉唐帝陵与汉唐都城是有机的整体，中国社会科学院考古研究所学者自20世纪70年代末至80年代中期进行了汉唐帝陵考古调查与研究，并出版了《西汉十一陵》，被认为是"90年代以来研究西汉帝陵的集大成者，论述全面，见解深刻，影响深远"（《西汉帝陵钻探调查报告》，科学出版社2010年版）；作为唐代帝陵考古的《陕西唐陵调查报告》被学术界认为是"迄今为止对唐十八陵最为完整的考古调查报告，其功不可没"（《考古与文物》2008年第6期）。田有前《西北艺术文物考察团唐陵考察活动述评》并称"由王子云、何正璜先生等参与的西北艺术文物考察团的唐陵考察活动，是20世纪前半期对唐陵进行的一次最全面、最系统的考察工作，与20世纪七八十年代刘庆柱、李毓芳先生的唐十八陵考古调查，共同组成了20世纪唐陵调查史上两次最重要的学术考察活动"(《中国国家博物馆馆刊》2013 年第 2 期)。

由于上述考古工作，使西安半坡遗址、西周丰镐遗址、秦汉栎阳城遗址、汉长安城遗址、唐长安城遗址、大明宫遗址、汉宣帝杜陵及西汉十一陵、唐十八陵等一批古代遗址、陵墓成为全国重点文物保护单位，其中汉长安城未央宫遗址、唐长安城大明宫遗址作为"丝绸之路"开启并发展的核心政治、经济、文化平台，而被誉为"丝绸之路起点"，并成为世界文化遗产。正是基于中国社会科学院考古研究所学者在西安地区 60 多年来考古发现与研究的丰硕学术成果，西安研究室决定编撰《发现长安》一书，全息地再现那些难忘的辉煌岁月，弘扬科学的精神，让西安地区的考古学事业再铸辉煌。西安研究室负责人刘振东教授嘱我为序，甚感高兴，深表感谢！

刘庆柱
2015 年 11 月 13 日

目 录

第一篇 西安研究室概况 ……………………………………………………（1）
- 西安研究室简介 ……………………………………………………………（3）
- 西安研究室组织机构 ………………………………………………………（13）

第二篇 主要工作收获 …………………………………………………………（15）
- 新石器时代考古发现 ………………………………………………………（17）
- 西周丰镐遗址考古发现 ……………………………………………………（32）
- 周原遗址考古发现 …………………………………………………………（55）
- 秦阿房宫与上林苑考古发现 ………………………………………………（75）
- 西汉长安城遗址考古发现 …………………………………………………（101）
- 隋大兴唐长安城遗址考古发现 ……………………………………………（136）
- 西安研究室2014年铁质文物保护修复简报 ………………………………（158）

第三篇 附属博物馆（西安分馆）陈列 ………………………………………（163）
- 前言 …………………………………………………………………………（165）
- 石器时期 ……………………………………………………………………（167）
- 商周时期 ……………………………………………………………………（191）
- 秦汉—南北朝时期 …………………………………………………………（239）
- 隋唐时期 ……………………………………………………………………（275）
- 结语 …………………………………………………………………………（299）

第一篇
西安研究室概况

西安研究室简介

西安研究室是中国社会科学院考古研究所（1977年以前隶属中国科学院）的派出机构，是考古所在西北地区开展田野考古的科研基地。研究室下设办公室、图书资料室、附属博物馆、文物保护室等。1954年西安研究室成立之初，由王伯洪任负责人，夏鼐任副所长兼任研究室主任。1956年12月1日，根据文化部文物局的决定，陕西地区所有考古发掘工作移交西安研究室，陕西省文管会的31人相应调入。1958年陕西省考古研究所成立后，这些人员又调往省所。1961年2月，为协调陕西地区的考古工作，陕西省考古研究所所长武伯纶兼任西安研究室主任，我所石兴邦兼任陕西省考古研究所工作。其后担任西安研究室主任的有马得志（1985）、刘庆柱（1993）和安家瑶（1995—2013）。担任西安研究室副主任的有刘庆柱（1983—1992）、许景元（1985年，分管洛阳工作站）、高振业（1987）、张连喜（1992—1997）、刘永茂（2000）和刘振东（2013）。张珍2008—2011年任副处级调研员，刘永茂2012年任正处级调研员。

西安研究室的成立，对于西北地区、尤其是陕甘两省的考古工作产生了极大的推动作用。历年来在陕西省就设立了六个工作队，目前第一工作队（唐长安城）、第二工作队（汉长安城）、第三工作队（西周丰镐）、第六工作队（石器时期）以及阿房宫与上林苑工作队仍继续开展考古工作。此外，渭水队、泾渭队、甘肃队、青海队、三峡队等也曾在西安研究室工作。

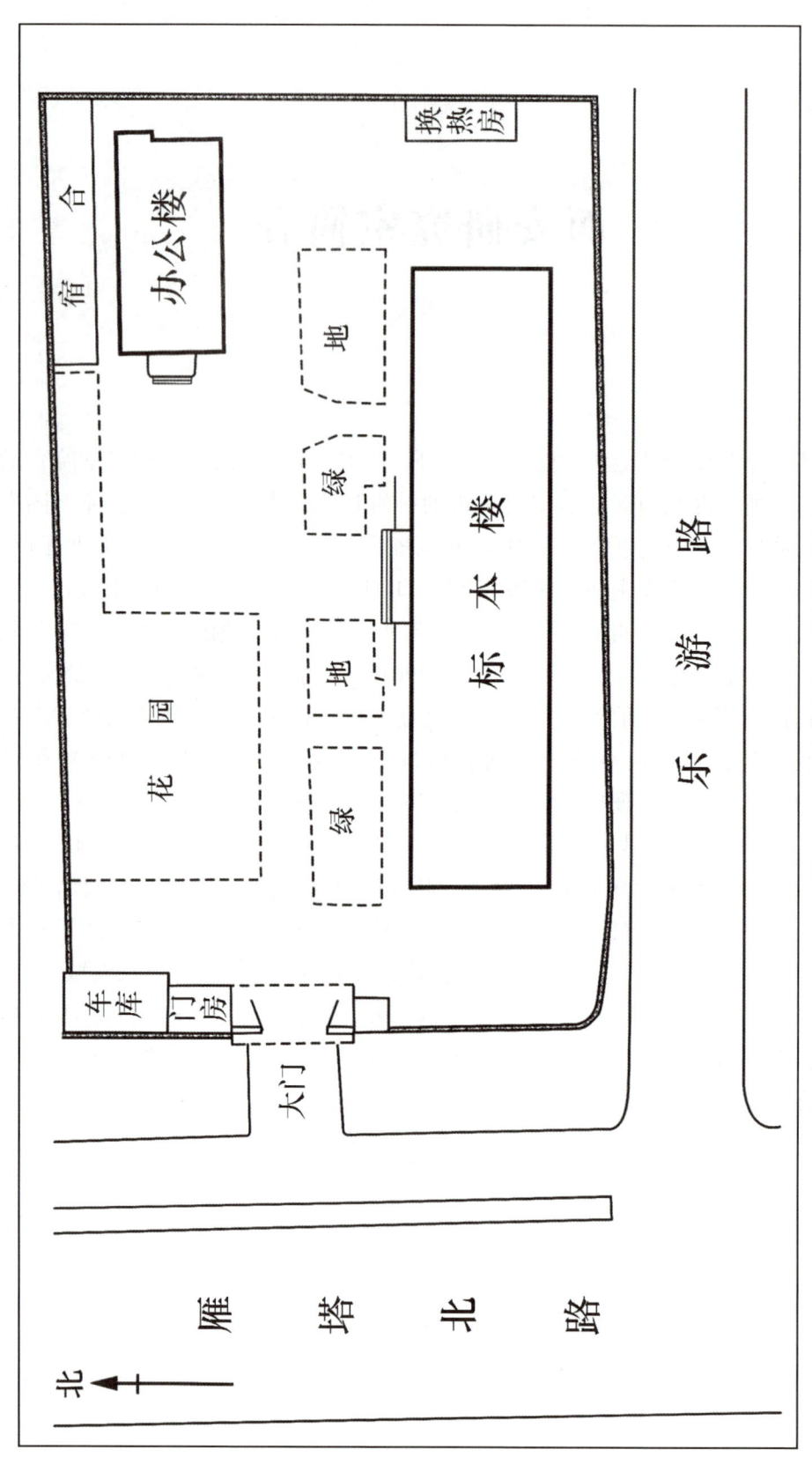

图1-1-1 西安研究室建筑布局示意图

图1-1-2 西安研究室大门

图1-1-3 西安研究室标牌

图 1-1-4　西安研究室曾用车辆

图 1-1-5　西安研究室现用车辆

图1-1-6 旧标本楼（1955年竣工）

图1-1-7 新办公楼（1998年竣工）

图1-1-8 在旧标本楼原址上新建的标本楼（2012年竣工，正面）

图1-1-9 在旧标本楼原址上新建的标本楼（2012年竣工，侧面）

图 1-1-10　图书资料室——书库

图 1-1-11　图书资料室——阅览室

图 1-1-12　文物保护室

图 1-1-13　报告厅

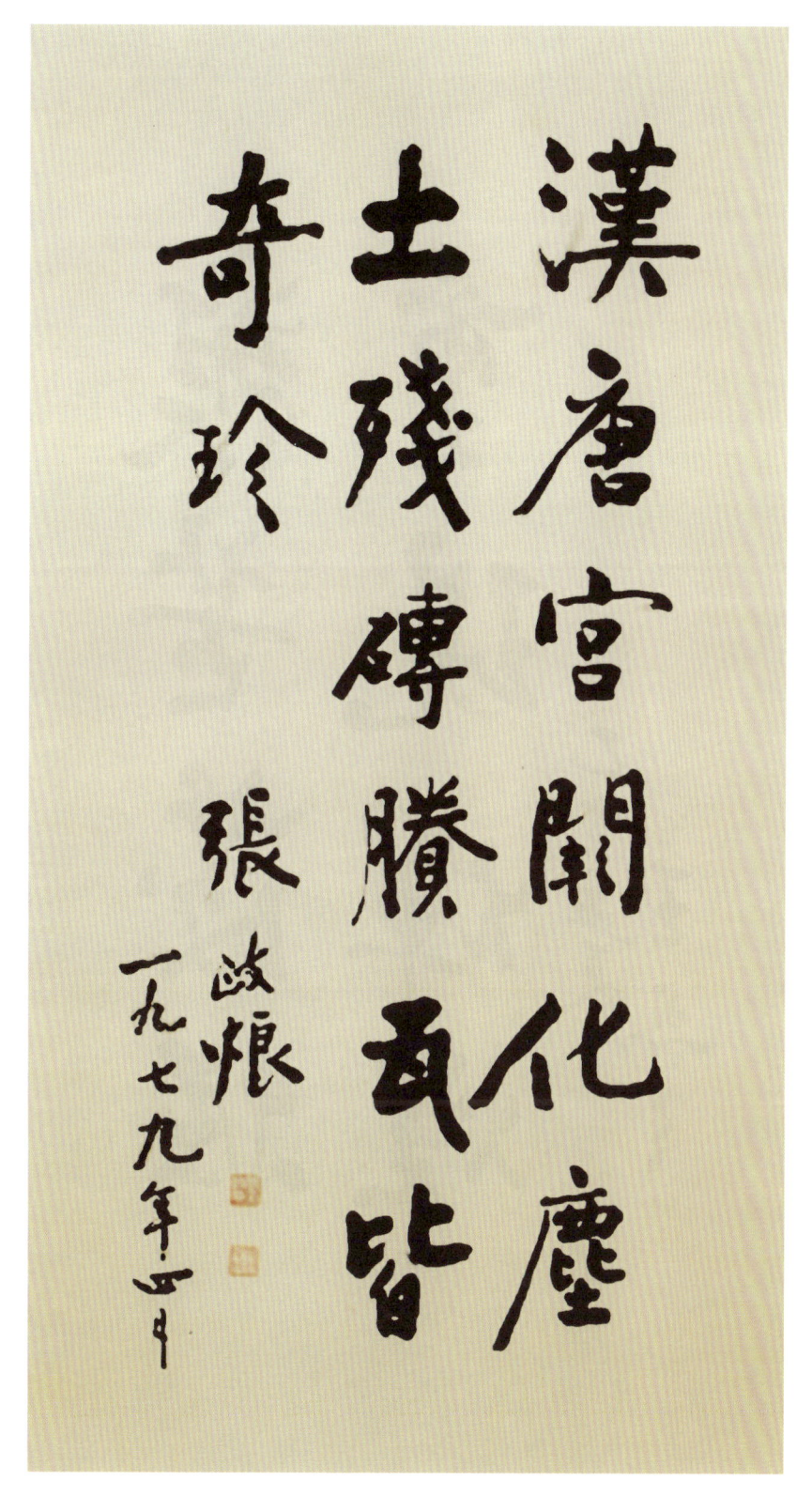

图 1-1-14　西安研究室收藏的张政烺题词

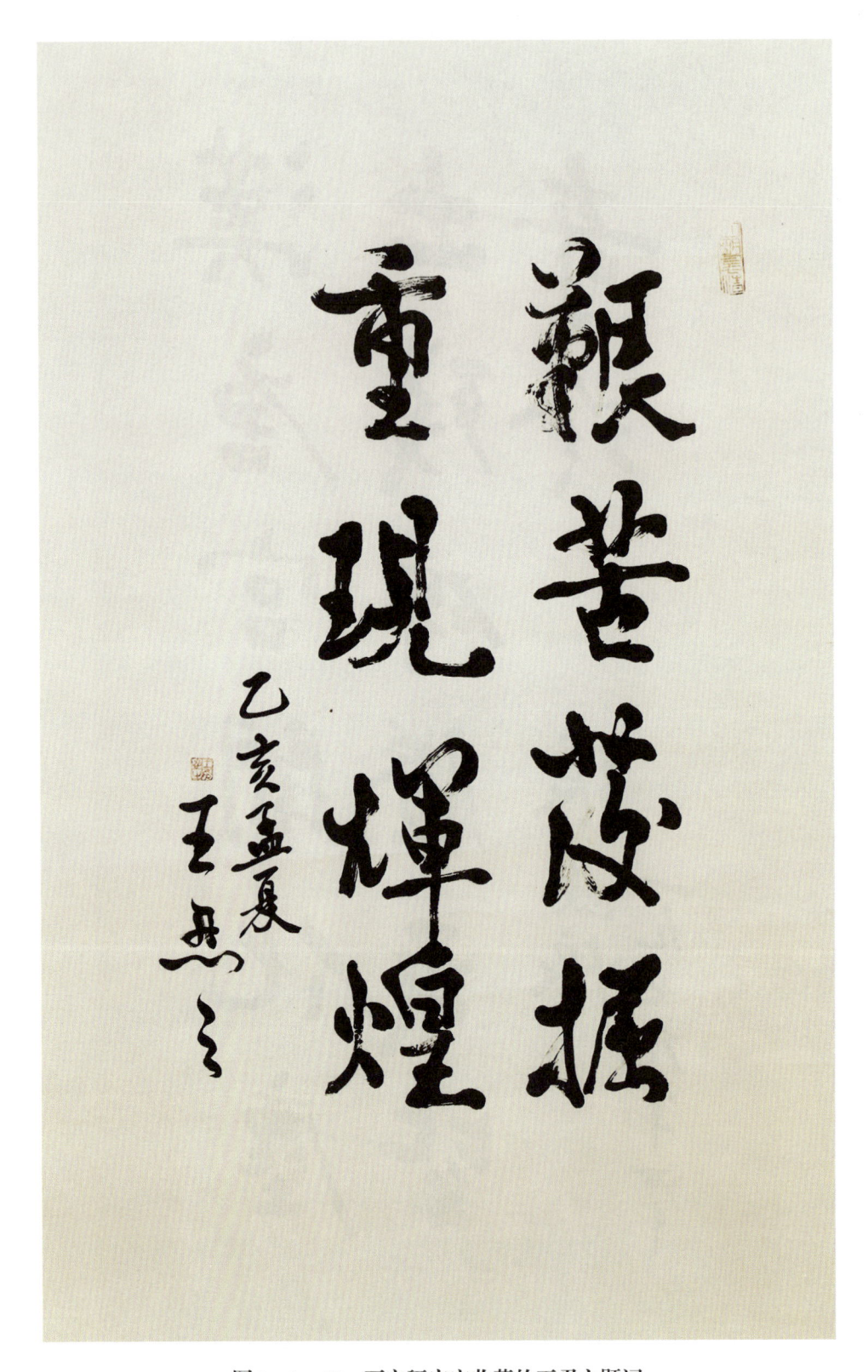

图 1-1-15　西安研究室收藏的王忍之题词

西安研究室组织机构

中国社会科学院考古研究所
　　——西安研究室——
　　　　办公室　　　（刘永茂 主任　**孟喜红　张小红　张　毅**）
　　　　图书资料室（**赵君妮**）
　　　　附属博物馆（**李　成**）
　　　　文物保护室
　　　　工作队——陕西第六工作队（石器时期）　（王小庆　队长）
　　　　　　　　　陕西第三工作队（西周丰镐遗址）（徐良高　队长
　　　　　　　　　　　　　　　　　　　　　　　　　付仲杨　宋江宁
　　　　　　　　　　　　　　　　　　　　　　　　　唐锦琼）
　　　　　　　　　秦阿房宫与上林苑工作队　　　（刘　瑞　队长）
　　　　　　　　　陕西第二工作队（汉长安城遗址）（刘振东　队长
　　　　　　　　　　　　　　　　　　　　　　　　　徐龙国　张建锋）
　　　　　　　　　陕西第一工作队（唐长安城遗址）（龚国强　队长
　　　　　　　　　　　　　　　　　　　　　　　　　李春林　何岁利）

（**郭晓涛　刘　涛**）汉魏洛阳城工作队
（**韩建华**）隋唐洛阳城工作队

席昭霞　张连喜　冯孝堂　左崇新　张　珍（退休）
赵永福　高兴汉　汪义亮　胡才伦　高振业
栗馥荣（去世）

（注：人名字体加黑者隶属于西安研究室）

附：通信地址
中国社会科学院考古研究所：北京市东城区王府井大街27号　邮编100710
西安研究室：陕西省西安市雁塔北路南段113号　邮编710054
洛阳工作站：河南省洛阳市老城区周公路5号　邮编471000
安阳工作站：河南省安阳市殷都区西郊乡小屯村　邮编455000

第二篇
主要工作收获

新石器时代考古发现

吴耀利

今年，中国社会科学院考古研究所西安研究室建立已经整整60周年了。60年来，以西安研究室为基地，中国社会科学院考古研究所在陕西省乃至中国西北的甘青地区，做了大量的田野考古工作，取得了许多令人瞩目的成绩，对中国整个新石器时代考古研究起到了示范和带头作用。在这里，简要地回顾和总结西安研究室新石器时代考古的发现与研究，对于我们今后在陕西省和我国西北地区更好地开展新石器时代考古研究，将不无裨益。

一 田野工作

新中国成立后，中国新石器时代田野考古工作的重点是在黄河流域中游地区，工作范围除河南省外还包括陕西省的关中地区。1951年中国科学院考古研究所（即现中国社会科学院考古研究所的前身）组建的第二年，就派出了陕西省调查发掘团，开始了对陕西关中地区的田野考古调查和发掘工作，发现了大批新石器时代的遗址。[1] 著名的西安半坡遗址就是在1953年的田野考古调查中由石兴邦先生发现的。[2]

1954年中国科学院考古研究所派石兴邦先生主持开始大规模发掘西安半坡遗址，该遗址位于西安东郊浐河边的高地上，浐河两岸仰韶文化的遗址分布密集。半坡遗址面积约5万平方米，考古发掘面积达1万平方米，发掘进行了4年。通过发掘，在中国第一次全面揭露出保存有围壕、居址、陶窑、墓地等丰富遗迹的新石器时代大型聚落。围壕内的半地穴式居址、墓地中的多人二次合葬墓和瓮棺葬墓、半坡下层的彩陶等，

---

[1] 中国科学院考古研究所陕西省调查发掘团通讯组：《1951年春季陕西考古调查工作简报》，《科学通报》1951年第9期。
[2] 石兴邦口述、关中牛编著：《叩访远古的村庄——石兴邦口述考古》，陕西师范大学出版总社有限公司2013年版。

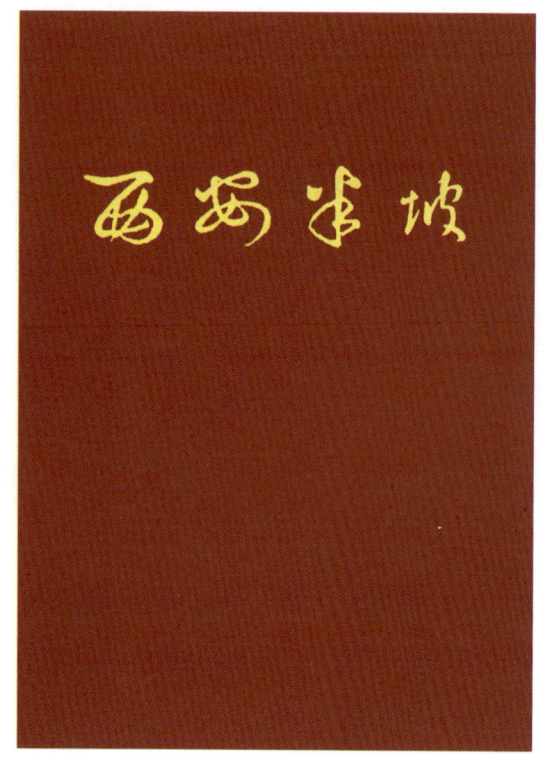

图2-1-1 《西安半坡》封面

都为仰韶文化增添了新的内容。① 以半坡遗址下层为代表的遗存由此确立为仰韶文化半坡类型（图2-1-1）。同时，半坡遗址的大规模、大面积的考古发掘也为我国田野考古发掘起到了示范和带头作用。1958年，新中国在半坡遗址发掘的原址上建立了中国第一座遗址博物馆——半坡博物馆并正式对公众开放，引起了国内外观众的巨大轰动。在纪念半坡遗址发掘六十周年之际，半坡博物馆在该馆为石兴邦先生树立了半身铜像，以之永远纪念石先生的功绩。

1955年中国科学院考古研究所开始发掘陕西长安客省庄遗址，该遗址位于陕西西安西南约20公里的长安县沣西乡，地处渭河支流沣河西岸的一片高地上。沣河沿岸是西周都城丰、镐的所在地。这里分布着许多古文化遗址，尤其是以西周的文化遗存特别丰富，客省庄遗址就是其中之一。该遗址发现较早，后历经多次调查。本次发掘进行了3年，共揭露面积2838平方米。最重要的收获是发现了"客省庄第二期文化"（后改称为"客省庄文化"），特别是"吕"字形的房屋建筑为首次发现，成为研究关中地区仰韶文化之后新石器时代末期文化的代表性遗址。② 同年，还在西安附近的调查中发现了客省庄二期文化的同类遗址西安米家崖遗址。③

1954年，中国科学院考古研究所西安研究室成立。西安研究室成立后，新石器时代田野考古工作即在紧密配合国家基本建设的专门方针指导下，得以蓬勃开展起来。1955年由文化部、中国科学院联合组成专业人员达40余人的黄河水库考古工作队，即在豫、晋、陕交界的三门峡水库区开展了大规模的田野考古普查。1955—1956年即在陕西关中最东部的朝邑（今大荔县）沙苑地区调查发现了细石器遗存，随即被认为是属于"中石器时代"的"沙苑文化"。④ 并且在田野考古普查的基础上选择关中东部地区的华阴横阵村等遗

---

① 中国科学院考古研究所、陕西省西安半坡博物馆：《西安半坡——原始氏族公社聚落遗址》，科学出版社1963年版。
② 中国科学院考古研究所：《沣西发掘报告》，文物出版社1962年版。
③ 中国科学院考古研究所西安半坡工作队：《西安米家崖新石器时代遗址调查简报》，《考古通讯》1956年第3期。
④ a. 安志敏：《黄河三门峡考古调查简报》，《考古通讯》1956年第5期。
　　b. 安志敏、吴汝祚：《陕西朝邑大荔沙苑地区的石器时代遗存》，《考古学报》1957年第3期。

址进行考古发掘，取得了重要收获。同时在1956年，黄河水库考古工作队还对甘肃刘家峡水库区进行了田野考古调查。

1958年开始的横阵村考古发掘是由中国科学院考古研究所黄河水库华阴考古队进行的，该遗址面积达12万平方米，至1959年发掘面积1000平方米，揭露了一处较为完整的仰韶文化半坡时期墓地，墓葬以多人二次合葬为主，其中3座大坑套小坑的大合葬最引人注目，合葬者多达40多人，为复原仰韶文化时期家族制度提供了重要资料。①

同年，黄河水库考古工作队陕西分队又试掘了陕西华阴南城子遗址，发现了一批典型的仰韶文化庙底沟类型的遗存。②

1958—1960年中国科学院考古研究所宝鸡队对陕西宝鸡北首岭遗址进行了第一阶段的考古发掘。北首岭遗址面积约6万平方米，发掘面积约5000平方米。发现房屋居址50座，墓葬451座，还有陶窑和排水沟等遗迹，出土大量陶器、石器和装饰品。遗址的堆积中有仰韶文化早期和晚期的遗存，其仰韶文化早期遗存为仰韶文化半坡类型增添了丰富内容(图2-1-2)。③

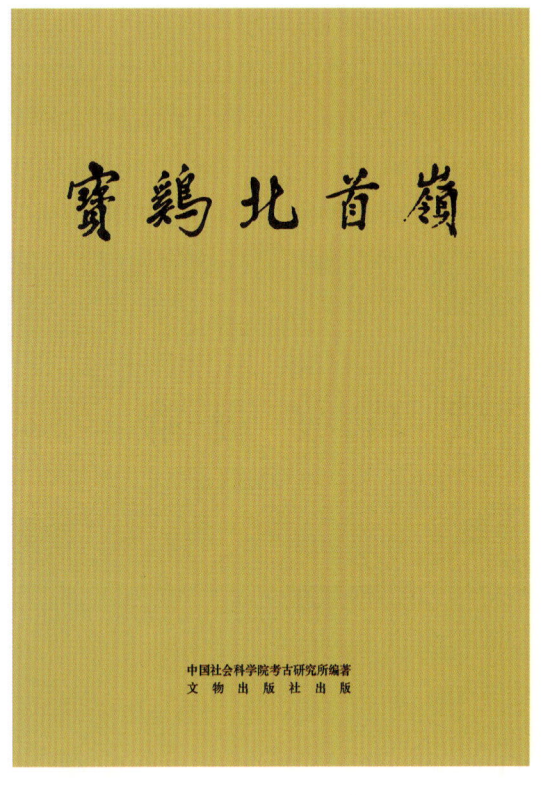

图2-1-2 《宝鸡北首岭》封面

这一时期中国科学院考古研究所西安研究室除在陕西关中地区外还在甘青地区进行了一系列重要的考古调查和发掘。1958年中国科学院考古研究所黄河水库考古队甘肃分队首先发掘了永靖张家嘴（咀）遗址。④ 1959—1960年对临夏大何庄和秦魏家两个遗址进行了考古发掘，揭露了齐家文化的居住遗迹和成片墓地，同时还发现齐家文化的红铜器。⑤ 1960年该队又对临夏马家湾遗址进行了考古发掘，首次发现了马家窑

---

① a. 黄河水库考古工作队陕西分队：《陕西华阴横阵发掘简报》，《考古》1960年第9期。
  b. 中国社会科学院考古研究所陕西工作队：《陕西华阴横阵遗址发掘报告》，《考古学集刊》第4辑，中国社会科学出版社1984年版。
② 中国社会科学院考古研究所陕西工作队：《陕西华阴南城子遗址的发掘》，《考古》1984年第6期。
③ 中国社会科学院考古研究所：《宝鸡北首岭》，文物出版社1983年版。
④ 黄河水库考古队甘肃分队：《甘肃永靖县张家咀遗址发掘简报》，《考古》1959年第4期。
⑤ a. 黄河水库考古队甘肃分队：《临夏大何庄、秦魏家两处齐家文化遗址发掘简报》，《考古》1960年第3期。
  b. 黄河水库考古队甘肃分队：《甘肃临夏秦魏家遗址第二次发掘的主要收获》，《考古》1964年第6期。

文化马厂类型的房屋建筑遗存。① 1962 年该队还对临夏姬家川遗址进行了考古发掘。② 同时，调查了黄河上游盐锅峡与八盘峡的许多新石器时代遗址。③

"文化大革命"以后，西安研究室新石器时代田野考古工作即转入了以考古学学术目的为主的主动发掘。考古工作者解放思想、实事求是，在全国改革开放的大好形势下不断把新石器时代考古工作推向前进。

1977—1978 年中国科学院考古研究所宝鸡队由于在第一次发掘中发现有早于仰韶文化半坡类型的线索，为了弄清楚这个问题，又对北首岭遗址进行了第二阶段的考古发掘。除发现丰富的仰韶文化遗存外，还发现北首岭下层为前仰韶文化的"北首岭下层类型"。④ 这为探索陕西地区前仰韶文化遗存提供了重要资料。

1979—1982 年中国社会科学院考古研究所武功队为了搞清陕西地区庙底沟二期文化的面貌和客省庄文化的分期问题，主动发掘了陕西武功浒西庄和赵家来两个重要遗址（图 2-1-3）。

浒西庄遗址位于陕西武功西北约 15 公里处，地处渭河支流漆水河与其小支流小北河交汇处的三角形台地上，面积约 35 万平方米。该遗址于 1943 年发现，1979 年复查确定该遗址是一处以庙底沟二期文化遗存为主的新石器时代遗址。发掘揭露面积 1204 平方米，发现庙底沟二期文化的白灰面房址 12 座、灰坑 35 个、陶窑 4 座、墓葬 18 座，出土大量陶器、石器、骨器，为研究关中西部地区的庙底沟二期文化提供了一批典型资料。⑤

赵家来遗址位于陕西武功西北约 15 公里处，地处渭河支流漆水河东岸一级阶地

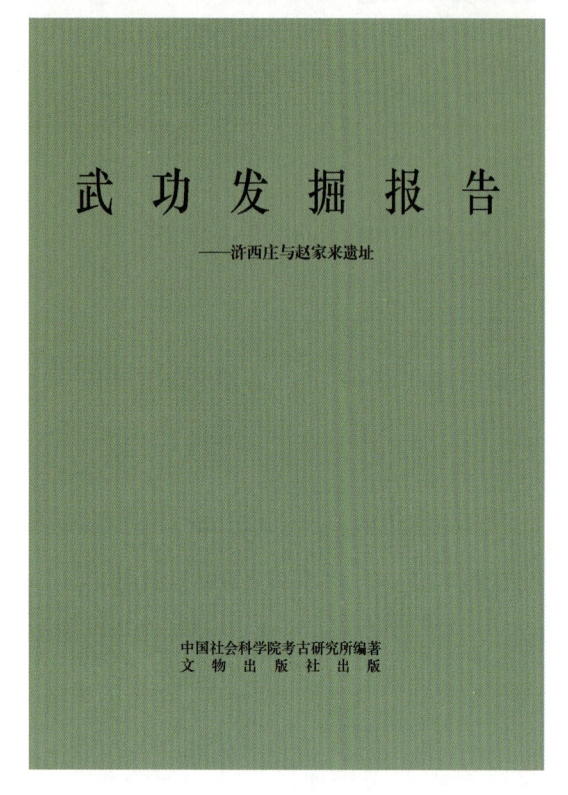

图 2-1-3 《武功发掘报告》封面

---

① 黄河水库考古队甘肃分队：《甘肃临夏马家湾遗址发掘简报》，《考古》1961 年第 7 期。
② 黄河水库考古队甘肃分队：《甘肃临夏姬家川遗址发掘简报》，《考古》1962 年第 2 期。
③ 黄河水库考古队甘肃分队：《黄河上游盐锅峡与八盘峡考古调查记》，《考古》1965 年第 7 期。
④ a. 中国社会科学院考古研究所宝鸡工作队：《一九七七年宝鸡北首岭遗址发掘简报》，《考古》1979 年第 2 期。
   b. 中国社会科学院考古研究所：《宝鸡北首岭》，文物出版社 1983 年版。
⑤ 中国社会科学院考古研究所：《武功发掘报告——浒西庄与赵家来遗址》，文物出版社 1988 年版。

上，面积约18万平方米。该遗址与相邻的漆水河西岸浒西庄一起于1943年发现。1979年复查确定该遗址是一处以客省庄文化遗存为主的新石器时代遗址。发掘揭露面积582平方米，除发现少量庙底沟二期文化遗存外，客省庄文化遗存最为丰富，共计发现房址10座（包括1座夯土院落建筑）、灰坑30个、陶窑1座、墓葬2座，出土大量陶器、石器、骨器。特别是发现庙底沟二期文化和客省庄文化的地层叠压关系，为研究关中地区这两个文化的关系提供了重要的科学证据。①

1982—1984年中国社会科学院考古研究所陕西六队为解决陕西地区前仰韶文化的学术问题，在关中地区发掘了性质比较单一的陕西临潼白家村遗址。该遗址位于陕西临潼油槐乡白家村，遗址坐落在渭河北岸河曲转弯处的一级台地上，高出渭河河床5米以上。遗址现存面积约12万平方米，是一处单纯的前仰韶文化遗存。发掘揭露面积1366平方米，清理房基2座，墓葬36座，灰坑49个，出土大量陶、石、骨、蚌器。为确立陕甘地区的前仰韶文化提供了大量丰富明确的实物证据（图2-1-4）。②

1986—1988年中国社会科学院考古研究所陕西六队在关中地区又发掘了文化堆积丰厚的陕西蓝田泄湖遗址。该遗址位于陕西蓝田泄湖镇泄湖村，遗址坐落在灞河北岸的二级阶地上，高出灞河河床数十米。

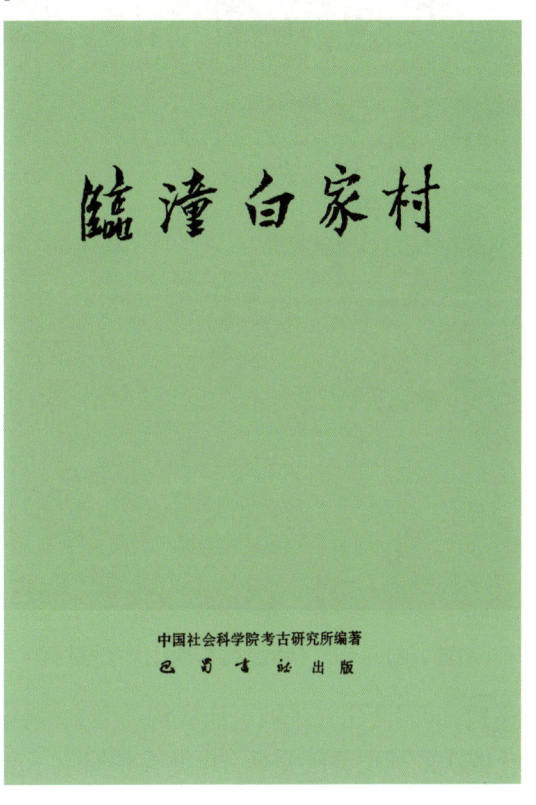

图2-1-4 《临潼白家村》封面

泄湖镇是西安经蓝田往商洛的交通要道大镇。遗址就在镇北的黄土塬上，北距著名的蓝田猿人产地陈家窝村约2.5公里，隔灞河与白鹿塬相望，地理位置十分优越。发掘揭露出从仰韶文化的半坡类型，中间经过史家类型、庙底沟类型和西王村类型，到庙底沟二期文化和客省庄文化的完整地层序列堆积。这是目前陕西地区已发掘过的遗址中新石器时代地层最多最全的一个遗址，它代表了陕西地区除前仰韶文化以外目前已知的全部新石器时代文化序列。同时证实泄湖遗址是一处从新石器时代的

---

① 中国社会科学院考古研究所：《武功发掘报告——浒西庄与赵家来遗址》，文物出版社1988年版。
② 中国社会科学院考古研究所：《临潼白家村》，巴蜀书社1994年版。

仰韶文化延续至战国时代，历时达四千余年之久的重要古文化遗址。①

1988年中国社会科学院考古研究所陕西六队在陕北试掘了陕西子长栾家坪遗址。该遗址是在1987年由延安地区文管会在文物普查时发现的"细石器遗址"。通过考古发掘发现，该遗址的主要文化遗存是仰韶文化庙底沟类型和龙山时代早期的庙底沟二期文化遗存，出土的细石器也是分属于这两种文化的遗存。②

在陇东地区，中国社会科学院考古研究所泾渭队1979年发掘甘肃镇原常山遗址。发掘者指出，常山下层文化具有独特的一组陶器群，起始年代约公元前2900年，它和在陇东、宁南先前已发现的一些同类遗存都不能归属齐家文化或客省庄文化，认为常山下层文化渊源于大地湾仰韶晚期，其后则发展为齐家文化。③

1981—1990年中国社会科学院考古研究所甘青队多次发掘了甘肃天水师赵村（1981—1986、1988—1989）和西山坪（1986—1990）两遗址，发现有多种文化的遗存存在于一地，形成大地湾文化（大地湾一期、北首岭下层遗存）、仰韶文化（半坡、庙底沟类型）、马家窑文化（石岭下、马家窑、半山类型）、齐家文化依次的地层叠压关系，由此完整揭示了渭河上游史前文化的序列，重要的是明确了北首岭下层遗存晚于大地湾一期的层位关系并可窥见其向仰韶文化演变的轨迹（图2-1-5）。

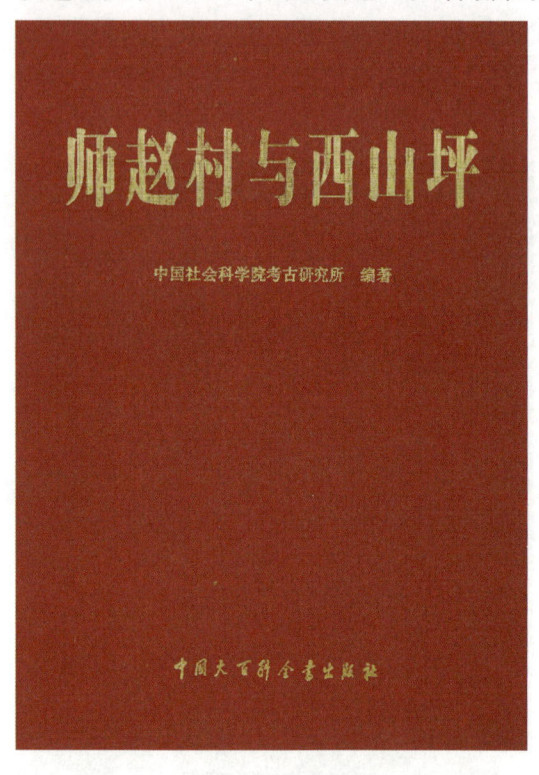

图2-1-5 《师赵村与西山坪》封面

师赵村遗址位于甘肃天水西7公里的太京乡师家崖村，坐落在渭河支流河北岸的台地上，遗址面积20万平方米。1956年普查时发现。1981—1989年中国社会科学院考古研究所对该遗址进行了13次不同规模的发掘工作，发掘面积5370平方米。主要收获是发现了师赵村一期至七期文化遗迹和遗物，计有房子36座、窖穴50个、陶窑6座、祭祀遗迹2座、墓葬19座，出土石、骨、陶器等遗物共1600余件。按遗址内涵划分为一期（相当于北首岭下层遗存）、二期（相当于半坡类型）、三期（相当于庙底沟类型）、四期（石岭下类型）、五期（马家窑类型）、六期（半山类型）、七期（齐家文化）等遗存，其中

---

① 中国社会科学院考古研究所陕西六队：《陕西蓝田泄湖遗址》，《考古学报》1991年第4期。
② 中国社会科学院考古研究所陕西六队：《陕西子长县栾家坪遗址试掘简报》，《考古》1991年第9期。
③ 中国社会科学院考古研究所泾渭工作队：《陇东镇原常山遗址发掘简报》，《考古》1981年第3期。

马家窑文化早、中期（师赵村四、五期）文化遗存为该遗址的主要文化内涵。如此多的七期文化共存于一个遗址而且有清楚的上下地层叠压关系，这是极为难得的重要发现。它亦因此揭示了渭河上游史前文化成系列的文化发展谱系。在遗址中发现各时期、各文化成组的各具特征的陶器群，为可识别、鉴定史前不同文化的性质和陶器的特征等，提供了一个可资借鉴的标尺。①

西山坪遗址位于天水西 15 公里的太京乡甸子村葛家新庄，坐落在耤河南岸的台地上。遗址面积约 20 万平方米。该遗址早在 1947 年裴文中在渭河上游调查史前人类遗址时发现。1986—1990 年，中国社会科学院考古研究所对该遗址进行了发掘，揭露面积共 1525 平方米。发现大地湾一期文化、师赵村一期至七期文化的房子 3 座、窖穴 22 个、墓葬 4 座、祭祀坑 1 座等。该遗址的文化内涵包括了西山坪一期（相当于大地湾一期）、西山坪二期（相当于北首岭下层）、半坡、石岭下、马家窑、半山、马厂、齐家等不同时期的文化堆积。马家窑文化早中期遗存是其主要文化内涵。其中前三种文化遗存的地层叠压关系及器物变化，进一步揭示了大地湾文化向仰韶文化半坡类型演变的轨迹。②

1991—1993 年中国社会科学院考古研究所甘青队发掘武山傅家门遗址，是对马家窑文化石岭下类型聚落一次较集中的发掘，首次揭示出该类型的房子、祭祀坑和卜骨等遗存，其中卜骨是目前国内最早的标本。③

傅家门遗址位于甘肃武山县西南 25 公里的马力乡傅家门村，坐落在榜沙河西岸的台地上。遗址面积 40 万平方米。1958 年普查时发现。1991—1993 年，中国社会科学院考古研究所对该遗址进行了 5 次发掘，揭露面积 1200 平方米，发现马家窑文化石岭下类型与齐家文化的房子 11 座、窖穴 14 个、墓葬 2 座、祭祀坑 1 个和石、骨、陶器等遗迹近 1000 件。该遗址出土石岭下类型的房子、祭祀坑和卜骨等遗物都是首次发现，为探讨该类型的文化内涵增添了新的资料。

在青海省，1974—1978 年中国社会科学院考古研究所甘青队与青海省文管处考古队合作发掘了柳湾墓地，在总数达 1500 座的史前墓葬中，马家窑文化半山类型 257 座、马厂类型 872 座、齐家文化 366 座、辛店文化 5 座（到 1980 年止，又发掘不同文化墓葬 200 多座），它是黄河上游迄今已发掘规模最大的一处史前时代墓地。以半山、马厂类型墓葬为主，合计超过千座，使该两类型经济生活、社会性质和埋葬制度等方面的内容大为充实。其中如初次辨识马厂类型存在凸字形土洞墓形式，发现彩塑像陶壶、大批量画在彩陶上的符号、海贝及其仿制的石贝等都属马厂类型较重要的新材料。柳

---

① 中国社会科学院考古研究所：《师赵村与西山坪》，中国大百科全书出版社 1999 年版。
② 同上。
③ 中国社会科学院考古研究所甘青工作队：《甘肃武山傅家门史前文化遗址发掘简报》，《考古》1995 年第 4 期。

湾齐家文化墓葬在形制、随葬品等方面都反映出明显的贫富之别，且发现几座被认为是有殉人的墓葬（图2-1-6）。[①]

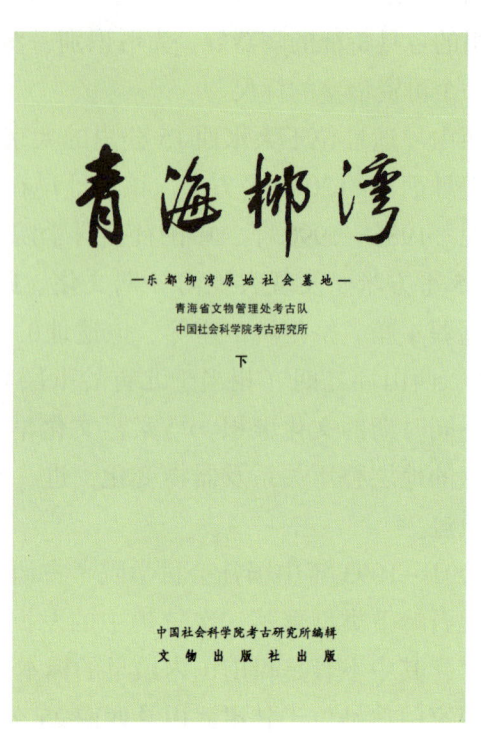

图2-1-6 《青海柳湾》封面

进入21世纪后，新石器时代考古研究的田野考古工作向前沿课题发展，又有了新的重要发现。2005—2006年中国社会科学院考古研究所陕西六队发掘了黄河壶口边上的陕西宜川龙王辿细石器遗址第一地点。该地点地处黄河西岸二级阶地，高出现代黄河河床34米，海拔高度483米（图2-1-7）。发现有烧土遗迹和石制品集中分布区，出土的石制品除部分粗糙的打制石器外，多为典型的细石器，包括细石核和细石叶等，以及少量的磨制石器，如石铲和石磨盘；还有少量的穿孔蚌饰。这些遗存的年代，经 ^{14}C 测定距今达20000—15000年，属新旧石器时代过渡时期的遗存。[②] 这是陕西地区一个十分重要的考古新发现。

[①] 青海省文物管理处考古队、中国社会科学院考古研究所：《青海柳湾——乐都柳湾原始社会墓地》，文物出版社1984年版。
[②] 中国社会科学院考古研究所、陕西省考古研究所：《陕西宜川县龙王辿旧石器时代遗址》，《考古》2007年第7期。

图 2-1-7　陕西宜川龙王辿遗址远景

二　重要收获

60年来，中国社会科学院考古研究所西安研究室的新石器时代考古研究取得了巨大的成绩，获得了一系列的重要收获。按考古遗存的年代先后顺序来总结，主要有如下几点。

第一，陕西省新旧石器时代过渡时期遗存的发现。

新旧石器时代过渡时期遗存的研究是石器时代考古的一个前沿课题。早在20世纪50年代的中期，考古工作者在陕西大荔沙苑发现的细石器遗存就被认为是属于"中石器时代"的细石器，这是在黄河流域第一次发现了时代较早而性质又比较特殊的一种文化遗存。[①] 但是，由于这批细石器均是地面采集物，脱离了原生地层，所以，尚难以确切肯定它们一定是属于新旧石器时代过渡时期遗存。不过，近年来华北地区新发现的山西吉县柿子滩[②]和河北阳原于家沟[③]等遗址，为黄河流域新旧石器时代过渡时期遗

---

① 安志敏、吴汝祚：《陕西朝邑大荔沙苑地区的石器时代遗存》，《考古学报》1957年第3期。
② a. 山西省临汾行署文化局：《山西吉县柿子滩中石器文化遗存》，《考古学报》1988年第3期。
　b. 柿子滩考古队：《山西吉县柿子滩遗址第九地点发掘简报》，《考古》2010年第10期。
③ 梅惠杰、谢飞：《华北新旧石器时代的过渡——泥河湾盆地阳原于家沟遗址》，《中国十年百大考古发现（1990—1999）》上册，文物出版社2002年版。

存的研究提供了重要资料。特别是2005年在与山西吉县柿子滩遗址一河之隔的陕西宜川的黄河岸边发现的龙王辿遗址，为陕西省新旧石器时代过渡时期遗存的研究提供了新的重要资料。龙王辿遗址出土的是以典型细石器为主加少量磨制石器的遗存，特别是刃部经磨制的石铲是目前国内年代最早的磨制石器之一。它与典型细石器共存，这对进一步研究中国细石器和磨制石器的起源、黄河中游地区新石器时代文化的起源等重大学术课题提供了科学依据。[①] 2009年河南新密李家沟旧石器时代到新石器时代过渡阶段遗址的发现[②]，更证明黄河中游地区确实存在着新旧石器时代过渡时期的遗存，这进一步巩固了黄河中游地区在中华民族远古文化发展中的历史地位。

第二，陕甘地区前仰韶文化的发现和确立。

今天，考古工作者都知道所谓前仰韶文化在陕甘地区就是指老官台文化（或称大地湾文化）。老官台文化是以1959年试掘的陕西华县老官台遗址为代表[③]，这符合考古学文化以最早发现的遗址命名的原则。但当时对这一类遗存并不认识，而且该遗址在后来的农田平整土地中被毁坏，1959年试掘的材料也不知所终。然而，这一类遗存却在陕西多地屡有发现，如1960—1961年发掘的陕西邠县下孟村遗址[④]和同时发掘的陕西西乡李家村遗址都有发现[⑤]。1964年夏鼐先生首次明确指出李家村遗存是探索仰韶文化前身的一个比较可靠的新线索。[⑥] 第二年苏秉琦先生在《关于仰韶文化的若干问题》一文中，首次公布了1959年出土的华县老官台、元君庙（下层）的部分标本，并且指出应当把元君庙（下层）和北首岭（下层）同仰韶文化半坡类型区分开来，这类遗存可能是同仰韶文化曾长期并存的另一种文化。[⑦] 20世纪70年代宝鸡北首岭遗址的第二次发掘，在仰韶文化半坡类型之下又发现该类遗存，但被归入仰韶文化，

---

① 中国社会科学院考古研究所、陕西省考古研究所：《陕西宜川县龙王辿旧石器时代遗址》，《考古》2007年第7期。
② 北京大学考古文博学院、郑州市文物考古研究院：《河南新密市李家沟遗址发掘简报》，《考古》2011年第4期。
③ 北京大学考古教研室：《华县、渭南古代遗址调查与试掘》，《考古学报》1980年第3期。
④ a. 陕西考古所泾水队：《陕西邠县下孟村遗址发掘简报》，《考古》1960年第1期。
   b. 陕西省社会科学院考古研究所泾水队：《陕西邠县下孟村仰韶文化遗址续掘简报》，《考古》1962年第6期。
⑤ a. 陕西省考古研究所：《陕西西乡李家村新石器时代遗址》，《考古》1961年第7期。
   b. 陕西省考古研究所：《陕西西乡李家村新石器时代遗址一九六一年发掘简报》，《考古》1962年第6期。
   c. 陕西省考古研究所、陕西省安康水电站库区考古队：《陕南考古报告集》，三秦出版社1994年版。
⑥ 夏鼐：《中国近五年来的考古新收获》，《考古》1964年第10期；又载《夏鼐文集》上册（题目改为《六十年代前期的中国考古新收获》），社会科学文献出版社2000年版。
⑦ 苏秉琦：《关于仰韶文化的若干问题》，《考古学报》1965年第1期。

称着北首岭下层类型。① 同一时期，在甘肃秦安大地湾遗址的发掘，在最下层也发现这类遗存②，因此被命名为"大地湾文化"（或称"大地湾一期文化"）。直到20世纪80年代初陕西临潼白家遗址的发掘，人们才真正搞清楚这类遗存的面貌和年代。白家遗址出土的陶器均为手制，以夹砂红褐陶和夹砂灰褐陶为主，器表常见有烧制火候不匀的斑块，绝大部分陶器通体拍印交错粗绳纹，部分陶器在口沿和三足上饰有红彩。器物种类比较明确，主要有圜底钵、三足钵、圈足碗、平底罐、三足罐、三足瓮、小口鼓腹罐几种。这些陶器明显有别于仰韶文化。它们的年代，在白家遗址所测定的9个^{14}C年代数据中，有7个超过了公元前5000年，最早的一个达到公元前5400年，即距今7400年。③ 显然要早于仰韶文化。同时，西安半坡博物馆和陕西省考古研究所在关中和陕南又调查或发掘了多处出土有同类遗存的遗址，如渭南白庙④、北刘⑤、商县紫荆⑥、西乡何家湾⑦、南郑龙岗寺⑧、紫阳马家营⑨、汉阴阮家坝⑩，以及新发现的临潼零口⑪和宝鸡关桃园⑫等。而且，在所有发掘过的遗址中，类似于白家遗址的遗存都被叠压在仰韶文化半坡类型地层之下，科学地证明这类遗存确实是早于仰韶文化的前仰韶文化。这些发现不仅丰富了老官台文化的内涵，而且大大扩展了这个文化的分布范围。总之，如果没有白家遗址的发掘，人们对这一文化的认识可能还要推迟一二十年。所以，陕甘地区前仰韶文化的发现和确立是中国社会科学院考古研究所西安研究室的新石器时代考古研究取得的又一巨大成绩。

值得重视的是，这类文化遗存的名称在考古界存在着分歧，至今尚未统一。不仅是对这类遗存，在对其他新石器时代文化的名称上，也有这个问题。学者们总是在文化名称上打转转。其实文化名称就像人的姓名一样，它只是一个符号，重要的是一个文化的内涵和年代。今天，我们已经搞清楚了陕甘地区前仰韶文化的内涵和年代，如

---

① a. 中国社会科学院考古研究所宝鸡工作队：《一九七七年宝鸡北首岭遗址发掘简报》，《考古》1979年第2期。
  b. 中国社会科学院考古研究所：《宝鸡北首岭》，文物出版社1983年版。
② 甘肃省文物考古研究所：《秦安大地湾》上、下册，文物出版社2006年版。
③ 中国社会科学院考古研究所：《临潼白家村》，巴蜀书社1994年版。
④ 西安半坡博物馆：《临潼白家和渭南白庙遗址调查》，《考古》1983年第3期。
⑤ 西安半坡博物馆：《渭南北刘新石器早期遗址调查与试掘简报》，《考古与文物》1982年第4期。
⑥ 商县图书馆、西安半坡博物馆、商洛地区图书馆：《陕西商县紫荆遗址发掘简报》，《考古与文物》1981年第3期。
⑦ 陕西省考古研究所汉水考古队：《陕西西乡何家湾新石器时代遗址首次发掘》，《考古与文物》1981年第4期。
⑧ 陕西省考古研究所：《龙岗寺——新石器时代遗址发掘报告》，文物出版社1990年版。
⑨ 陕西省考古研究所、陕西省安康水电站库区考古队：《陕南考古报告集》，三秦出版社1994年版。
⑩ 同上。
⑪ 陕西省考古研究所：《临潼零口村》，三秦出版社2004年版。
⑫ 陕西省考古研究院、宝鸡市考古工作队：《宝鸡关桃园》，文物出版社2007年版。

果我们都拥护夏鼐先生提出的文化命名的几个原则的话①，那么，就应该在文化名称上尽快地得到统一。否则，将对考古研究不利。

第三，仰韶文化早期遗存的发现及仰韶文化发展序列的确立。

众所周知，仰韶文化是以1921年最先发现在河南渑池仰韶村而得名。它也是中国最早发现的第一个新石器时代文化。但仰韶文化的内涵在当初发现时并不单纯，新中国成立后，考古学家们根据一些新的考古发现，才摒除了仰韶文化的内涵中在当初发现时包含的一些龙山时代的遗存，确认它是一种以泥质或夹砂的红陶和彩陶为主的新石器时代文化。仰韶村发现的彩陶与1926年在山西夏县西阴村和1956—1957年在河南陕县庙底沟遗址发现的彩陶相同。1954年西安半坡遗址的发掘发现了一种不同于仰韶村和庙底沟的仰韶文化彩陶，于是，学者们把仰韶文化的彩陶分别划分为半坡类型和庙底沟类型两个类型，以后随着考古工作的发展，又划分出更多的文化类型。半坡和庙底沟两个类型建立以后，考古界对这两个类型的早晚关系展开了一场热烈的大讨论，有的认为半坡类型早，有的认为庙底沟类型早，还有的认为两个类型同时发展。②后来，人们发现在关中地区发掘的一系列仰韶文化遗址中庙底沟类型的彩陶都是叠压在半坡类型彩陶的地层之下，如邠县下孟村、临潼姜寨③、蓝田泄湖等。同时，^{14}C测年技术在考古学中的运用，测定的年代数据都是庙底沟类型晚于半坡类型。这样，以半坡遗址早期为代表的仰韶文化早期遗存才在考古界取得共识。而这也正是半坡遗址发掘的重要学术价值之一，它为仰韶文化增添了新的内容，为确立仰韶文化早期遗存奠定了基础。如果没有半坡遗址大面积、大规模的发掘，仰韶文化早期遗存的确立肯定还要退后几十年。

仰韶文化早期遗存的确立为仰韶文化发展序列奠定了基础。西安半坡遗址的发掘被划分为早晚两期，仰韶文化早期遗存是以半坡遗址早期为代表，那么，半坡遗址晚期是仰韶文化什么时期的遗存呢？就在宝鸡北首岭发掘的同时，中国科学院考古研究所山西工作队也发掘了山西芮城西王村遗址，发现了在庙底沟二期文化层与仰韶文化庙底沟类型文化层之间的一种仰韶文化晚期遗存④，其文化面貌与半坡晚期遗存基本相同，这就从地层学上证实半坡晚期遗存晚于庙底沟类型。20世纪70年代西安半坡博物馆等单位发掘的临潼姜寨遗址，发现的仰韶文化遗存堆积从下往上依次为半坡类型、史家类型、庙底沟类型、西王村类型。⑤ 20世纪80年代中国社会科学院考古研究所陕

---

① 夏鼐：《关于考古学上文化的定名问题》，《考古》1959年第4期；又载《夏鼐文集》上册。
② 中国社会科学院考古研究所：《中国考古学新石器时代卷》，中国社会科学出版社2010年版。
③ 西安半坡博物馆、陕西省考古研究所：《姜寨》上、下册，文物出版社1988年版。
④ 中国科学院考古研究所山西工作队：《山西芮城东庄村和西王村遗址的发掘》，《考古学报》1973年第1期。
⑤ 西安半坡博物馆、陕西省考古研究所：《姜寨》上、下册，文物出版社1988年版。

西六队在蓝田泄湖遗址的发掘，也发现和姜寨遗址相同的仰韶文化地层堆积。这就为仰韶文化的分期提供了可靠的科学依据。因此，研究者以西王村仰韶文化晚期遗存为代表确立为仰韶文化晚期的西王村类型[1]，有的研究者也称之为"半坡上层类型"或"半坡晚期类型"[2]。这样，在关中、豫西、晋南地区建立起了仰韶文化早、中、晚期遗存的基本发展序列。

但传统的看法，认为仰韶文化分布的中心是在豫晋陕交界的地区。根据几十年来的考古发现，笔者认为豫晋陕交界地区只是仰韶文化庙底沟类型分布的中心，并不是整个仰韶文化分布的中心。仰韶文化不同类型有不同分布中心，半坡类型分布的中心是在渭水流域，西王村类型分布的中心是在晋南，而仰韶文化晚期的另一类型——大河村类型分布的中心又在郑洛地区。因此，不能笼统地说豫晋陕之交是仰韶文化分布的中心，仰韶文化在不同时期有不同的分布中心。

第四，陕西地区庙底沟二期文化和客省庄文化的发现。

庙底沟二期文化是以河南陕县庙底沟遗址第二期遗存而命名。它的发现解决了中原地区仰韶文化的去向问题，确认它是仰韶文化发展到河南龙山文化之间的一种过渡性质的遗存，被认为是一个早期的龙山文化。[3] 它的发现是新中国新石器时代考古的一个突破性成就。但当时发现庙底沟二期文化主要分布在豫晋陕交界的地区，在关中西部这一时期是什么遗存呢？通过对武功浒西庄和赵家来两个遗址的发掘，在浒西庄发现了一批庙底沟二期文化的典型资料，证实关中西部地区也是庙底沟二期文化的主要分布范围。而在赵家来遗址又发现庙底沟二期文化和客省庄文化的地层叠压关系，同样的地层关系在泄湖遗址也有发现，这些为研究关中地区这两个文化的关系提供了重要的科学证据。

客省庄文化的发现同样是陕西地区新石器时代考古的一个重大成就。但对它的源流，考古界曾有不同意见。有学者提出，客省庄文化来源于陕西地区的庙底沟二期文化。[4] 然而，关中东部庙底沟二期文化的面貌与豫西、晋南的庙底沟二期文化相当接近。真正代表陕西地区庙底沟二期文化的应是关中西部的浒西庄类型。所以，客省庄文化的渊源应是关中西部以浒西庄为代表的庙底沟二期文化。至于客省庄文化的发展

---

[1] a. 安志敏：《裴李岗、磁山和仰韶——试论中原新石器文化的类型和发展》，《考古》1979年第4期。
b. 张天恩：《浅论西王村类型几个问题》，《考古与文物》1994年第2期。
[2] a. 梁星彭：《关中仰韶文化的几个问题》，《考古》1979年第4期。
b. 严文明：《半坡仰韶文化的分期与类型问题》，《考古》1977年第3期。
[3] 中国科学院考古研究所：《庙底沟与三里桥》，科学出版社1959年版。
[4] 梁星彭：《试论客省庄二期文化》，《考古学报》1994年第4期。

去向问题，一种意见认为是齐家文化①，另一种认为是先周文化②。齐家文化主要分布在甘青地区，与客省庄文化接壤，有学者认为它是由常山下层文化发展而来。③ 但众所周知，周族的发源地是在关中西部地区，与客省庄文化分布的中心地区相同。目前关于先周考古的工作还处在探索阶段，很可能客省庄文化的发展去向与先周文化有关，或者它本身就是先周文化的早期遗存。如果真是这样，就更加体现了客省庄文化发现的学术价值。

这样，在关中地区，从前仰韶时期的老官台文化发展到仰韶文化，仰韶文化又经过最早的半坡类型，发展到史家类型，再到庙底沟类型，最后到半坡晚期类型，仰韶文化又发展到庙底沟二期文化，最后庙底沟二期文化又发展到客省庄文化，形成了一个初步完整的文化发展链条。这证实陕西地区是我国新石器时代文化发展的一个独立的重要区系，它有自己独立的文化谱系，在中国新石器时代考古中占有重要的地位。

三 今后展望

展望今后西安研究室新石器时代考古工作，我们有理由相信一定会取得更加丰硕的成果。

在60年来取得的重要收获基础上，笔者认为，主要可以在两个方面取得突破。

第一，陕西早期新石器时代文化的研究。

前仰韶文化之前的新石器时代文化，即早期新石器时代文化的发现是陕西地区一个亟待解决的课题。目前，新石器时代考古已经在华北地区的北京门头沟东胡林遗址④、怀柔转年遗址⑤、河北阳原于家沟遗址、徐水南庄头遗址⑥、河南新密李家沟遗址等地发现早期新石器时代遗存。陕西也在宜川龙王辿遗址发现了新旧石器时代过渡时期的遗存，它与老官台文化之间必定还有一或二个早期新石器时代文化存在，找出和发掘这些文化遗存，就是陕西新石器时代考古的一个重大创新成果。

---

① a. 夏鼐：《碳—14测定年代和中国史前考古学》，《考古》1977年第4期。
　　b. 梁星彭：《齐家文化起源探讨》，《史前研究》1984年第3期。
② a. 徐锡台：《早周文化的特点及其渊源的探索》，《文物》1979年第10期。
　　b. 牛世山：《论先周文化的渊源》，《考古与文物》2000年第2期。
③ 中国社会科学院考古研究所泾渭工作队：《陇东镇原常山遗址发掘简报》，《考古》1981年第3期。
④ 北京大学考古文博学院、北京大学考古学研究中心、北京市文物考古研究所：《北京市门头沟区东胡林史前遗址》，《考古》2006年第7期。
⑤ 郁金城：《北京市新石器时代考古发现与研究》，《跋涉集》，北京图书馆出版社1998年版。
⑥ a. 保定地区文物管理所、徐水县文物管理所、北京大学考古系、河北大学历史系：《河北徐水县南庄头遗址试掘简报》，《考古》1992年第11期。
　　b. 保定市文物管理所、徐水县文物管理所、山西大学历史文化学院：《1997年河北徐水南庄头遗址发掘报告》，《考古学报》2010年第3期。

第二，陕西地区文明起源的研究。

当前中国考古学研究的一个热点课题是中国文明起源的研究。陕西地区有自己独立发展的文明。因此，陕西新石器时代考古研究应该把探讨陕西文明起源的研究作为一个重点课题。

探讨中国文明起源问题，新石器时代考古学已经在几个重要地区不断揭示出代表新石器时代晚期社会发展高层次的文化遗存，开阔了人们的视野和思路，总的反映了原始氏族社会日益瓦解而逐步向文明社会演进的迹象。客省庄文化的内涵虽然多多少少也表现有这样的迹象，但其向文明社会演进的迹象并不鲜明。夏鼐先生认为，中国文明形成过程是在新石器时代一些文化因素的基础上发展的。但是文明的诞生是一种质变，一种飞跃。他指出，现今史学界一般把"文明"一词用来以指一个社会已由氏族制度解体而进入具有国家组织的阶级社会的阶段。夏鼐还明确列举了文明的若干标志。[1] 苏秉琦先生则从逻辑的、历史的、发展的关系和多元观点考察文明起源，认为中国较普遍地经历了古文化—古城—古国这一氏族到国家的发展道路。[2] 石兴邦先生则指出："在石器时代，中国的黄河和长江两大流域已经出现'繁星点点、相互印证、自成体系、中心文明'的文明景象，并不是简单的'一个中心，四处辐射'而发展形成的。"[3] 沿着这样的思路，在陕西地区发掘堆积较好的客省庄文化遗址，特别是中心聚落遗址，就显得十分必要了。前几年在陕西神木石峁遗址发现的城址[4]，被评为2012年的全国十大考古新发现，就足以说明它的重要价值。但神木毕竟位于黄土高原的北部边缘，距离关中地区较远。今后如能在关中地区发现客省庄文化的城址，其意义将更加重大。年轻的考古学者为此而努力奋斗吧！

---

[1] 夏鼐：《中国文明的起源》，文物出版社1985年版。
[2] 苏秉琦：《辽西古文化古城古国——兼谈当前田野考古工作的重点或大课题》，《文物》1986年第8期。
[3] 石兴邦口述、关中牛编著：《叩访远古的村庄——石兴邦口述考古》，陕西师范大学出版总社有限公司2013年版，第252页。
[4] 陕西省考古研究院、榆林市文物考古勘探工作队、神木县文体局：《陕西神木县石峁遗址》，《考古》2013年第7期。

西周丰镐遗址考古发现

徐良高　付仲杨　宋江宁

《诗经·大雅·文王有声》载："文王受命，有此武功，既伐于崇，作邑于丰……考卜维王，宅是镐京，维龟正之，武王成之。"记载了文王建丰，武王都镐这一重大历史事件。关于丰镐的具体位置，郑玄笺："丰邑在丰水之西，镐京在丰水之东。"《史记·周本纪》记"明年伐崇侯虎而作丰邑，"裴骃集解："徐广曰：丰在京兆鄠县东，有灵台，镐在上林昆明北，有镐池，去丰二十五里，皆在长安南数十里。"

沣河发源于秦岭北麓，自南向北流入渭河，丰镐遗址分布于沣河中游的东西两岸。

丰镐作为西周时期的都城遗址，首开周秦汉唐建都于西安一带传统之先河，在中国历史上具有特别重要的地位。

丰镐遗址是不可多得的历史文化遗产，历年来，在丰镐遗址出土了大量珍贵文物和大批重要遗迹，并被确定为第一批全国重点文物保护单位。

一　历年工作

丰镐遗址考古是伴随着中国近代考古学一起成长发展的为数不多的重要遗址之一。

1933 年，前北平研究院史学会的徐旭生、苏秉琦等在沣河沿岸开展第一次考古调查。在调查报告中他们提到了关于丰镐位置的看法，并认为此次工作的目的"只限于周民族和秦民族之初期文化，及与之有直接关系之各问题"，先调查，而后"侧重于民居遗址的发掘，而发掘遗址，又注重于此民族之各都邑及其附近"。[①]

1943 年，"中央研究院"历史语言研究所的石璋如先生为寻找并确认文献记载的周代都城，又对丰镐遗址进行了第二次调查。[②]

[①] a. 徐旭生、常惠：《陕西调查古迹报告》，《国立北平研究院院务汇报》4 卷 6 期，1933 年。
　　b.《史学研究所工作报告》，《国立北平研究院五周年工作报告》，1934 年 9 月 9 日印。
[②] 石璋如：《传说中周都的实地考察》，《历史语言研究所集刊》第 20 本下册，1943 年。

新中国成立后，中国社会科学院考古研究所①、陕西省文物管理委员会、陕西省博物馆、西安市文物管理处、陕西省考古研究院②等单位，先后在丰镐地区进行过一系列的考古调查与发掘工作。

1951春季和1953年秋季，中国科学院考古研究所陕西调查发掘团在沣河两岸进行了两次考古调查。③通过调查，基本摸清了沣河东、西两岸及其附近地区各种不同时代、不同性质文化遗存的分布状况。并开展了以下田野考古工作。

第一，在客省庄东清理H7、H8、M2，四层堆积的文化遗物属仰韶文化、客省庄二期文化、周文化三种不同的文化类型。其中文化三属周文化，以M2为代表。

第二，在灵台布长10米、宽1.5米探沟进行发掘。发现两层文化堆积，下层为仰韶文化堆积，上层为仰韶文化遗物与周代陶片混杂堆积。

1954年4月中旬，中国科学院考古研究所陕西调查发掘团在普渡村东无量庙东边发掘西周初期墓葬2座。④出土了一批典型的西周青铜器和陶器。

1954年11月至12月，陕西省文物管理委员会在普渡村清理西周中期墓葬1座。⑤出土铜器、陶器、玉器、石器、骨、贝、蚌饰等合计426件，所出"长由盉"因其盖内铭文是一则不可多得的西周穆王时期的重要史料，引起学术界高度重视。

1955年12月至1956年2月，陕西省文物管理委员会在沣西张家坡村附近进行了钻探和试掘。⑥共开探沟14条，发掘面积约487平方米。清理灰坑14个、房屋遗迹1处、井1座、沟1条和西周墓葬5座。首次发现西周刻字甲骨。

1955—1957年，中国科学院考古研究所沣西发掘队在沣河沿岸的客省庄村北和村西、张家坡村东、斗门村东和冯村村南等五个地点进行了发掘，发掘面积9300多平方米。⑦其中，在客省庄村北和村西的发掘面积2838平方米，张家坡村东的发掘面积约5888平方米。两地共清理西周墓182座，东周墓葬71座、东周瓮棺葬31座和西周车

---

① 中国社会科学院考古研究所是在北平研究院史学研究所和"中央研究院"历史语言研究所一部分的基础上发展起来的。1950年8月1日正式成立中国科学院考古研究所。1977年中国社会科学院成立后，考古研究所成为中国社会科学院所属研究机构。
② 陕西省考古研究院成立于1958年10月，原名中国科学院陕西分院考古研究所，1963年归属陕西省社会科学院，后改名陕西省考古研究所。1970年1月，与陕西省博物馆、陕西省文物管理委员会合并。1978年10月，恢复建制。2006年12月31日，更名为陕西省考古研究院。
③ a. 考古研究所陕西省调查发掘团：《1951年春季陕西考古调查工作简报》，《科学通报》1951年2卷第9期。
　b. 考古研究所陕西调查发掘队：《丰镐一带考古调查简报》，《考古通讯》1955年创刊号。
　c. 苏秉琦、吴汝祚：《西安附近古文化遗存的类型和分布》，《考古通讯》1956年第2期。
④ 石兴邦：《长安普渡村西周墓葬发掘记》，《考古学报》第8册，1954年。
⑤ 陕西省文物管理委员会：《长安普渡村西周墓的发掘》，《考古学报》1957年第1期。
⑥ a. 陕西省文物管理委员会：《长安张家坡村西周遗址的重要发现》，《文物参考资料》1956年第3期。
　b. 陕西省文物管理委员会：《陕西长安沣西张家坡西周遗址的发掘》，《考古》1964年第9期。
⑦ a. 中国科学院考古研究所沣西发掘队：《1955—1957年陕西长安沣西发掘简报》，《考古》1959年第10期。
　b. 中国科学院考古研究所：《沣西发掘报告》，文物出版社1962年版。

马坑4座。另外，客省庄还清理客省庄二期文化房屋5座、窖穴43个、陶窑3座和战国水井26座。张家坡清理西周房屋遗存13座、窖穴3个、井8座和陶窑7座，并发现陶范、陶模等铸铜遗存和骨料、骨笄等制骨遗存。在沣东地区斗门镇发掘遗址面积500平方米，清理2座方形窑址，收集客省庄二期文化遗物陶器残片颇多。

1957年秋和1959年秋中国科学院考古所沣西发掘队先后两次在长安、户县进行调查，发现新石器文化遗址45处和西周遗存31处。为了探索丰京中心区，1959年和1960年春季在马王、大原村两地试掘。① 马王村试掘有马王村小学后和客省庄村南两处，发掘面积600多平方米。发现西周房屋、灰坑和陶窑等。在客省庄村南发现一座西周初期灰坑打破先周晚期房基址，并出土一些陶范等铸铜遗存。第一次从地层上把先周晚期和西周初期两种不同遗存划分出来。大原村试掘地点在左家堡南约300米，发掘面积200平方米。发现西周房屋、灰坑、水井和墓葬等遗迹。

1960年秋，中国科学院考古研究所在张家坡进行了小规模的发掘，发掘面积500多平方米，发现房屋3座、墓葬4座和车马坑1座以及井、灰坑等遗迹。②

1961年10月，中国科学院考古研究所在张家坡村发现1处铜器窖藏，出土铜器53件。③

1961—1962年，中国科学院考古研究所丰镐考古队在沣东地区做了以下几项工作④。

第一，利用考古钻探，弄清与丰、镐二京故址位置关系密切的古代水道——沣水、镐水、镐池、彪池、汉代昆明池和唐代昆明池的具体流向、位置和范围等水文地理方面的问题。

第二，1961—1962年在白家庄北、落水村西和落水村北三个地点做了小规模发掘。其中在白家庄村北发掘面积约80平方米，发现西周房子1座和窖穴3座。发现西周制骨遗存，出土大量骨料、半成品骨器、铲、镞、锥和簪等骨器，以及磨石、铜锥等制骨工具。在落水村西发掘面积约30平方米，发掘西周陶窑6座和窖穴2座。在落水村村北发掘面积约20平方米，发现西周水井1口。

1961—1962年，中国科学院考古研究所沣西发掘队在马王村白家堡子村北和张家坡村东一带进行发掘。⑤ 在马王村发掘了客省庄二期文化和西周时期的各种遗迹。在张家坡发掘西周墓葬31座。

1963年年初，中国科学院考古研究所在马王车站东约40米的断崖上清理西周残墓

---

① 中国科学院考古所沣西发掘队：《陕西长安户县调查与试掘简报》，《考古》1962年第6期。
② 中国科学院考古研究所沣西发掘队：《1960年秋陕西长安张家坡发掘简报》，《考古》1962年第1期。
③ 中国科学院考古研究所：《长安张家坡西周铜器群》，文物出版社1965年版。
④ 中国科学院考古研究所丰镐考古队：《1961—62年陕西长安沣东试掘简报》，《考古》1963年第8期。
⑤ 赵永福：《1961—62年沣西发掘简报》，《考古》1984年第9期。

1座，出土铜器28件。①

1963年，中国科学院考古研究所丰镐考古队在上泉北村和落水村西进行了发掘。②发掘面积100平方米，发现西周初期夯土残基址1处。

1964年10月，中国科学院考古研究所沣西考古队在张家坡村东北发掘西周残墓1座，出土铜器9件。③

1967年7月，在新旺村西北200米处出土铜盂和铜匜各1件。④

1967年，在长安县沣西公社马王村附近发现西周铜器窖藏1处，出土6件青铜器。⑤

1967年4月至12月，中国科学院考古研究所沣西发掘队在张家坡进行发掘。共清理西周墓葬124座、车马坑5座、马坑3座和牛坑4座，以及战国至唐墓13座。⑥

1972—1975年，西安市文物考古小组在张家坡村东铜网厂南清理西周墓葬80余座和车马坑3座。⑦

1973年5月，在新旺村北和马王村西户铁路西各发现铜器窖藏1处。⑧

1976—1978年，中国社会科学院考古研究所沣西发掘队在长安县沣西公社客省庄、马王村和张家坡村一带进行发掘。⑨共开探方29个，发掘面积114平方米。发掘西周夯土基址3座、陶下水管道1处、西周墓葬11座和车马坑1座。

1979—1981年，中国社会科学院考古所在张家坡发掘西周墓葬8座和车马坑1座；在新旺村发掘西周墓葬5座；在沣东斗门普渡村布探方5个，发掘面积140平方米，发现西周居住遗存2处和灰坑1处；在白家庄北发掘西周窑址2座。⑩

1979年2月，新旺村附近发现一处铜器窖藏，出土3鼎1壶。⑪

1980年冬，在新旺村南的断崖上发现铜钟1件。⑫

1980年10月，在下泉北村出土厉王时期青铜器"多友鼎"1件。⑬

---

① 梁星彭、冯孝堂：《陕西长安、扶风出土西周铜器》，《考古》1963年第8期。
② 胡谦盈：《丰镐考古工作三十年（1951—1981）的回顾》注释17，《文物》1982年第10期。
③ 中国科学院考古研究所沣西考古队：《陕西长安张家坡西周墓清理简报》，《考古》1965年第9期。
④ 陕西省博物馆：《陕西长安沣西出土的遽盂》，《考古》1977年第1期。
⑤ 珠葆：《长安沣西马王村出土的"鄩男"铜鼎》，《考古与文物》1984年第1期。
⑥ 中国科学院考古研究所沣西发掘队：《1967年长安张家坡西周墓葬的发掘》，《考古学报》1980年第4期。
⑦ 王长启：《西安丰镐遗址附近发现的车马坑及青铜器》，《文物》2002年第12期。
⑧ 西安市文物管理处：《陕西长安新旺村、马王村出土的西周铜器》，《考古》1974年第1期。
⑨ 中国社会科学院考古研究所沣西发掘队：《1976—1978年长安沣西发掘简报》，《考古》1981年第1期。
⑩ 中国社会科学院考古研究所沣西发掘队：《1979—1981年长安沣西、沣东发掘简报》，《考古》1986年第3期。
⑪ 张长寿：《记陕西长安沣西新发现的两件铜鼎》，《考古》1983年第3期；《商周考古论集》，文物出版社2007年版。
⑫ 同上。
⑬ 田醒农、雒忠如：《多友鼎的发现与及其铭文试释》，《人文杂志》1981年第4期。

发现长安：中国社会科学院考古研究所西安研究室成立六十周年纪念

1980年10月至1981年冬，陕西省文物管理委员会在斗门机制砖瓦厂高地进行钻探和发掘。① 共探出居住遗址2处、周以前墓葬26座、车马坑5座、灰坑20余处、古窑址15处和晚期壕沟1处。清理墓葬12座、车马坑2座。其中重要的墓葬有长花M15和长花M17，形制较大，均有车马坑，出土有"禽鼎""伯作鼎""䢼叞进鼎"等带重要铭文的青铜器。

1982年1月，中国社会科学院考古研究所沣西发掘队在新旺村南250米处发掘窖藏坑1处，出土一大一小铜鼎2件。②

1982年春季，中国社会科学院考古研究所沣西发掘队在新旺村村南约150米处布方发掘，共开探方6个，发掘面积216平方米。秋季继续发掘，布探方8个，发掘面积200平方米。发现有房址、窖穴、烧坑、井、灰坑和墓葬。③

1982—1984年，中国社会科学院考古研究所沣西发掘队在客省庄西南、马王村北进行了钻探和发掘。④ 钻探发现西周夯土基址11座、道路3条和陶窑6座。并布12个探方发掘4号夯土基址，发掘面积2350平方米。

1983—1984年，陕西省考古研究所在斗门镇以北花园村和洛水村进行了较大范围的调查，勘查出西周时期夯土基址10余座，同时还探出一段滈河故道。⑤

1983年，中国社会科学院考古研究所丰镐发掘队在张家坡村东南发掘4座墓葬，在客省庄西南发掘1座墓葬。⑥

1983和1985年，陕西省考古研究所镐京考古队在沣河以东斗门乡范围内进行了两次考古调查。并对斗门镇—洛水村沿线在取土的坑壁和断崖暴露的遗迹进行了抢救性清理。⑦ 共清理西周陶窑5座和灰坑8处。

1983—1986年，中国社会科学院考古研究所在张家坡村西至大原村的高冈地上进行钻探，共探出西周墓葬1500多座。并对张家坡村西的井叔家族墓地进行发掘。⑧ 共发掘各类西周墓葬390座，其中有双墓道大型墓1座、单墓道大型墓3座、竖穴墓340

---

① 陕西省文物管理委员会：《西周镐京附近部分墓葬发掘简报》，《文物》1986年第1期。
② 中国社会科学院考古研究所沣西发掘队：《陕西长安县新旺村新出西周铜鼎》，《考古》1983年第3期。
③ 中国社会科学院考古研究所沣西发掘队：《陕西长安县沣西新旺村西周遗址1982年发掘简报》，《考古》2012年第5期。
④ 中国社会科学院考古研究所沣西发掘队：《陕西长安沣西客省庄西周夯土基址发掘报告》，《考古》1987年第8期。
⑤ 郑洪春：《西周建筑基址勘查》，《文博》1984年第3期。
⑥ 中国社会科学院考古研究所丰镐发掘队：《长安沣西早周墓葬发掘记略》，《考古》1984年第9期。
⑦ 郑洪春、蒋祖棣：《长安沣东西周遗存的考古调查》，《考古与文物》1986年第2期。
⑧ a. 中国社会科学院考古研究所沣西发掘队：《长安张家坡西周井叔墓发掘简报》，《考古》1986年第1期。
　b. 中国社会科学院考古研究所沣西发掘队：《长安张家坡M183西周洞室墓发掘简报》，《考古》1989年第6期。
　c. 中国社会科学院考古研究所沣西发掘队：《陕西长安张家坡M170井叔墓发掘简报》，《考古》1990年第6期。
　d. 中国社会科学院考古研究所：《张家坡西周墓地》，中国大百科全书出版社1999年版。

座、洞室墓 21 座、车马坑 3 座和马坑 22 座。同时发掘仰韶文化灰坑 4 处和陶窑 1 座、西周灰坑 11 处。

1984 年，中国社会科学院考古研究所沣西发掘队在大原村东北约 500 米、张家坡村南约 300 处进行发掘。① 发掘面积约 1000 平方米。发掘墓葬 18 座、车马坑和马坑各 1 座。

1984 年，中国社会科学院考古研究所沣西发掘队在普渡村南西户公路南侧和村东发掘了西周墓葬 42 座和车马坑 2 座。②

1984—1985 年，中国社会科学院考古所丰镐工作队在沣西客省庄、马王村和张家坡等地清理墓葬 44 座、车马坑 2 座。③ 并在张家坡村东试掘了西周遗址探沟 2 条，清理西周房屋 1 座和灰坑 1 处。

1983—1993 年，陕西省考古研究所在沣东遗址的普渡、花园、官庄村一带进行考古调查和钻探发掘。④ 钻探发现 11 座西周夯土建筑基址。发掘清理了一号、三号和五号基址。其中的五号建筑基址规模较大，保存相对较好，进行了全面揭露发掘，证明其为一座平面形制呈"工"字形的大型西周宫室建筑基址，取得了重要成果。此外，在"五号夯土基址"，发掘客省庄二期文化房址 2 座和灰坑 21 个，发掘西周建筑用瓦片 2808 片，包括新类型槽瓦及榫钉。

1985 年 7 月，西安市文物管理处在斗门中学西南清理铜器窖藏 1 座。⑤

1985 年和 1986 年，陕西省考古研究所在长安县花园村清理墓葬 6 座，其中西周时期 5 座，客省庄二期 1 座。⑥

1987 年，中国社会科学院考古研究所沣西队在张家坡村东南沣河毛纺织厂排污渠沿线进行钻探和发掘。发掘面积 48 平方米，清理灰坑 16 处、陶窑 1 座和墓葬 20 座。1991 年，又在西户公路南侧清理墓葬 3 座。⑦

1990 年秋，中国社会科学院考古研究所丰镐工作队在新旺村西南进行钻探和发

---

① 中国社会科学院考古研究所沣西发掘队：《1984 年沣西大原村西周墓地发掘简报》，《考古》1986 年第 11 期。
② 中国社会科学院考古研究所沣西发掘队：《1984 年长安普渡村西周墓葬发掘简报》，《考古》1988 年第 9 期。
③ 中国社会科学院考古研究所丰镐工作队：《1984—1985 年沣西西周遗址、墓葬发掘报告》，《考古》1987 年第 1 期。
④ a. 郑洪春、穆海亭：《镐京西周五号宫室建筑基址发掘简报》，《文博》1992 年第 4 期。
　b. 陕西省考古研究所：《镐京西周宫室》，西北大学出版社 1995 年版。
⑤ 陕西省考古研究所：《镐京西周宫室》，西北大学出版社 1995 年版。
⑥ 郑洪春、穆海亭：《长安县花园村西周墓葬清理简报》，《文博》1988 年第 1 期。
⑦ 中国社会科学院考古研究所沣西队：《1987、1991 年陕西长安张家坡的发掘》，《考古》1994 年第 10 期。

掘。① 共布 2 个探方，发掘面积 24 平方米。发现西周制骨作坊 1 处，共清理灰坑 3 处。出土骨料 150 余斤和笄、针、镞等骨器，以及铜凿、铜镞和煤精璜等。同时，在沣东地区开展了调查、试掘工作。

1992 年，中国社会科学院考古研究所丰镐队在西户铁路马王镇车站西南、马王粮站东土壕和张家坡村南取土壕清理西周陶窑 4 座和墓葬 35 座。②

1997 年中国社会科学院考古研究所在马王乳品厂和大原村北进行发掘。共开探方和探沟 6 个，发掘面积约 200 平方米。清理灰坑 19 座、墓葬 20 座、窖穴和房子各 1 座。③ 其中 97SCMT1T1 地层剖面被学术界视为确定商周文化年代分界的界标和先周西周考古学文化分期断代的标准考古文化层和典型单位。

1998 年春，中国社会科学院考古研究所丰镐发掘队在井叔家族墓地西南约 300 米处的大原村北低地进行抢救性钻探和发掘。④ 发现大型残墓 3 座和车马坑 1 座，并清理 3 座墓葬。

2005 年 4 至 9 月，中国社会科学院考古研究所汉长安城工作队对昆明池遗址进行考古钻探、试掘和测量。基本究明了遗址的范围、时代，以及进水渠、出水渠、池内高地、池岸建筑遗址的分布情况，并在遗址以北探明了另外两个古代水池—镐池与彪池遗址，取得了一系列考古收获。⑤

2011 年，中国社会科学院考古研究所陕西第三工作队在冯村北和冯村东钻探，并对冯村北制骨作坊遗址进行抢救性发掘。⑥ 共布 3 个探方，发掘面积 73.2 平方米。确定为一处西周晚期制骨作坊遗址。出土大量骨料、坯料、半成品骨器和笄、锥和镞等骨器，以及磨石、铜锥等制骨工具。

2012 年，受西安市文物局丰镐遗址保管所委托，中国社会科学院考古研究所陕西第三工作队和陕西省考古研究院开展"丰镐西周都城遗址范围确认及地下遗存分布状况考古调查勘探"项目，分别对镐京遗址和丰京遗址进行全面考古调查和大面积钻探，并对冯村东疑似道路、新旺村西南西周墓葬、普渡村东和白家庄村东昆明池岸进行发掘。通过该项目工作，科学准确地确定了丰镐遗址的范围和四至（图 2-2-1）。同时全面系统地收集和梳理了几十年以来的丰镐遗址考古成果，进行科学整理、记录和录入，并初步建立了丰镐遗址的 ARCGIS 系统框架。

---

① 中国社会科学院考古研究所丰镐工作队：《陕西长安县沣西新旺村西周制骨作坊遗址》，《考古》1992 年第 11 期。
② 中国社会科学院考古研究所丰镐队：《1992 年沣西发掘简报》，《考古》1994 年第 11 期。
③ 中国社会科学院考古研究所丰镐工作队：《1997 年沣西发掘报告》，《考古学报》2000 年第 2 期。
④ 中国社会科学院考古研究所丰镐发掘队：《陕西长安县沣西大原村西周墓葬》，《考古》2004 年第 9 期。
⑤ 中国社会科学院考古研究所汉长安城工作队：《西安市汉唐昆明池遗址的钻探与试掘简报》，《考古》2006 年第 1 期。
⑥ 中国社会科学院考古研究所丰镐队：《西安市长安区冯村北西周时期制骨作坊》，《考古》2014 年第 11 期。

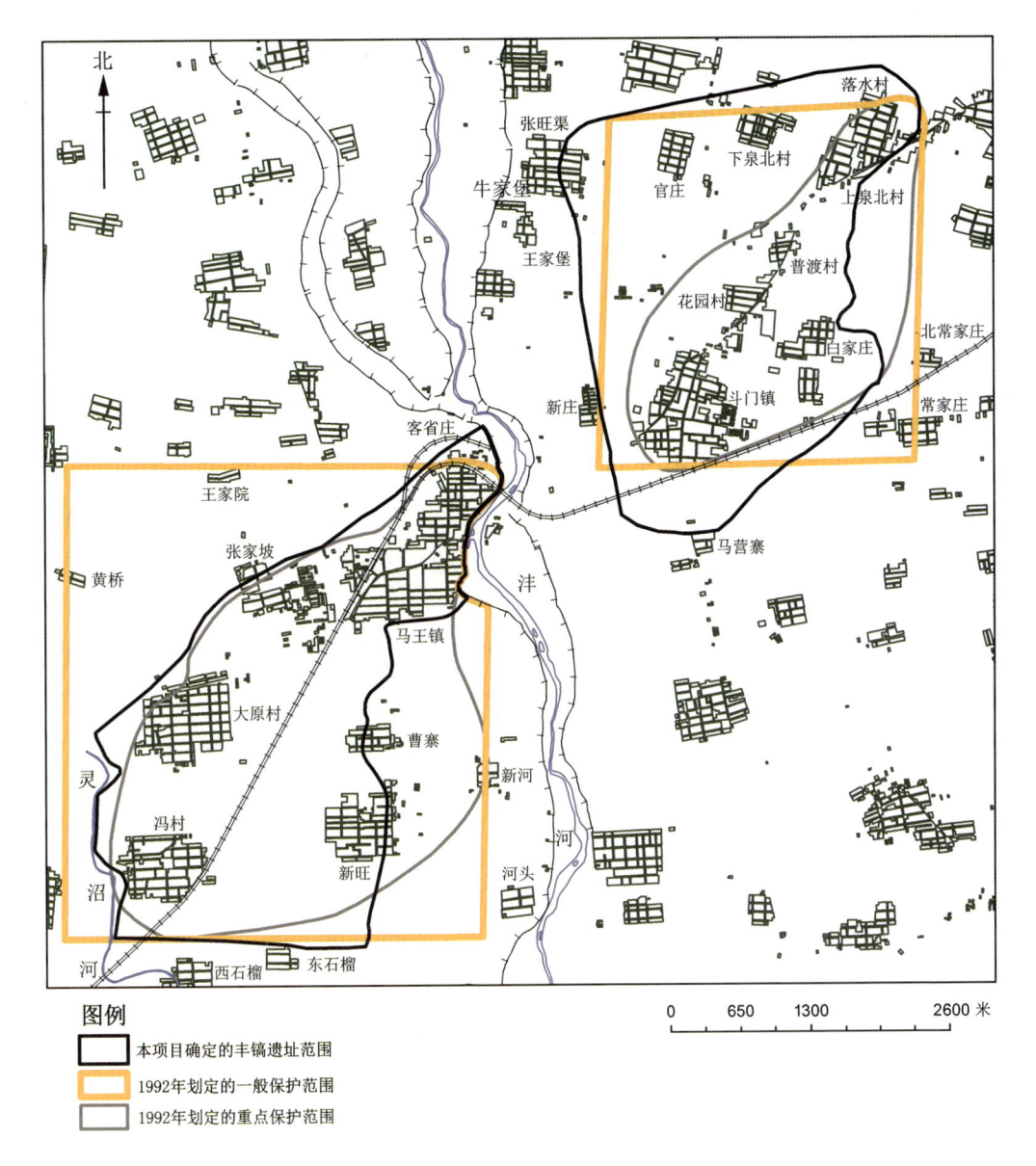

图 2-2-1 丰镐遗址保护范围与西周遗存分布范围前后对比图

2013年，中国社会科学院考古研究所陕西第三工作队和陕西省考古研究院继续分别对丰京遗址和镐京遗址进行大面积钻探，并对一些重要遗存进行了解剖性发掘。其中，在丰京遗址内，对曹寨水面、冯村北制骨作坊遗址[①]和大原村东南西周墓葬进行发掘[②]。对镐京遗址东部区域白家庄与北常村之间的闲置撂荒地进行考古勘探，发现遗迹现象43处，其中墓葬10座、灰坑17处、活土坑8处、古沟道3条、陶窑3座、古道

---

① 中国社会科学院考古研究所丰镐队：《西安市长安区冯村北西周时期制骨作坊》，《考古》2014年第11期。
② 中国社会科学院考古研究所陕西第三工作队发掘资料，待刊。

路 1 条、夯土范围 1 处。① 对该区域古沟道的走向，区域内遗迹的分布，获取了较为详尽的信息。

2013 年，中国社会科学院考古研究所、西安市文物保护考古研究院阿房宫与上林苑考古队，于沣东地区马营村一带发现一大型壕沟，并对发现的壕沟进行了局部解剖，同时还清理了一处车马坑遗址。②

2014 年，中国社会科学院考古研究所在曹寨村西和村北进行考古勘探，发现西周河道、灰坑、墓葬和水井等遗迹 127 处。并对曹寨南至大原村西河道进行了解剖性发掘。通过勘探和发掘，确定该河道东引自沣河、西连灵沼河，总长约 2600 米。河道形成年代当在西周晚期以前，西周晚期开始出现断流现象，以致逐渐废弃。根据河道结构、地形地貌以及河道周边遗迹分布状况分析，河道为人工建造的可能性较大。这些都为重新认识和研究丰京遗址聚落布局演变过程提供了重要线索。③ 陕西省考古研究院重点在镐京遗址东南区域及花园村东进行考古勘探，发现灰坑、墓葬、房址、水井、沟道等遗迹 30 余处。④

另外，在丰镐遗址内，除发现上述青铜器窖藏外，还征集到一些青铜器。大致有四批。

第一批，1961 年，在马王村征集鼎和簋各 1 件。⑤

第二批，1965 年，在大原村征集父癸尊和子尊各 1 件。⑥

第三批，1980 年 3 月，在新旺村征集鼎和簋各 1 件。⑦

第四批，西安市文物库房所存历年征集的丰镐遗址出土青铜器。⑧

通过几十年的考古工作，丰镐遗址考古工作取得了一系列成果，大致可总结为以下几个方面。

第一，初步划定了丰镐遗址的区域、范围、年代和性质。

第二，建立了西周考古的陶器分期断代标尺。

第三，确定了先周文化与西周文化的划分标准。

第四，发现了包括大型建筑基址与宫殿区、铸铜、骨器制造、陶器制造等手工业作坊遗址、以井叔家族墓地为代表的大片墓地、多处青铜器窖藏等在内的一大批西周

---

① 陕西省考古研究院镐京考古队勘探资料，待刊。
② 中国社会科学院考古研究所、西安市文物保护考古研究院阿房宫与上林苑考古队：《西安市汉唐昆明池遗址区西周遗存的重要考古发现》，《考古》2013 年第 11 期。
③ 中国社会科学院考古研究所丰镐队勘探发掘资料，待刊。
④ 陕西省考古研究院镐京考古队勘探发掘资料，待刊。
⑤ 赵永福：《1961—62 年沣西发掘简报》，《考古》1984 年第 9 期。
⑥ 陈贤芳：《父癸尊与子尊》，《文物》1986 年第 1 期。
⑦ 陈颖：《长安县新旺村出土的两件青铜器》，《文博》1985 年第 3 期。
⑧ 王长启：《西安市文物中心收藏的商周青铜器》，《考古与文物》1990 年第 5 期。

遗存，为全面掌握丰镐遗址的地下遗存分布状况提供了一定的材料。

第五，发现和确定了一批其他时代的遗存，提出了关中地区龙山时期的"客省庄二期文化"的命名。此外，揭露了汉代上林苑内诸多大型建筑和水管等遗存。

二 丰镐遗址的范围

丰京遗址东部有沣河从河头村东自南稍向西北，经新河庄、马王村和客省庄东部，往北汇入渭河。由于沣河的存在及河水泛滥等原因，形成了河滩地，限制了沣西地区遗址向东的扩展。沣河在部分地方甚至冲刷了沣西遗址东界。

遗址北部有一条高地，俗称"郿坞岭"。郿坞岭由沣东的花园村、普渡村、斗门镇，越过沣河延伸至沣西地区，中间被沣河河道打断。郿坞岭在沣西遗址内总体上也呈东北—西南走向，自客省庄东北，经马王村、张家坡和大原村，在冯村西北折向苗驾村。郿坞岭以北地区地势低洼，为河滩地。在修建108国道沿线时曾经过钻探，发现地下均为淤泥和沙层堆积，为河滩地，未见早期遗存。早年村民还在该区域种植水稻。我们推测可能与渭河摆动形成的滩地有关。所以沣西遗址北界往北不会超过郿坞岭北界。

遗址西部有渭河的二级支流——灵沼河由海子村流出经西石榴村西往西，在冯村西南北折，再往北至大原村西南，再折向西北汇入泥河。它成为沣西地区遗址西面的天然屏障。

遗址南部新旺村和冯村之间地势较高，俗称"官梁"。往南地势趋低，至东石榴村、西石榴村一线地势略高。西邻灵沼河，东接沣河滩地。

沣西遗址分布区的北界西自原灵沼河东岸，沿郿坞岭北缘，经大原村北、张家坡村北和马王村北，在客省庄东北与现沣河西岸相接。沣西遗址分布区的南界西自冯村西南约400米，经西石榴村北约200米，往东至东石榴村东北约170米稍往南至村东，再折向东北与沣河沙滩地西界相接。范围总面积约8.62平方公里，大致跨客省庄、马王村、张家坡、大原村、冯村、新旺村、曹家寨几个自然村（图2-2-2）。

镐京遗址地处沣河以东，南依秦岭，西濒沣河，北望渭河，东临太平河，滈河（沣水支津）从遗址北部流过。地势总体南高北低，东北有高阳原，西南为细柳原，郿坞岭呈东北西南方向从遗址北部横亘而过。在这个区域内，除郿坞岭地势较高外，其他地区地貌总体起伏不大，地势较为平坦、辽阔。独特的地理环境和地貌，一方面为镐京都城的建设布局提供了广阔的空间，另一方面又为城内居民提供了生活、生产方面的有利条件。同时镐京周边发达的水路和陆路也为都城人们的出行和运输提供了便利。另外，三面环水（河），一面环山的地理形势，也为镐京的安全防卫提供了军事方面的保障。

镐京遗址的西界在马营寨西、新庄、张旺渠一线；北界在张旺渠村以东，经官庄、下泉至落水村一线；东界和南界大体与昆明池西界北段重合，即在马营寨北、白家庄东、花园村东、普渡村东、上泉村东和落水村东一线。目前，可确认现存镐京遗址面积约9.2平方公里，分布在以鄗坞岭为中心的区域内，大致跨张旺渠、官庄、下泉村、落水村、上泉村、普渡村、花园村、白家庄、斗门镇、马营寨、新庄几个自然村（又见图2-2-2）。

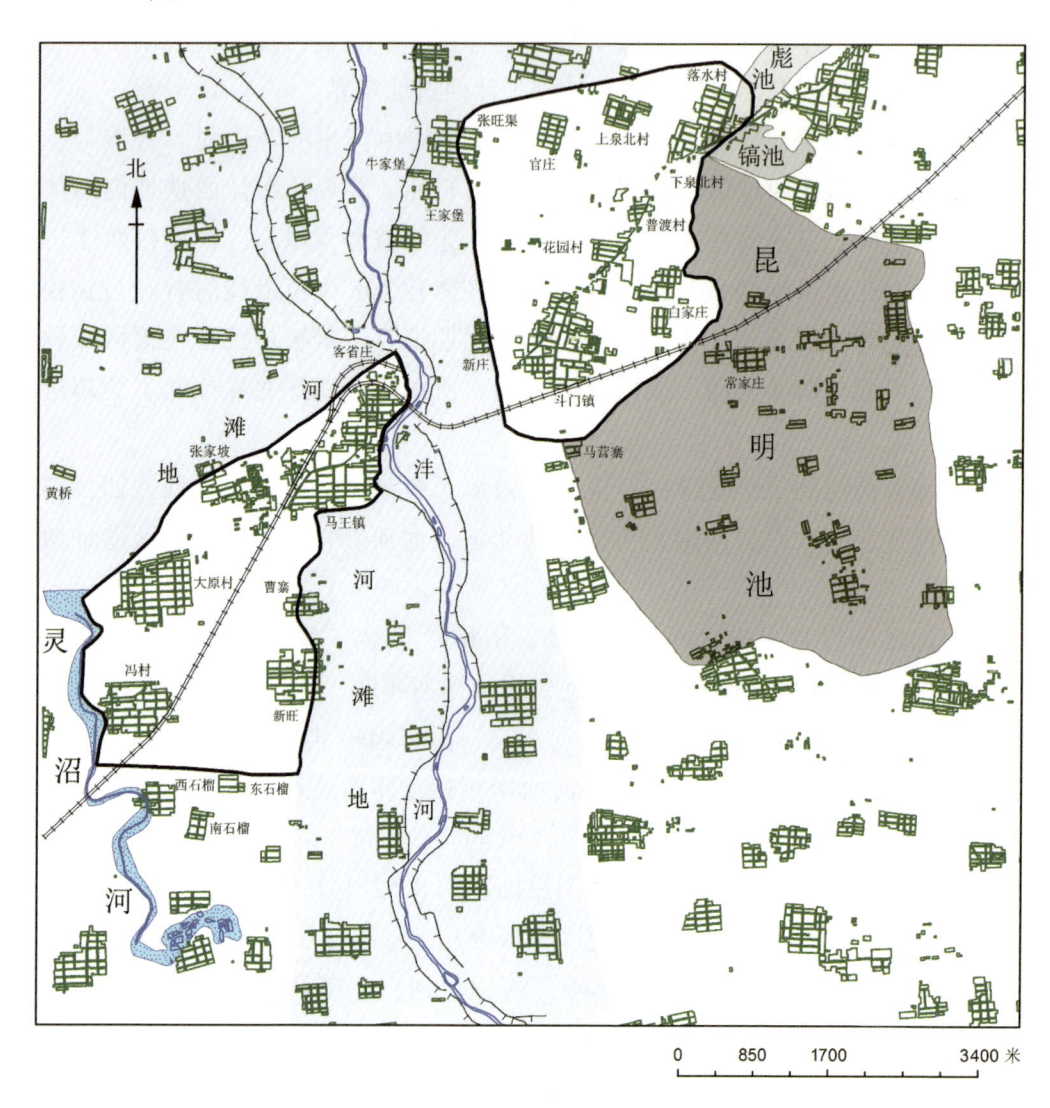

图2-2-2 丰镐遗址范围示意图

从地理位置看，沣东、沣西遗址主要遗存分布区均位于鄗坞岭高地上，虽隔沣河分居东西两岸，但两者共享沣河，属于同一个地理单元，沣河处于丰镐之间，发挥着重要的链接作用。

从功能上看，丰镐遗址在西周时期同时使用，互补共存。沣东建立后，沣西并未废弃，从古文献和出土的铜器铭文来看，周王经常到沣西去举行重大活动，说明丰、镐二京本身就是一个"一都双城"的格局。两者互补共存，一起发挥着都城的作用。

遗址四周，西有灵沼河，北有渭河，东有昆明池，南侧有海子等水域。遗址内还有若干水面，如丰京的灵台与灵沼、镐京宫殿区内的水面。这些可能就是当时的池苑遗存。文献中对丰镐的水系池苑也有相关记载，如《诗经·大雅·灵台》描述丰京的灵沼是"鹿鸣鸟翔，鱼跃池中"。关于镐京，推测昆明池在周代既已存在，虽然范围不如经汉武帝整治后那么大。周代时，周王可能已将昆明池用作池苑。这些河流水面构成丰镐遗址的重要组成部分，发挥特定的功能，满足当时人们的种种需要。

三　丰镐遗址地下遗存状况

（一）沣西部分

先周时期遗存较少，主要分布在郿坞岭上。目前可确认的大致有 1959 年马王村 H11，1984—1985 年沣河毛纺厂 H3，1997 年"夏商周断代工程"期间于沣河毛纺厂东侧发掘的 H18 和 F1 等，1967SCCM89、1983 沣毛 M1 和 1983SCKM1 等 3 座墓葬。

1997 年毛纺厂 H18 是一个短期内形成的、堆积厚、内涵丰富的灰坑。时代为先周时期的最晚段，即周灭商前夕。在夏商周断代工程"丰、镐遗址分期与年代测定"课题中，以 H18 为最早单位的一组遗存单位起到了关键作用。H18 为武王伐纣年代的推定提供了重要的考古学依据，对认识先周和西周的分界具有界标意义。由此前推可认识先周时期的文化，向后又为"武王伐纣"年和西周列王的年代研究提供了背景清晰的测年样品。因此 97SCMT1 剖面被学术界定为"商周考古标准文化层"。1983SCKM1 是一座竖穴土坑墓，长 3.8 米、宽 2.1 米。葬具为一棺一椁。有两个殉人。墓葬在近代有所破坏，据说曾有多件青铜礼器。现仍残留有铜戈、弓形器、铜镞、陶鬲、石璧、玉玦、骨管、贝、蛤蜊等器物，是先周墓葬中内涵较为丰富的一座。墓葬中的铜器和腰坑等习俗都反映了强烈的商文化因素，而高领袋足鬲却明显为关中本地的文化因素，所以这座墓葬体现了两类文化因素的融合，向我们展示了先周时期关中地区的文化面貌和发展壮大的一个缩影。

进入西周以后，遗址内的遗存数量和范围大为增加。在沣西遗址内从郿坞岭向南扩展，并越过沣河向东扩展至沣东。

第一，曹寨南至大原村西人工河道与曹寨北水面。

曹寨南至大原村西人工河道位于曹寨南至大原村西一线。2013 年钻探发现。河道总长度约 2600 米，总体走向为东南—西北方向，呈圆弧状。在曹寨村南斜向与沣河相接，在曹寨西北约 800 米处稍折向西南，在大原村西南再折向西北，并且河道突然变宽，形成一个南北向长条形池状堆积，再与灵沼河斜向相连（图 2-2-3）。

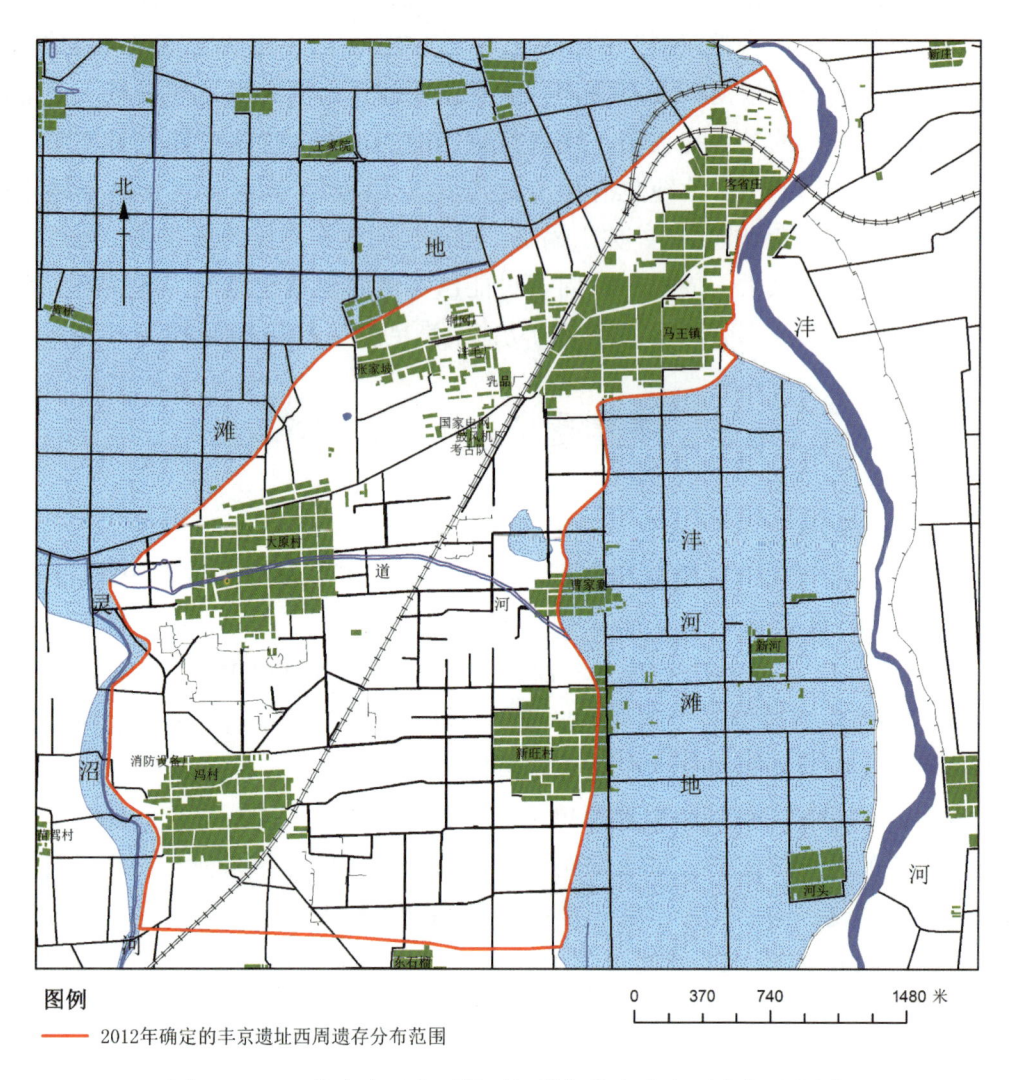

图 2-2-3　曹寨南至大原村西河道与曹寨北水面分布示意图

2014 年，考古工作人员布了三条探沟对河道进行发掘。通过发掘确定该河道流向为自东向西，东引自沣河，西连灵沼河。T3 与 T2 内河底海拔相差约 1.2 米；沙层厚度东薄西厚。河道的宽度为 11.75—15.84 米。根据地层关系和出土物，确定该河道形成年代当在西周晚期以前，西周晚期开始出现断流现象，以致逐渐废弃。汉代时，局部地区存在低洼地或封闭的水面，汉代以后被填平。根据河道结构、地形地貌以及河道周边遗迹分布状况，河道为人工建造的可能性较大。该河道的发现，为重新认识和研究丰京遗址聚落布局演变过程提供了重要线索。

曹寨北水面处位于曹家寨村西北（图2-2-4）。2012年钻探发现，2013年补充钻探。水面最长约384米、最宽约261米，面积约63500平方米。东部有一条长约75米、宽4—10米水道与沣河相连。水面最深处7米尚未见底，地层为典型的湖相堆积。水道中有纯净的河沙堆积。2013年布4条探沟对水面进行发掘。确认了曹寨水面为丰京遗址内一处发挥着重要作用的西周时期人工水面。水面有专门从沣河引水的水道，水道宽约10米，最深1.2米。水道内发现有较完整的马骨架，很可能为水祭遗存。水道和水面均开口于西周晚期地层下，说明水面和水道最迟在西周晚期已经被废弃。

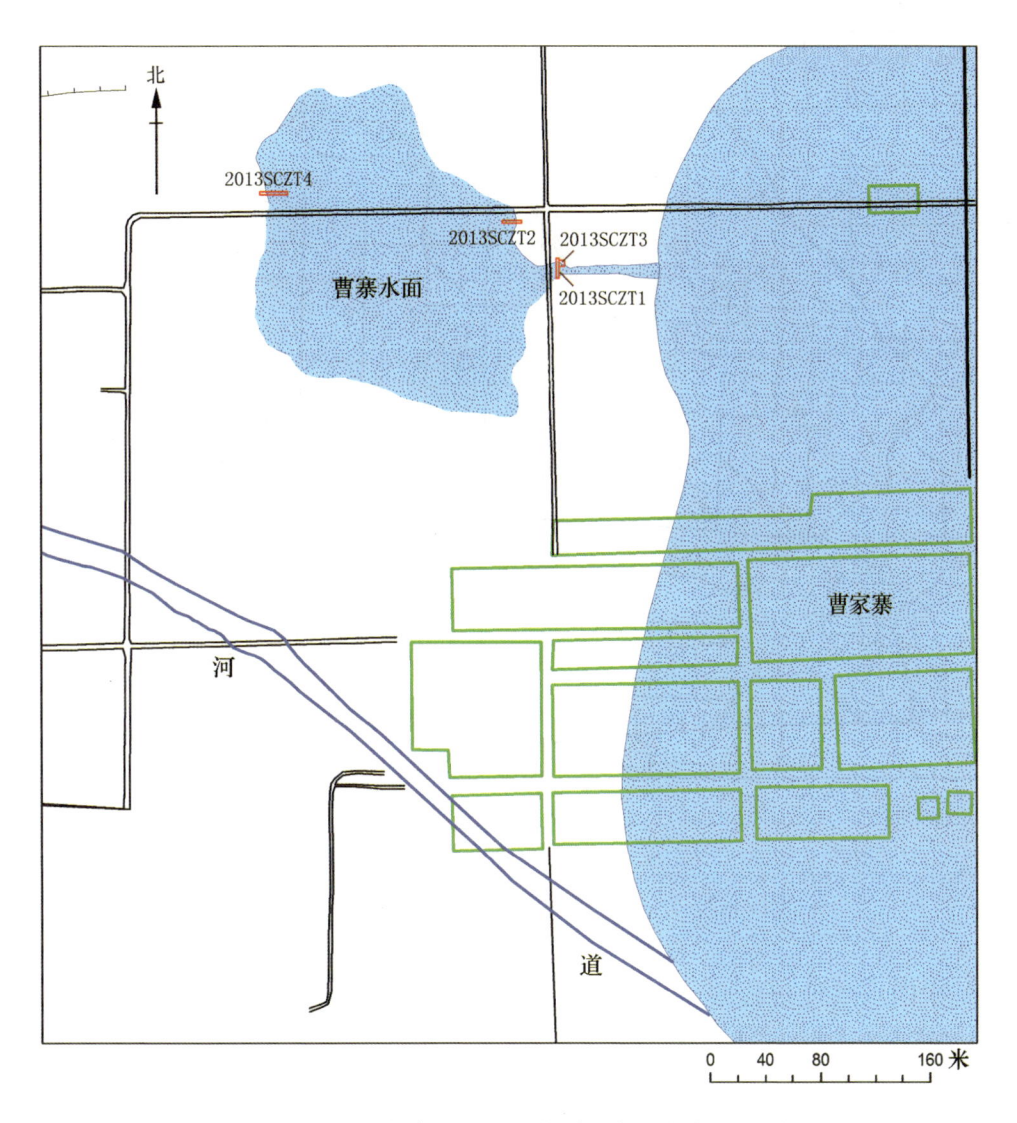

图2-2-4 曹寨北水面分布图及发掘布方示意图

第二，居址。

从居址角度至少可分为两级，客省庄村西南发现的大型夯土基址区应属于贵族所有（图 2-2-5），综合目前资料不排除其属于王室的可能。张家坡发掘的长方形浅土窑和圆形深土窑大致属于平民所有。

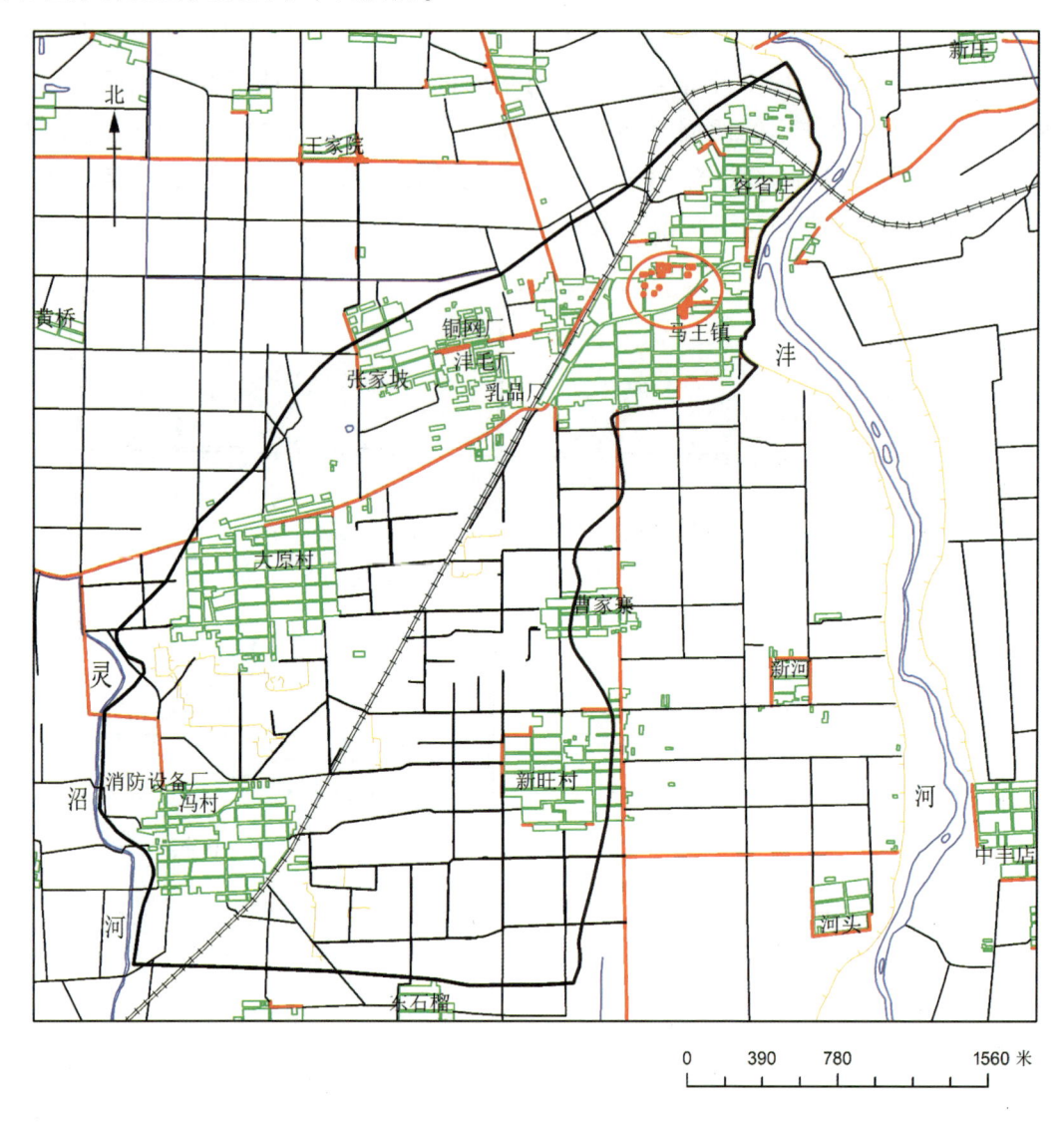

图 2-2-5 丰京遗址大型夯土基址区位置示意图

基址中四号基址规模最大，东西长 61.5 米，西部南北最宽 35.5 米，东部残宽 27.3 米，面积为 1600 多平方米。呈"T"字形，方向为正南北。建于西周早期后段或早中期之交，废弃于晚期前段。一号基址和三号基址可能有密切联系，方向都为 91 度，二者东西在一条线上，且夯土情况相同。三号基址西距一号基址 70 米。建筑年代在西周中期前后。二号基址位于四号基址西南约 30 米，破坏严重，残存部分东西 9.3 米，南北长 1.65 米。地层情况与一、三、四号基址相同。可确定这四处基址为同时期的一组建筑群。

九号、十号、十二号基址大小相同,均为东西残长7米,南北宽约8米。年代可能为西周。十一号基址南北长12米,东西宽5米,其北距四号基址约160米。年代可能为西周。十三号基址位于十二号基址正南约25米处,东西宽18米,南北残长14米。十四号基址位于十一号基址东北约50米、六号基址正南约105米。其东西长约7米,南北宽5米,打破西周早期灰坑,年代可能为西周。

客省庄道路1位于五号基址往南,绕三号、四号基址向西南。长约200余米,宽10—13米,最宽达15米。道路2在十三号基址西面,为南北方向。长35米,宽0.7米(图2-2-6)。道路3位于客省庄十三号基址东面,东西走向。长40米,宽0.7米。平民住在面积很小的长方形浅土窑和圆形深土窑内。如1955—1957年张家坡H425为长方形浅土窑,面积约10平方米。H104为圆形深土窑,面积约3.14平方米。

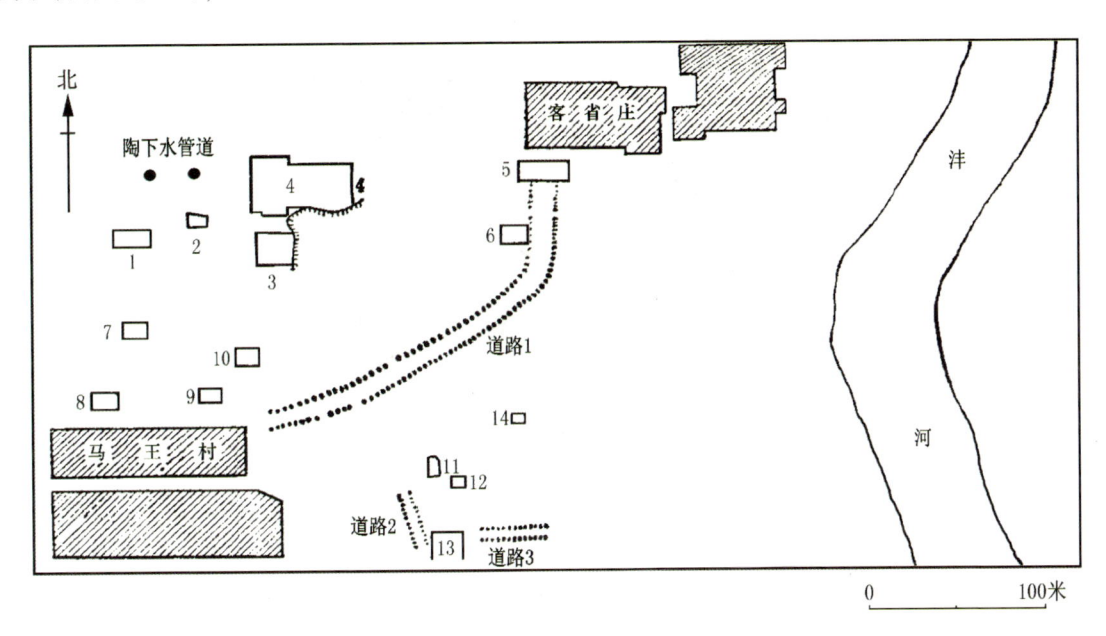

图2-2-6 客省庄大型夯土基址分布示意图

第三,墓葬。

目前资料表明,张家坡、大原北、马王村西区域内分布了大量贯穿西周时期的墓葬,应该有西周各阶段的若干墓地。限于现有的工作与资料,我们并还不能将其区分出来,但可以发现其中一些重要的现象。如存在以井叔家族为代表的贵族墓葬区,而且还可将贵族分为高级、中级、低级三个等级。此外还有大量的平民墓葬。

高级贵族墓以4座井叔墓为代表,包括1座双墓道大墓、3座单墓道大墓和马坑、车马坑等(图2-2-7)。这些墓葬中大都出有井叔自作的青铜礼器,因此,可以确认大墓的墓主人乃是不同世代的井叔。图中的双墓道大墓为M157,在它的东侧自西向东分别为M152、M168、M170,这几座带墓道的大墓构成了井叔家族墓地的核心。

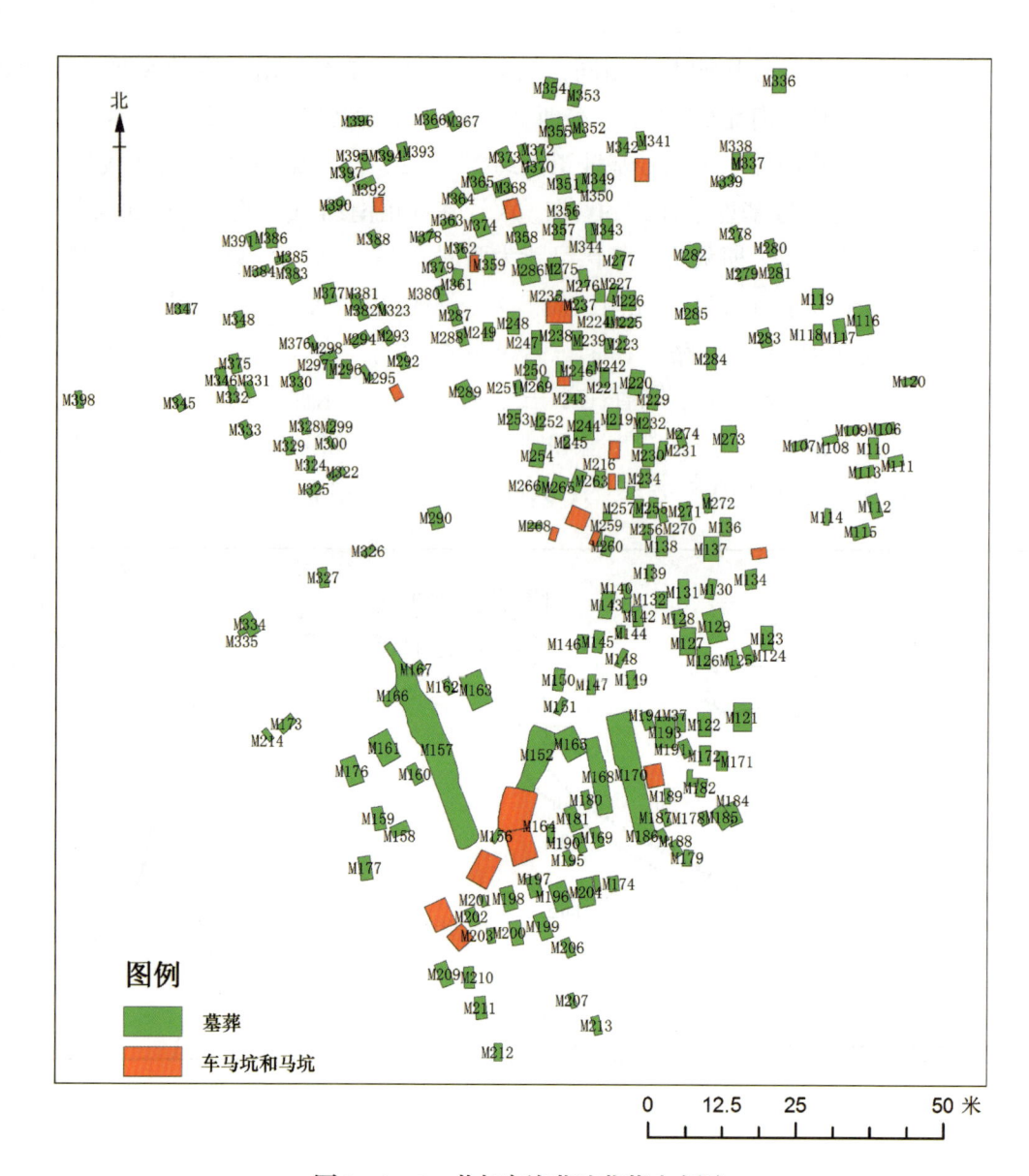

图 2-2-7　井叔家族墓地墓葬分布图

　　M157 是由墓室、南墓道、北墓道组成的一座中字形大墓，南墓道长 18.2 米，北墓道长 11 米；墓室长 5.5 米，宽 4.3 米；残存的随葬器物有铜礼器、兵器、车马器等，还随葬车轮 30 个、舆 12 个。还有 1 名 50 岁左右的男性殉人。

　　M170 为甲字形大墓，墓底积炭。墓道长 13.2 米，墓室长 8.76 米，宽 5.6 米。葬具为 2 棺 1 椁。随葬器物精美，有铜器、金器、玉器、漆器、象牙器、骨器、陶器等，车马器有车轮、辕、衡、舆等。

　　中级贵族以张家坡 1983—1986 年 M163 为代表。M163 无墓道，葬具为二棺一椁，随葬品被盗后尚残存有精美的铜礼器、乐器、车马器、玉器等。

低级贵族以张家坡1983—1986年M145为代表。M145无墓道，葬具为一棺一椁，随葬品有铜礼器、兵器、车马器等。

第四，车马坑。

车马坑都从属于贵族墓葬，所以其分布就表明了贵族墓葬的存在。根据对已发表资料的统计，在客省庄、张家坡和大原村等地共发现车马坑和马坑52座，其中7座未发掘，说明这些地方有贵族墓地的存在，其周围也应有贵族的居址。

第五，铜器窖藏。

铜器窖藏的分布范围也与贵族居所的范围有一定的联系。沣西遗址内已发表的窖藏有6批，分布于马王镇、张家坡、新旺等村庄周围，共出土铜器近百件（图2-2-8）。1961年张家坡窖藏出土铜器53件。11种铭文中出现了周王（成王或穆王）、毛公等西周

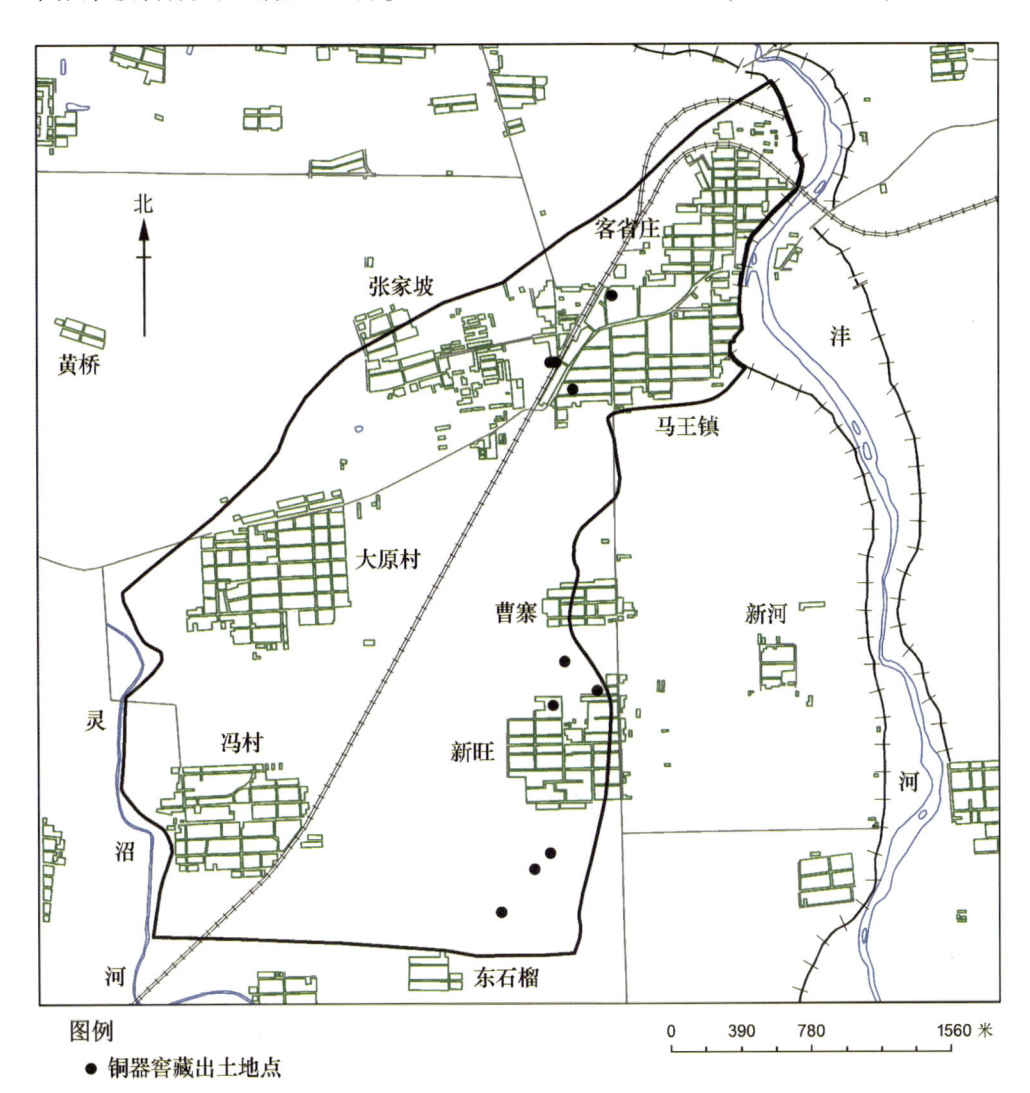

图2-2-8 丰京遗址铜器窖藏分布图

史上的重要人物,作册尹克(厉王时大臣)也常见,还有孟、伯喜、伯梁父、伯庸父、伯百父、筍侯(文王少子所封,今旬邑)等人物。1967年新旺出土的遹盂和匜。盂的铭文记载周王内宫之事,讲到内小臣遹领太后之命,从两地为王后择选宫女并梳洗装扮之事。1973年新旺村北的铜器窖藏出土2件西周中期的铜器。铜鼎通高85厘米,口径63厘米。铜盂通高40.5厘米,口径55厘米。二者在西周铜器中都可算是体量巨大者。1973年马王村西窖藏出土铜器25件,种类众多,有鼎3个、甗1个、簋6个、壶1个、匜1个、盘1个、甬钟10个、车軎2个。1982年新旺村南窖藏窖藏出土2件铜鼎。1号为西周早期,高74米、口径55米、腹深54厘米,重54公斤,也算是形体较大的铜器。

第六,手工业布局——铸铜、制陶、制骨。

手工业作坊遗址是古代大型城市聚落的重要组成部分。沣西遗址目前可确认的手工业种类有铸铜、制骨、制陶三类。

(1)铸铜业

"国之大事,在祀与戎",体现到器物上就是礼器和兵器,这二者又都是以铜器为主。沣西遗址内的铸铜遗存只有马王和张家坡两处。二者都只出土了少量陶范。就目前而言,二者的主要产品种类似有不同,前者为礼器,后者为车马器,可能是作坊之间的分工有所不同。严格来讲这两处地点的陶范只是提供了铸铜业的线索,对沣西遗址内铸铜业的研究还需开展大量的工作。

1955—1957年张家坡地层中出土4块铸造车马器的陶范和1块铜块。1957—1959年马王H10出土26块陶范。可辨器形为一块簋口沿下纹饰带范,地纹为云雷纹,其上夔龙纹(图2-2-9)。时代为西周早期。

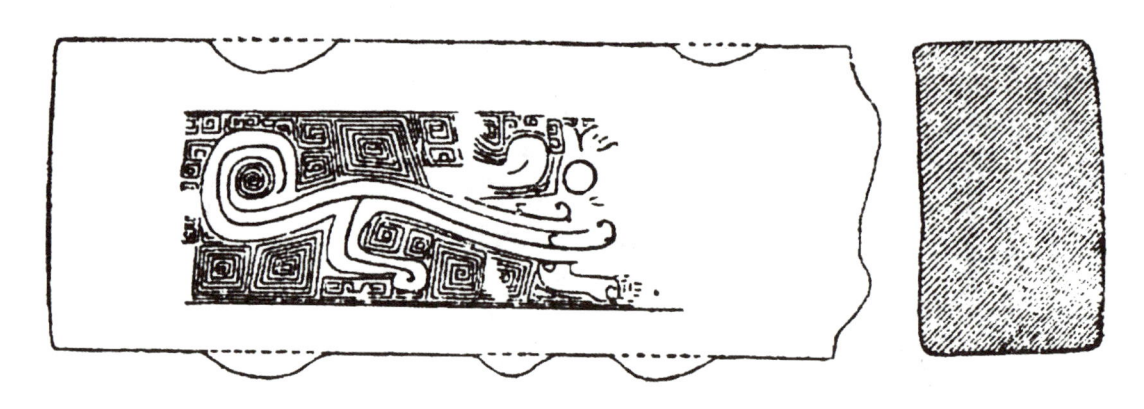

图2-2-9 马王H10出土铜簋外范

(2)制骨业

目前共发现五处制骨遗存,分别位于张家坡、马王、曹家寨、新旺村、冯村(图2-2-10)。张家坡、新旺村和冯村地点资料较多,以目前资料来看,三者都可定

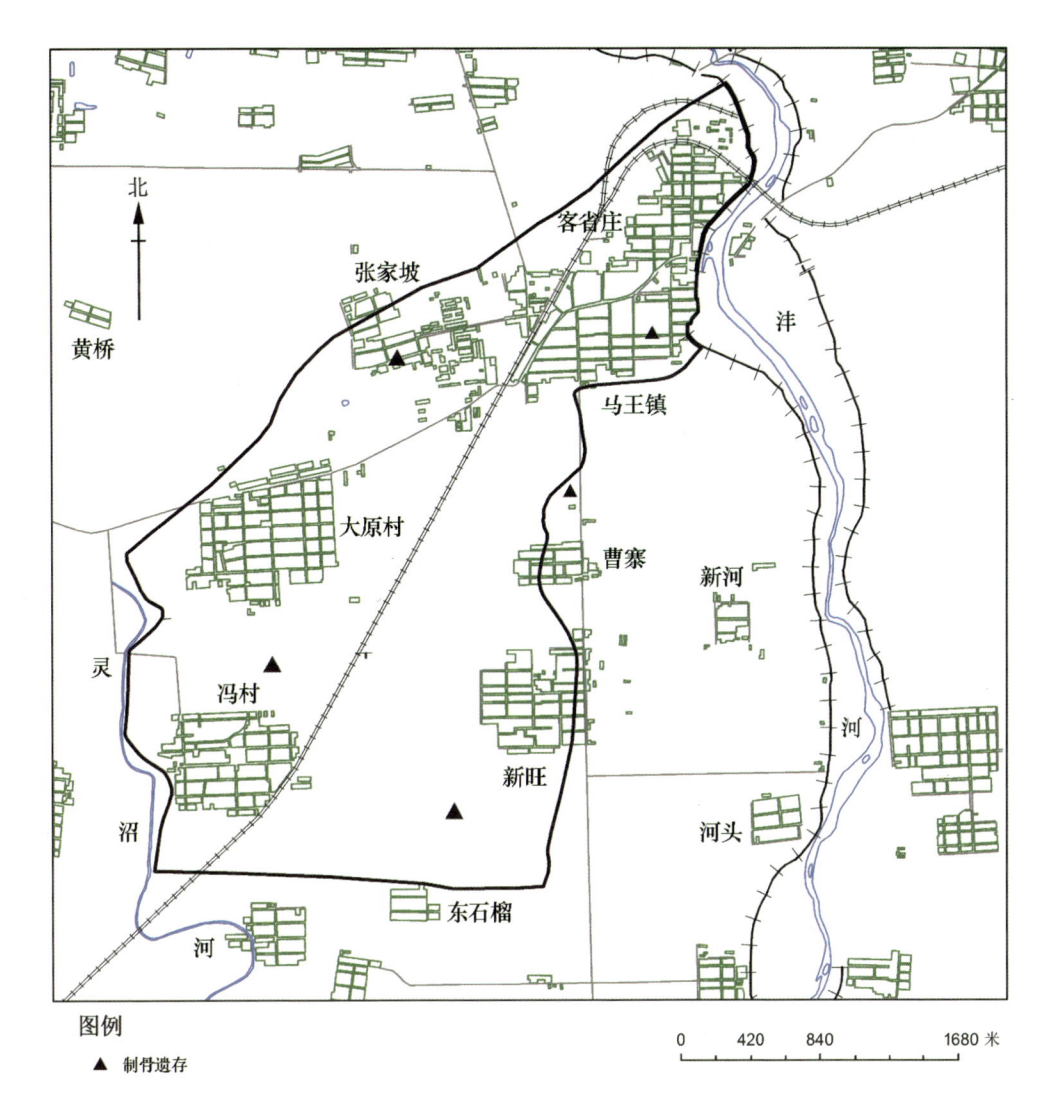

图 2-2-10 丰京遗址制骨遗存分布图

为制骨作坊遗存，但在原料和产品方面存在差异，可确定者是张家坡用大量鹿角来制作角镞，新旺和冯村以牛骨为主、有少量鹿角和马骨。这五处遗存的范围都不清楚，还有待今后的工作来加以确认。

1955—1957年张家坡发掘的H169可能主要是制作骨角镞的遗存，H160则是以制作多种骨角器遗存为主。H169紧西侧的圆形深土窑式房屋可能正是工匠的居所，而H160西侧也存在一座存放骨料的场所。曹家寨制骨遗址位于曹家寨东北。1957—1959年调查发现骨料，2012年调查中也采集了骨器和骨料。马王村制骨遗址位于马王村东，1957—1959年调查发现骨料坑。1990年新旺村西周晚期制骨作坊遗址发现骨料150斤，1/3经过了鉴定。牛骨最多，其次为鹿骨、猪骨、马骨。出土的骨器有骨笄、骨针、骨镞、骨铲、骨笄帽饰和骨片饰。2011年和2013年发掘的冯村北制骨作坊位于冯村东北，出土大量兽骨原料和废料以及少量骨笄、骨针等产品。

（3）制陶业

制陶业遗存普遍分布在历年的全部工作区域内，即遍布整个沣西遗址内。目前在11个地点共发现陶窑52座。主要的遗存是陶窑和陶拍。其中1983—1986年客省庄6座，1986年沣三七队砖厂南钻探1座，1987年张家坡1座，1991年马王宅基地钻探8座，1991年马王火车站北土壕钻探5座，1992年马王4座，1995年新兴造纸厂钻探1座，2011年冯村东钻探2座，2012年生产路钻探5座，2012年大原村普探8座，2012年沣西调查3座。1986年沣三七队砖厂Y1直径2.5米，烧土厚0.2米。1987年张家坡Y1中发现大量鬲足，至少有鬲83件，另有少量盂、豆。年代为西周晚期。1991年马王Y1—Y4、Y7直径均为1.5米，包含红烧土、蓝烧土。其中Y5最大，直径2.3米，其次是Y6，直径2米，包含红烧土。Y1开口最深，为2.3米，直径1.8米。

（二）沣东部分

综合以往历年工作和本项目田野调查及考古勘探所获资料可发现，各类遗存遍布于遗址中部鄗坞岭，西周文化遗存布局呈现出成片分布，较为集中等特征。

第一，居址。

从居址角度至少可分为两个等级：花园村西、普渡村、官庄南，以及落水村西、落水村北发现的大型建筑基址，有的属于宫室建筑基址，应为周王或高级贵族居所。白家庄北、花园村东、普渡村东等地发现的小型居址大致属于平民所有。

在历年工作中，镐京遗址内的普渡村、花园村、官庄村一带发现11座西周夯土建筑基址，发掘清理了一号、三号和五号基址，其中五号建筑基址规模较大，总体长59米，宽23米，面积1357平方米。方向为坐北朝南，整体布局呈"工"字形，属于西周王朝宫室建筑，建于西周中期偏晚懿孝时期，毁于西周厉王或幽王时期。

另外，在洛水村西发现一座西周初期大型宫室建筑基址，基址中央残存一个被挪动的大型卵石柱础，出土有较多板瓦碎片。在落水村北发现一座西周夯土建筑，出土较多板瓦碎片。这属于王室或贵族的宏伟建筑遗存。

平民居址面积较小、构造简陋。如1979—1981年发掘清理的普渡村东H2、H3，就是两座椭圆形土窑式房屋，构造十分简陋，是从当时生土地面向下挖掘的土坑。H2距地表0.8米，四角呈圆弧形，东西长4.5米、南北宽2.8米、深2.6米。H3上口距地表0.8米、南北径3.8米、东西径2.6米、深3米。这种土窑式居住遗址十分简陋，当为西周晚期奴隶或一般自由平民所居住。

第二，墓葬。

目前资料表明，在斗门镇、花园村北、普渡村东一带分布有大量西周墓葬，应该为西周各时期的若干个墓地。根据墓葬形制及随葬器物等相关信息，可知镐京遗址内存有多处面积较大的族葬墓地，那里分区、分组埋葬了许多西周贵族和大量平民。

贵族族葬墓地如1981年长安斗门长花M15、M17等。M15，长方形竖穴，南北向，长3.8米、宽2.4米、深4.7米。随葬器物除大量精美陶器、玉器、蚌饰等外，尚有青铜礼器13件，重要者如禽鼎、麃父卣等。且有车马坑一座，坑内共葬马车三辆，其中一号车驾马2匹，二号车驾马4匹，三号车驾马2匹。

M17位于M15正东8米，正南北向"T"形墓圹。墓底长4.2米、宽2.45米。随葬器物除陶器、玉器和蚌饰等外，尚有青铜礼器16件，重要者如鸿叔簋、伯姜鼎等。且有车马坑一座，坑内葬车2辆，每辆驾马2匹。据考证M15为伯禽墓，M17为益帚妢墓。二墓同出方鼎有三，铭文皆相同；益帚妢组铜器中有六件铭末皆有束徽识，而禽所作的两件铜器铭末亦皆有此徽识，可见此组墓地和束家族有关。而束家族为周之异姓，故此组墓地当为族葬贵族墓地。

又如1954年发掘清理的长由墓，是一座长方形竖穴木椁大墓，南北长4.2米、东西宽2.3米、深3.5米；随葬器物极为丰富，出土铜器、陶器、玉器、石器、骨、贝、蚌饰等合计426件，所出"长由盉"是一件不可多得的青铜礼器，此墓被学术界视为西周穆王时期墓葬及陶器、青铜器断代的标尺。

相对于形制较大、随葬物品精美等特性的贵族墓地而言，平民墓地则形制较小，基本没有墓道，随葬物品亦简陋。如1984年普渡村南西户公路南侧发掘的西周墓葬22号墓，为长方形土坑竖穴，无墓道，葬具仅1棺，随葬品仅1件豆、1件盉、2件罐。

第三，车马坑。

车马坑从属于贵族墓葬。根据对已发表资料的统计，在花园村西、普渡村、马营村等地共发现车马坑8座，发掘了其中的4座。

第四，铜器窖藏。

青铜器是奴隶主贵族用于祭祀、朝聘、宴飨、征伐及丧葬等礼仪活动之用器，能"明贵贱、辨等列"，因此，铜器窖藏的分布亦与贵族居所的范围有一定的联系。目前，镐京遗址内发现铜器窖藏1批，位于斗门中学西南，出土西周晚期铜鼎、簋、鬲、豆等20余件，其中一件铜簋有"太师小子……"铭文。

第五，手工业作坊遗存。

由于镐京地区历年考古工作所做较少，遗址内各种手工业作坊分布的详情尚不明晰。目前已发现有铸铜迹象和较多的陶窑址。铸铜迹象主要是在花园村东钻探时发现有铜炼渣。陶窑址分布区域较广，目前在上泉村东、普渡村北、白家庄北、落水村等6个地点共发现陶窑29座。其中1955—1957年斗门镇清理2座，1961—1962年洛水村和上泉村之间发现陶窑10座，清理6座，1979—1981年普渡村东清理2座，1983、1985年清理陶窑5座，1983—1993年清理陶窑1座，2012年普探6座，2012年调查3座。

在镐京遗址里发现了制作建造屋顶的板瓦生产迹象。其中，1962年在镐京遗址落水村西南发掘的西周陶窑中，出土了大量烧结的板瓦碎片。陶窑址北距落水村西边旁发掘的西周大型夯土基址约100米。

丰镐遗址虽然以西周遗存为主体，但也包含了其他各历史时期的重要文化遗存。其中，龙山时代的关中地区文化"客省庄二期文化"就因最早发现于沣西客省庄而命名。此外还发现了汉代上林苑范围内的诸多大型建筑、桥梁、排水系统等遗存。

周原遗址考古发现

徐良高　宋江宁

周原位于陕西省关中地区西部。这个概念通常有广义和狭义两种理解。广义上的周原指关中盆地西部的渭北台塬，范围包括千河，漆水河以西，渭河以北，岐山以南地区。北有岐山，南有渭河，水丰土厚，自然条件优越。从新石器时代以来，一直是人口聚居之地。狭义的周原指一般意义上的周代周原遗址范围，包括今天扶风县的法门、黄堆两乡和岐山县的京当乡所辖的地区，北起岐山，南至纸白一带，东至许家村、樊村一线，西至岐阳堡一带，东西宽约8公里，南北长约5公里，总面积约30平方公里。[①]

通过七星河流域区域调查的典型案例[②]和历年大周原地区青铜器、墓葬、砖瓦等重要周代遗存的分布研究，我们知道，周文化遗址的密集分布区存在于漳河中游及其支流——七星河、龙尾沟、横水河的两岸。这些遗址构成一组周文化遗址聚落群，是一个整体。与之毗邻的是凤翔秦雍城保护区和宝鸡的弦国、虢国等文化区。

根据历年青铜器出土情况看，在这一聚落群内多处遗址出土有青铜器，并发现有重要的考古遗存，比如，重要的发现有：龙尾沟边赵家台遗址的周代空心砖[③]，杨家村遗址出土的单氏青铜器窖藏[④]，横水河流域出土的多件青铜器和周公庙遗址等[⑤]。这一范围已远远超出过去所划定的周原遗址保护区。

另外，根据古文献记载和考证，太王所居岐，周公、召公的采邑等的位置不仅仅限于过去所划定的周原遗址保护区内，而是在一个更广的范围内分布。同时，据文献和金文记载，周王的另一个常居地——西郑也在附近。

---

① 史念海：《周原的变迁》，《陕西师范大学学报》（哲学社会科学版）1976年第3期。
② 徐良高、唐锦琼、宋江宁、付仲杨：《陕西周原七星河流域2002年考古调查报告》，《考古学报》2005年第4期。
③ 陕西省考古研究所宝鸡工作站、宝鸡市考古工作队：《陕西岐山赵家台遗址试掘简报》，《考古与文物》1994年第2期。
④ 刘怀君、刘军社：《陕西眉县杨家村西周青铜器窖藏》，《考古与文物》2003年第3期。
⑤ 徐天进：《周公庙遗址的考古所获和所思》，《文物》2006年第8期。

最后，从现有周原遗址所出文物看，虽然现周原遗址保护区内出土了㝬簋等少数王器，但多为各贵族家族墓地和铜器。同样的贵族家族铜器，如单氏家族等也分布于周原附近。

我们认为大周原应该作为一个整体来研究与保护。

一　古公亶父迁岐与先周文化的发现

据文献记载，周人定居于周原自古公亶父起。此前，周人活动于黄土高原南缘的泾河中上游地区。1980年起中国社会科学院考古研究所泾渭工作队在长武县碾子坡遗址连续发掘9次，长达10年时间，揭露居址500多平方米，清理先周时期墓葬200多座。陶器面貌以高领袋足鬲为代表，葬俗独特。其时代与周原发现的同类遗存相关联，对探索古公亶与前后的周人文化提供了重要资料。①《诗·大雅·绵》详细记载了周人在古公亶父的带领下，定居岐下，划田亩、建民居、筑城郭、建宗庙的过程。正是从周原开始，周人联合羌人等诸小国，合纵连横，不断壮大、发展，经季历、文王，至文王末年时，周人已非常强大，遂将都城东迁于沣河西岸，建都于丰。至武王时，东进灭商，建立西周王朝。整个西周一代，周原作为周人的龙兴之地，一直具有重要的地位。

通过调查和历年的考古工作，周原地区的先周文化遗存主要位于岐山县京当乡王家嘴村、京当村、贺家村所在的台地上，坐落在王家沟和刘家沟所夹形成的台地上。北至凤雏、京当以南一线，王家嘴水库两岸，南至台地嘴子，东边缘分布到王家沟东侧的贺家、礼村一带，直至刘家沟边上，西至双庵沟边。遗址南北长约2500米，东西最宽处约为1500米。先周时期的陶器主要有袋足鬲、联裆鬲、甗、折肩罐、盆、豆等。②

迄今为止，在以上范围内发现的先周文化遗迹主要有灰坑、陶窑和墓葬，还有少量残房基，如20世纪60—70年代周原遗址贺家墓地商代墓葬岐山贺家村发掘的先周西周时期墓葬。③ 1996—1997年在王家嘴遗址清理的先周时期灰坑114处，墓葬21座，房屋残迹2处。④ 其起讫时间大体相当于殷墟一期至殷墟四期或稍晚。2001年，在王家嘴、贺家一带发掘一批商代时期灰坑、陶窑、墓葬和陶灶等，可分

---

① 中国社会科学院考古研究所：《南邠州·碾子坡》，世界图书出版公司2007年版。
② a. 周原考古队：《陕西周原七星河流域2002年考古调查报告》，《考古学报》2005年第4期。
　　b. 马赛：《聚落与社会——商周时期周原遗址的考古学研究》，北京大学博士学位论文，2009年6月。
③ a. 陕西省博物馆：《陕西岐山贺家村西周墓葬》，《考古》1976年第1期。
　　b. 陕西省考古研究所：《岐山贺家村周墓发掘简报》，《考古与文物》1980年第1期。
　　c. 陕西周原考古队：《陕西岐山贺家村周墓发掘报告》，《文物资料丛刊》第8辑，文物出版社1983年版。
④ 资料未发表。

为两期5段，其中第一期遗存包括第1段和第2段，时代相当于殷墟文化第一、二期，文化性质属"商文化京当型"。第二期遗存包括第3、4、5段，时代属殷墟2期至商周之际，文化性质属先周文化。[①] 2014年贺家北发掘中也发现有商周之际的遗存。[②]

与先周文化密切相关的是周原遗址内刘家墓地的发掘。[③] 在扶风刘家村共清理出20多座墓葬，其中1座为长方形土坑竖穴墓，4座墓葬形制因破坏而不清楚，其余15座墓葬均为偏洞。墓道为长方形竖井式，从墓道北壁掏挖出一个长方形偏洞作为墓室。随葬品以袋足鬲和圆肩罐、铜管、小铜泡等为主。在陶器上放石块也是其特有习俗。一般学者认为其时代属商后期，文化性质属"羌戎文化"，与姬周联合的姜人部族有关。在周原遗址范围内出现这一文化遗存，应该说与先周文化有关联。

除此之外，对于先周文化时期的大型建筑基址尚有较大争议，如关于岐山凤雏甲组建筑基址，发掘者根据两座打破建筑基址的甲骨坑的年代及其他的层位关系，认为该建筑的始建年代在西周早期或更早，使用至西周晚期。[④] 如果真如此，则可以认为先周文化的大型建筑已找到。但由于种种原因，对于本组建筑的时代争议颇大，因此，对于先周文化时期大型建筑的寻找仍是今后的主要工作方向之一。只有找到了先周时期的大型建筑基址，才能为确定周原地区先周遗址的性质和古公亶父迁岐等一系列重大学术问题的解决提供有力的证据。

二　西周遗存

（一）考古工作简史

早在公元前58年的西汉宣帝时，据《汉书·郊祀志》记载，当时的美阳（今周原）已出土了铜鼎，当时的京兆尹张敞认为鼎是周代一位名叫尸臣的人铸造的。这件尸臣鼎就成了有文献记载的周原出土的第一件西周有铭文青铜器。此后，2000多年来，周原地区屡有青铜器出土，宋代刘敞《先秦古器记》和吕大临《考古图》所记载青铜器，多有出土于周原者，如伯庶父簋、叔良父盨等。从1820年至1949年，一百多年间，周原出土西周青铜器达数百件之多，其中有铭文的青铜器就达112件之多，重要者，如毛公鼎、大盂鼎、禹鼎、克鼎铭文等。

随着科学的考古工作的开展，周原遗址的考古发掘和研究进入一个新时期，尤其

---

① 周原考古队：《2001年度周原遗址（王家嘴、贺家地点）发掘简报》，《古代文明》（第2卷），文物出版社2003年版。
② 周原考古队2014年秋冬发掘资料，尚在整理之中。
③ 陕西周原考古队：《扶风刘家姜戎墓葬发掘简报》，《文物》1984年第7期。
④ 陕西周原考古队：《陕西岐山凤雏村西周建筑基址发掘简报》，《文物》1979年第10期。

发现长安：中国社会科学院考古研究所西安研究室成立六十周年纪念

是 1949 年以后。

1942 年，"中央研究院"历史语言研究所石璋如先生为寻找文献记载的周代都城，对传说中的邰、豳、岐、丰、镐等地进行了考古调查。[①] 在周原遗址调查了岐山县的岐阳堡一带，发现了古代遗址，提出了拍纹陶"与周代的文化也许有相当的关系"的推测，并基本上肯定了这一带是太王所迁之周都的可能。

1952 年 3 月 11 日，陕西省文物管理委员会派人对岐山的京当、王家嘴、任家、礼村、贺家等遗址进行了全面勘察。1957 年 8 月，陕西省文物管理委员会又对礼村、王家嘴、上康村的西周墓葬进行了清理，并发现了齐家和召陈两处建筑遗址。[②]

1960 年 7 月始，陕西省文物管理委员会在扶风、岐山两县又进行了两年多的调查和小规模的发掘，发现岐山王家嘴的新石器时代遗存，贺家的西周早期遗址，并对齐家发掘的 29 座西周墓葬进行了初步的分析。[③]

1962 年，中国科学院考古研究所在齐家遗址进行了小规模的发掘，共清理西周墓葬 14 座及一些建筑遗迹。[④]

1963 年 4—12 月，陕西省考古研究所在岐山贺家村西北发掘了先周和西周的墓葬 54 座，车马坑 1 座。[⑤]

1970 年、1974 年 12 月、1975 年 2 月，陕西省博物馆和陕西省文物管理委员会前后在周原遗址进行了考古发掘和调查，其中的重要发现是两处西周青铜器窖藏。[⑥] 其中，扶风强家村回收青铜器 7 件，著名的有师才鼎、师㝨钟、即簋等。岐山董家村青铜器窖藏出土铜器 37 件，其中铸铭者 30 件，著名的有卫鼎、卫簋、卫盉、㣪匜等，内容涉及西周土地制度和法律制度。

在周原考古发掘中最重要的考古发掘之一当推 20 世纪 70 年代以来开始的工作。由陕西省文化局、陕西省文物管理委员会、陕西省博物馆和北京大学历史系考古专业、西北大学历史系考古专业等多家机构共同组成的周原考古队，对周原遗址进行了大规模的考古发掘。主要收获包括：岐山凤雏村西周甲组建筑基址的发掘[⑦]，西凤

[①] 石璋如：《传说中周都的实地考察》，《中央研究院历史研究所集刊》第 20 本下册，1949 年。
[②] 陕西省文物管理委员会：《陕西岐山、扶风周墓清理记》，《考古》1960 年第 8 期。
[③] 陕西省文物管理委员会：《陕西扶风、岐山周代遗址和墓葬调查发掘报告》，《考古》1963 年第 12 期。
[④] 中国社会科学院考古研究所扶风考古队：《一九六二年陕西扶风齐家村发掘简报》，《考古》1980 年第 1 期。
[⑤] 陕西省考古研究所：《岐山贺家村周墓发掘简报》，《考古与文物》1980 年第 1 期。
[⑥] 1970 年的工作只在《扶风县文物志》中提及，见 a. 罗西章编著《扶风县文物志》，陕西人民教育出版社 1993 年版。
  b. 吴镇烽、雒忠如：《陕西省扶风县强家村出土的西周铜器》，《文物》1975 年第 8 期。
  c. 罗西章等：《陕西扶风县召李村一号周墓清理简报》，《文物》1976 年第 6 期。
  d. 庞怀靖：《陕西省岐山县董家村西周铜器窖穴发掘简报》，《文物》1976 年第 5 期。
[⑦] 陕西周原考古队：《陕西岐山凤雏村西周建筑基址发掘简报》，《文物》1979 年第 10 期。

雒召陈村西周建筑群的发掘①，西周甲骨文的发现，扶风庄白村西周铜器窖藏的清理②，扶风云塘村西周制骨作坊和墓葬的发掘③，岐山贺家村西周墓葬的发掘④，等等。

1982年春，对扶风刘家墓地的发掘对研究商后期关中西部文化有重要价值。⑤

1986—1990年，陕西省考古研究所和陕西省地质矿产局地质矿产研究所联合，利用遥感、物探新技术对周原遗址进行了一次大范围的地下埋藏情况的调查。⑥

1992年春，周原博物馆对扶风黄堆老堡子西周墓地进行了发掘，共清理西周中、晚期墓葬11座，马坑1座。⑦

1996—1997年，为配合夏商周断代工程，陕西省考古研究所对王家嘴遗址进行了两次发掘，共清理先周时期灰坑114座，墓葬21座，房屋残迹2处。⑧

自1999年至今，由中国社会科学院考古研究所、陕西省考古研究所（后为陕西省考古研究院）和北京大学考古文博学院联合组成的周原考古队，再次对周原遗址进行了大规模的考古工作。通过考古发掘，初步建立了周原遗址周文化的陶器分期序列，发掘了齐家居址和墓葬⑨、云塘建筑基址⑩、王家嘴先周文化遗址⑪、庄李铸铜作坊⑫等一系列重要遗存，并对周原遗址所在的七星河流域和东邻的美阳河流域作了区域聚落调查和初步研究，也对周原遗址的总体布局和古代人地关系作了多方面的探讨⑬（图2-3-1）。

2014年秋季开始，周原考古队再次开展了大规模的考古工作，在贺家北区域内发掘了铜轮牙马车、董家普通居址墓葬、凤雏大型夯土基址。⑭

---

① 陕西周原考古队：《扶风召陈西周建筑群基址发掘简报》，《文物》1981年第3期。
② 陕西周原考古队：《陕西扶风庄白一号西周青铜器窖藏发掘简报》，《文物》1978年第3期。
③ 陕西周原考古队：《扶风云塘西周骨器制造作坊遗址试掘简报》，《文物》1980年第4期。
④ 陕西周原考古队：《陕西岐山贺家村西周墓发掘报告》，《文物资料丛刊》（8），1983年。
⑤ 陕西周原考古队：《扶风刘家姜戎墓葬发掘简报》，《文物》1984年第7期。
⑥ 资料未发表。
⑦ 罗红侠：《扶风黄堆老堡西周残墓清理简报》，《文博》1994年第5期。
⑧ 资料未发表。
⑨ 周原考古队：《1999年度周原遗址IA1区及IVA1区发掘简报》，《古代文明》（第2卷），文物出版社2003年版。
⑩ a. 周原考古队：《陕西扶风县云塘、齐镇西周建筑基址1999—2000年度发掘简报》，《考古》2002年第9期。
    b. 陕西省考古研究所：《陕西扶风云塘、齐镇建筑基址2002年度发掘简报》，《考古与文物》2007年第3期。
⑪ 周原考古队：《2001年度周原遗址（王家嘴、贺家地点）发掘简报》，《古代文明》（第2卷），文物出版社2003年版。
⑫ a. 周原考古队：《陕西周原遗址发现西周墓葬与铸铜遗址》，《考古》2004年第1期。
    b. 周原考古队：《2003年秋周原遗址（IVB2区与IVB3区）的发掘》，《古代文明》（第3卷），文物出版社2004年版。
    c. 周原考古队：《周原庄李西周铸铜遗址2003、2004年春季发掘简报》，《考古学报》2011年第2期。
⑬ a. 周原考古队：《陕西周原七星河流域2002年考古调查报告》，《考古学报》2005年第4期。
    b. 周原考古队：《2005年陕西扶风美阳河流域考古调查》，《考古学报》2010年第2期。
⑭ 周原考古队：《周原遗址凤雏三号基址2014年发掘简报》，《中国国家博物馆馆刊》2015年第7期，总第144期。

图 2-3-1　2000 年周原工地开工时，考古工作人员合影

周原的西周遗存分布在扶风县的法门、黄堆两乡和岐山县的京当乡范围内，东至许家村，南至纸白村，西至岐阳、宫里村，北至岐山山前地带，东西约 8 公里，南北约 4.7 公里。遗址范围内由王家嘴、刘家沟和双庵沟几条河流冲击沟穿过。在这一范围内，经过多年的考古调查和发掘工作，可知主要遗迹分布如下。

（二）大型建筑基址

通过调查和发掘，我们知道，在周原遗址的范围内，在凤雏、云塘、庄白、齐家、下务子、流龙嘴、董家村南、凤雏村、朱家村北、齐镇村东、召陈村一带均发现了西周建筑基址或建筑材料——瓦。有些地方，瓦的堆积甚多。周原遗址内的建筑基址的分布特点是数量多而分散，不似三代时期的其他都城，大型建筑分布于一个特定区域内。有学者根据周原遗址大型建筑基址的分布特点，结合不同地点、不同家族青铜器的出土情况，提出不同地点的大型建筑分属西周时期的不同姓氏的贵族家族。[1] 当然，对于这些建筑的归属、性质的认识，涉及周原遗址性质的认定、周代政治制度和青铜器及其铭文的研究等诸多问题。有待于进一步的考古工作和全面深入的研究。

---

[1] 丁乙：《周原的建筑遗存和铜器窖藏》，《考古》1982 年第 4 期。

具体到已发掘的每组建筑，每项考古发现均可视为西周考古的重要发现。

第一，凤雏甲组建筑基址。

位于岐山县凤雏村西南，贺家村正北。建筑基址南北长45.5米，东西宽32.5米，共计1469平方米。基址坐北朝南，北偏西10度。整座建筑由庭、堂、室、塾、厢房、回廊组成，属高台建筑。由南向北：

树墙：位于正中门道之南4米处，东西长4米，厚1.2米，残高0.2米。墙基的南北两面均抹有细沙、白灰、黄土搅拌的三合土墙皮。

门塾：正中为门道，南北长6米，东西宽2.8米。保留有地面、路土及门槛痕迹。门道两侧贴近墙壁各有南北排列，东西对称的柱础石4个。门道两侧有东西塾，彼此对称。其中，东塾台基东西长8米，南北宽6米，有柱洞、柱础11个，可分为3间。每门宽2米，进深约4.5米。在东塾第3室台基下，挖有一条南北走向的水道。

中庭：由门道进入中庭。中庭东西长18.5米，南北宽12米，计有222平方米。庭地面略低于周围房基。中庭东西两边各有两个侧阶，分别通往东西厢房前的回廊。中庭北边与殿堂交接处各设三个台阶。

殿堂是甲组基址的主体建筑，面阔17.5米，进深6米。以柱础石排列来看，殿堂面阔6间，每间3米。堂基地面比东西厢房和过廊地面略高0.3—0.4米。前堂北面正中一门通往过廊。过廊台基南北长8米，东西宽3米。

前堂横廊北面为后庭，被过廊从中分成东西两个小庭，面积各约63平方米。东西两个小庭低于周围房基地面0.56—0.61米。略呈正方形。东西小庭东西北三面各设一个台阶。

后室为东西排列，共5间。面阔23米，进深3.1米。室前带有回廊，长20.5米，宽1.6米。

门塾、庭院、殿堂、后室的两侧为东西厢房，左右对称。每厢房各有8室。前檐墙都有回廊。其中西厢的二号房间内有2个窖穴，出土了大批周初甲骨。

第二，扶风召陈西周建筑基址群。

位于扶风县法门乡召陈村北，处于凤雏村建筑基址东南约5里处。共包括15座西周大型建筑基址，其中下层房基2处，上层房基13座。

下层房基中，F7号房基有东西5排柱础，间距4—4.5米，南北残存5排柱础，间距3.7—4米。F9房基位于F7房基南70米，房基上，南北4排柱础，东西4排柱础。台基南北长9.8米，东西16.5米，散水用小卵石铺砌而成。

上层建筑基址13座，保存较好的房基3座，即F3、F5和F8。

F3基址位于F5的东北，东西长24米，南北宽15米。略呈"工"字形。台基东西共7排柱础坑，可分6间，面阔2.2米。南北5间，进深13.5米。台阶共有9个，房基的正面和背面各4个。

F5 夯土台基东西长 32 米，南北残存宽 7.5 米。根据柱础复原可知，东西 8 间，总面阔 28 米，进深 9 米左右。

F8 位于 F5 正北 16 米处，台基东西长 22.5 米左右，南北宽 10.4 米左右。保存最高的台基面为 76 厘米，散水宽 50—55 厘米。室内柱础东西 8 排，南北 4 排。总面阔约 21 米，南北 3 间，进深 9 米。

以上建筑台基的四周设卵石散水，可作为屋顶四注排水的证明。此外，在台基周围均发现大量板瓦、筒瓦碎片，是屋顶大量用瓦的证明（见图 2-3-2）。

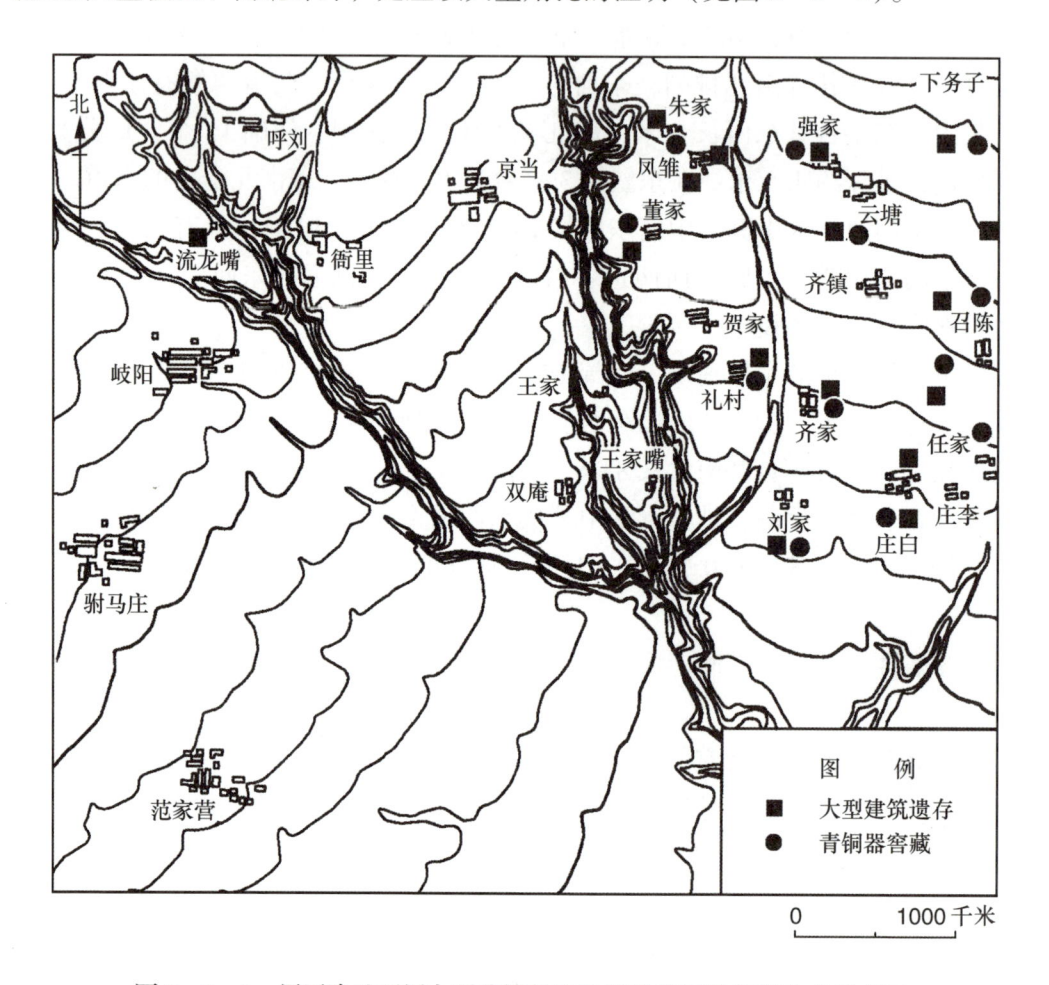

图 2-3-2 周原遗址西周大型建筑基址及相关青铜器窖藏分布示意图

第三，云塘、齐镇建筑基址。

自 1999 年秋季开始，由中国社会科学院考古研究所、陕西省考古研究所、北京大学考古文博学院联合组成的周原考古队在周原遗址进行了大规模的考古调查和发掘。本次工作在扶风县黄堆乡云塘村和齐镇村共发掘西周夯土建筑基址 8 座。

F1：平面呈"凹"字形，面南，方向 8 度。一级夯基的西边与东边相等，长 16.50

米（两端最宽处，含凸出部分）。东西总长 22 米。基表共有础坑 37 个，南北向 7 排。其中中间四柱坑之间形成一宽阔的庭堂，处于台基正中南半。台基东、西、北三边的两圈柱础两两相对，构成一圈围绕中间庭堂的房间。台基四周共有台阶 5 处，其中东西北三侧各一处，南边内凹部分 2 处。夯基四周铺有卵石散水，宽 0.6 米。

石子路整体为口朝北的"U"字形，北端与两南门相接，全长 13.1 米，南端紧贴 F8（门塾）北侧。F1 台基北侧有一石片坑，坑底及周边铺石片。坑内有较多的动物碎骨头。

F2、F3 位于 F1 的西南侧和东南侧，平面呈南北向长方形，东边长 11.6 米，北边长 8.5 米。台基上共发现 11 个柱础坑，基本上为南北向三排，东西向三排的柱网分布。

F8：北距 F1 台基南缘 14.1 米，与 F1 在一条中轴线上。为一东西向略偏北的长方形台基。台基长 12.84 米，宽 6.7 米。台基上发现有 9 个柱础坑，可推测至少有一排面阔 3 间的房子。

在 F8 南侧分布有大片瓦砾遗迹，压在活动面上。瓦砾堆积中包括筒瓦、板瓦。

围墙联结 F8，将 F1、F2、F3 包围在内，构成一组"凸"字形结构的对称布局建筑群。其中 F1、F2、F3 又构成"品"字形分布，F1 为主体建筑，居中，F2、F3 为附属建筑，居于其东南、西南两侧。F8 则成为一门塾建筑，中间有一东西长 25.2 米，南北宽 14.1 米的庭院，"U"形石子路居中。在此组建筑的北侧围墙上有由筒瓦和板瓦扣合组成的排水管道。

F5：位于 F2 西侧，台基为南北向，东西长 16.16 米，北端宽 10 米，南端宽 8.12 米。在台基西边缘和南边缘中间部位有台阶迹象。台基上共发现 19 个柱础，可分为内外两圈。在 F5 台基北部，有一狗坑，在狗的颈部发现 6 块玉佩饰。

F4：位于 F1 东 52.4 米处，包括 F7、门塾台基等构成布局和结构与 F1 相似的一组夯土建筑群，但在开间上 F4 多一间。

建筑基址一带出土器物包括：陶器、瓦、瓦当、石磬、铜削、凿、礼器碎片、玉戈和圭等。

F1、F2、F3、F4、F5、F6、F7、F8 诸建筑的使用年代均在西周晚期。

本组建筑的位置、规模、"品"字形布局、"U"形石子路和东阶、西阶的设计，与《仪礼》中所记礼制建筑特征等相符，为我们认识其性质和研究西周礼仪制度提供了线索。F1 及 F4 两组基址属西周晚期宗庙性质建筑，其主人的社会等级尚待研究（图 2-3-3）。

第四，凤雏三号（F3）、四号（F4）建筑基址。

F3 主要部分的形状呈"回"字形，四面为夯土台基，中间为长方形的庭院；另在东部偏北处有一向东凸出部分。以南北边缘的垂直平分线计算，方向约 352 度。基址主要部分的东边南北残长 48 米，西边残长 46 米，北边东西宽 56 米，南边东西宽 58.5 米。将凸出部分计算在内，基址总面积 2810 平方米。

图 2-3-3　云塘建筑基址

主体台基：主体台基位于建筑北面，东西长 56 米，南北宽 16.5 米，保存高度 0.1—0.6 米，基脚处局部残存料姜石加工的坡面。台基上没有发现墙或墙基槽，但沿北缘残存有 4 个以自然砾石铺砌的柱础，以及 5 个础石被扰动后留下的浅坑痕迹。台基南侧有 3 个通向庭院的台阶，都以夯土筑成。西侧台阶的西侧发现一个长方形柱洞。东侧台阶的正前方发现一个奠基坑，内填夯土，坑底已发现 3 只狗的骨架，清理完整的两具在脖颈处各发现 1 枚海贝。台基的西北外侧有一条铺石子的为 U 形浅沟，应是基址的排水沟。台基东侧和南侧外围的两条解剖沟中发现了多个小柱洞，直径十余厘米，距离台基 1 米左右。

东侧台基：东侧台基南北残长 30.5 米，东西宽 15.1 米，东南角有宽 6.4 米的部分向南凸出，被断坎截断。台基西侧面有一处夯土台阶。台基的东侧有宽 0.96—1 米的另筑部分，质量远逊于台基夯土，推测东边缘原呈两级阶梯状。

西侧台基：南北残长 28.5 米，东西宽 15 米，北端与主体台基相连，西南角有宽 5.8 米的部分向南凸出，被断坎截断。台基东侧发现了一处夯土台阶。台基的西侧外围发现了南北两个台阶。

门塾台基：门塾台基位于整个基址的南侧，与东、西两侧台基相连，南北进深 7

米，东西宽46.3米。台基上没有发现门道。门塾台基的南缘呈阶梯状，第一级宽1.34米，普遍为烧红的硬面。台基外侧的地面水平，也有烧红的现象，但在两个位置为斜坡，分别宽2.6米、2.1米，推测可能和出入的通道有关。

庭院：庭院为长方形，东西宽27.3—28米，南北长22.3—23.1米，低于四周夯土台基，高差可以达到0.35米。在南面中部发现大面积的小石子面，可能是从门塾进入庭院的通道。庭院四周都发现了散水遗迹。在庭院的中部偏西有一处长方形的铺石遗迹，南北长4.8—4.87米、东西宽4.0米，高出庭院的原始地面0.14米，方向与庭院相同。这处遗迹由较大的砾石块铺砌而成。铺石的北侧正中树立着一块青灰色砂岩制成的长方体立石。立石通高1.89米，地面以上现存部分高0.41米，地面以下部分高1.48米。立石有基座，基座之上的部分比基座略小，四角成直角内凹，截面呈"亞"字形，残高0.23米。在庭院南侧正中偏东揭露了四层大砾石垒起来的一面墙壁和大致在一个平面上的小砾石底面。这处遗迹低于庭院的地面，很可能是庭院的排水口。

凸出部分：主体台基和东侧台基的交接部有向东凸出部分，东西宽10.55米，南北长8.05米。从版筑的痕迹看，是与主体台基一次规划建造的。

F4位于F3东侧，为南北向长方形。南北长至少21米，面积约172平方米。

F3的建造年代为西周早期，废弃年代为西周晚期。F4仅揭露了表面，时代暂不确定，但应与F3有共存阶段（图2-3-4）。

图2-3-4 凤雏三号建筑基址全景

（三）手工业作坊

第一，铸铜作坊遗址。

据调查和采集到的样品，在扶风黄堆乡齐镇和岐山县礼村附近曾出土过铸造铜器的陶范，估计在这两处有西周铜器作坊分布。

2004年，周原考古队在庄李村西的碾谷场发掘了一处西周铸铜作坊遗址。

庄李村属于周原遗址的中心区域。在庄李遗址的地层和灰坑中，出土了大量的铸铜遗物，尤其以2003年春H3、H5、H7出土数量最多。其种类有陶模、陶范、炉壁、铜块、铜渣、红烧土等。数量最多的是以车马器为主的小块陶模和陶范等。

出土陶模有虎形车辖、车軎、车轭、轴饰的舌板和当卢及多种不明用途陶模。另外我们发现一件小型方鼎陶模。如H5:52虎形陶模，虎作腾越状，双耳竖立，整个形态被刻画得栩栩如生（图2-3-5、图2-3-6）。

图2-3-5　虎形陶模（H5:52）　　　图2-3-6　铜车辖陶模（H5:43）

陶范可分为平板范和内外套合范两种。纹饰有云雷纹、小鸟纹、垂鳞纹、重环纹、双头夔龙纹、兽面纹、三角纹、羊角纹、虎头纹、贝纹等。平板范种类较少，所铸造的器形暂时无法确定。数量最多的一种，表面为青黑色，判断应为一个涂层，也许是在浇铸时所用，有铆榫可以对扣。内外套合范有牛头形铜泡、五边形铜泡、三角形范、贝范以及不明用途范多种。在H3中还发现个别较大的陶范，外表面有网格状刻槽，在其上敷一层草拌泥，还带有几个圆锥形支脚。在每块陶范的背面几乎都有类似接范用的刻槽或标记。

炉壁以泥条盘筑法制成,泥条宽厚约3厘米,都已烧成青灰色,内壁局部有"烧流"现象。根据已拼对起的大片来看,炉子的直径至少应在80厘米,其高度目前尚不易估计。

根据灰坑中伴出的陶鬲、陶簋及陶豆等陶器残片和陶范纹饰判断,其年代为西周中晚期。

第二,云塘制骨作坊遗址。

位于扶风县云塘村西南。这一带有大量的骨质原料、半成品和下脚料存在。在已发掘的350平方米范围内的灰坑中清理出骨料5000多公斤,产品包括骨铲、锥、针、镞、小刀等,尤其以骨笄为最多。同时还出土有制骨工具,如铜锯、钻等。从出土遗物看,西周时期的制骨工艺包括选材、锯割、削锉、磨光、雕嵌到成品的一系列工序。有些产品还在尾端雕镂或镶嵌绿松石。骨料以牛猪骨为主,亦有鹿骨出现。

第三,玉石器作坊。

在齐家村北约500米处,发现有制玉石器的作坊。2002年秋季,周原考古队在此进行了发掘,在800余平方米内,发现灰坑107处,出土了大量西周时期的石制品、下脚料、钻头等遗物和数以万计的石料。主要产品是玦、环等。石材以片岩为主。

第四,制陶作坊。

在周原遗址内多处发现有西周陶窑的存在,如扶风任家村、岐山县流龙嘴等处。其中,流龙嘴发现陶窑2座,1号窑址残高1.35米,直径1.75米,在窑内外出土瓦片、瓦坯等。2号窑全高1.5米,直径1.5米,在窑室内外堆积层中出土筒瓦、板瓦、瓦坯、陶缸、陶豆、陶盆等遗物。[1]

(四) 西周墓葬

通过调查和发掘,我们发现西周时期墓葬在周原遗址范围内广为分布。居址、灰坑与墓葬互相打破,不似其他遗址,墓葬往往集中在一处或几处,居址与墓葬往往分开。或认为这是周原地区人口密集造成的,或认为是周原地区土地所有权不断变更引起的。无论如何,这一现象都是一个值得探讨的问题。

在周原范围内,已发掘的主要西周墓地包括齐家村东、北,云塘村西南,庄白村周围,贺家村,礼村,双庵,衙里黄堆村等多处。时代包括西周早、中、晚期。墓葬规模有大有小,其中黄堆一带是较大型墓葬的一个分布区。

1992年春,周原博物馆在黄堆老堡子清理西周中、晚期墓葬11座,马坑1座,其中25号墓,面积达30平方米,深20余米,是目前所知,周原地区规模最大的墓

---

[1] 巨万仓:《岐山流龙嘴村发现西周陶窑遗址》,《文博》1989年第2期。

葬。发掘者甚至认为这里可能就是西周王室成员的墓地，西周王陵可能就在附近。

（五）周原出土的西周甲骨文

1977 年春，在凤雏甲组建筑基址西厢二号房间 11 号窖穴中，出土了 17000 多片碎甲骨，后又于 31 号窖穴出土 400 多片碎甲骨。扶风县齐家村也出土了 10 多片甲骨。2002 年，在齐家村北制骨作坊 H90 中也出土了数片甲骨。

凤雏甲骨中带字甲骨有 290 多片，计字数约有 600 多个，不同单字近 400 个。字数最多的一片有 30 字。这些甲骨涉及商周关系，周与其他诸方国，如楚、蜀、崇等的关系，丰、镐、周不同都城之间关系及西周月相、历法、周代占卜习俗等一系列重要内容。

（六）西周青铜器窖藏

从 1820 年到 1949 年，100 多年间周原出土了数百件西周青铜器。其中，有铭文的青铜器就达 112 件之多。1949 年以后，周原遗址又至少出土了 54 批西周有铭青铜器，总计达 277 件之多。

从分布区域看，自北部黄堆、朱家、董家到南部的刘家、齐家，从西侧的京当到东面的召李、齐村等均有西周青铜器出土。具体出土地点包括沟东的齐家村、云塘、强家、齐镇、召陈、齐村、任家、刘家，沟西的礼村、贺家、凤雏、朱家、董家、京当、王家嘴等诸多地点。其中，仅在齐家村周围就有 10 处窖藏和墓葬出土青铜器。1949 年以前，齐家村南发现窖藏，出土 2 件青铜罍。20 世纪 60 年代，在村北发现窖藏，出土有编钟。村西的铜器窖藏于 1982 年发现，出土铜器 2 件。1984 年 3 月，在东壕南崖中段，发现了 8 号窖藏，出土 7 件铜器。1978 年，在其西侧 30 米处发掘了 19 号墓葬，出土一批铜器。1960 年，在其西南方向 150 米处发现一窖藏，出土钟、壶。1958 年，在其西北方向 50 米处发现了它盉诸器窖藏。1961 年 3 月，在其以北约 30 米处，发现了琱我父簋窖藏。1961 年 2 月又在其北 50 米处发现了日己诸器窖藏。总计，前后在这方圆不到 200 米的区域内，累计出土了 70 多件铜器。

庄白村铜器窖藏一次出土 103 件，包括微史家族折、丰、墙、𤼈、伯先父五代人的铜器。其中史墙盘记述了西周王朝恭王以前的各王重要历史事件和史墙家族历史，具有重要的价值。

1975 年，岐山县董家村窖藏出土裘卫四器，铭文反映了西周时期土地制度和法律制度。

这些青铜器窖藏附近往往又有大型夯土基址存在。

周原遗址内青铜器窖藏如此之多，分布如此之密，出土青铜器如此之精，铭文如此之多而长，是同时期其他遗址所没有的，这反映了当时周原范围内冠盖云集的盛况。据学者们初步研究，周原青铜器涉及的周代世族包括周公、虢季、微史、裘卫、毛公、南宫、膳夫克、录伯𫢸等等。这些世家大族既有姬姓氏族，也有异姓氏族。[①]

西周末年，戎人入侵，幽王被杀，周平王东迁于洛阳，岐邑被废弃。在周原发现的许多青铜器窖藏和建筑的毁弃可能与这一历史事件有关。

（七）关于周原遗址性质的讨论

如此之多西周世族青铜器出土于此的现象，自然引起了学术界对周原遗址性质的讨论。

第一种意见认为，文王迁都于丰邑之后，周原是周公的采地——周城所在，周公的后代及其僚属在此居住。[②]

第二种意见认为，周原是西周贵族的聚居地。[③]

第三种意见认为，西周金文中的"周"指"岐周"，文王迁丰之后，这里依然是都城之一。有学者认为，西周晚期主要以周原为都城。[④] 更有学者主张西周金文和文献中的"𦬒京"就在周原刘家村一带。[⑤]

所用这些讨论与考古发现的各种遗存，如建筑基址的性质讨论，青铜器的研究等密切相关。

---

① a. 朱凤瀚：《从周原出土青铜器看西周贵族家族》，《南开学报》（哲学社会科学版）1988年第4期。
   b. 曹玮：《周原的非姬姓家族与虢氏家族》，《陕西历史博物馆刊》第7辑，三秦出版社2000年版。
   c. 辛怡华、刘宏岐：《周原——西周时期邑姓贵族的聚居地》，《文博》2002年第5期。
② 李学勤：《青铜器与周原遗址》，《西北大学学报》（哲学社会科学版）1981年第2期。
③ a. 朱凤瀚：《从周原出土青铜器看西周贵族家族》，《南开学报》（哲学社会科学版）1988年第4期。
   b. 曹玮：《周原的非姬姓家族与虢氏家族》，《陕西历史博物馆刊》第7辑，三秦出版社2000年版。
   c. 辛怡华、刘宏岐：《周原——西周时期邑姓贵族的聚居地》，《文博》2002年第5期。
④ a. 尹盛平：《周原文化与西周文明》，江苏教育出版社2005年版。
   b. 尹盛平：《周原遗址为什么大量发现青铜器窖藏——兼论周原遗址的性质》，《周秦文明论丛》，陕西人民出版社2006年版。
⑤ 罗西章：《西周王盂考——兼论𦬒京地望》，《考古与文物》1998年第1期。

附　丰镐考古队简介

丰镐遗址考古队隶属于中国社会科学院考古研究所夏商周研究室，工作基地位于陕西省西安市长安区马王镇。

1955年，中国科学院考古研究所成立丰镐考古队，首任队长为王伯洪。

在此之前，丰镐遗址的考古工作实际上早已开展，其中，1933年，由前北平研究院史学会的徐旭生、苏秉琦等诸先生领导的考古调查队在沣河沿岸作了第一次考古调查。据苏秉琦先生后来回忆说，他们"最初的动机和目的是受前辈史家的启发，企图探索'先周'和'先秦'的渊源问题"。他们在调查报告中提到了关于丰镐位置的看法。1943年，"中央研究院"历史语言研究所的石璋如先生等又对丰镐遗址进行了第二次调查。

1951—1954年，中国科学院考古研究所陕西调查发掘团在沣河东、西两岸进行了广泛而深入的考古调查。其中，1951年，苏秉琦率领石兴邦、王伯洪、白万玉等前往陕西长安的沣河沿岸进行考古调查，在为期两个多月的时间内，对客省庄、马王村、斗门镇及附近的一些遗址作了调查试掘。1953年、1954年，石兴邦、吴汝祚、胡谦盈等沿沣河两岸进行考古调查，并在普渡村发掘两座西周墓。

1955年、1956年，王伯洪率领考古队在丰镐遗址进行了大规模的发掘。参加工作的有钟少林、胡谦盈、赵学谦、刘观民、俞伟超、王振江、陈作良、黄石林、曹继秀、张长寿等。

1957年秋季，丰镐队徐锡台等在长安、户县境内进行了广泛的考古调查。

1959年，胡谦盈任丰镐队队长，开展了丰镐遗址的勘测与发掘。

1963—1988年，张长寿任丰镐队队长，期间赵永福曾短期负责，梁星彭、冯孝堂、卢连成、郑文兰、李峰、徐良高等参与发掘工作。主要工作包括张家坡井叔墓地在内的西周墓地的发掘与整理、西周大型建筑基址的发掘（图2-3-7）。

1989—1995年，卢连成任丰镐队队长，队员包括郑文兰、梁星彭、李峰、徐良高等，短期参加工作的有张良仁、李春林等。发掘了一批周秦墓葬、新旺村西周制骨作坊、客省庄窑址、普渡村西周夯土基址等。

1996年至今，徐良高任丰镐队队长，先后加入本队工作的有杨国忠、付仲杨、唐锦琼、宋江宁等，短期参加工作的有牛世山等。2013年，付仲杨、唐锦琼、宋江宁分别被任命为副队长或项目负责人。期间开展的主要工作包括大原村西周墓地发掘、配合"夏商周断代工程"的马王村西周与先周标准考古文化层遗址发掘、丰镐遗址范围及地下遗存分布状况勘察项目以及周原遗址考古工作的开展和苏州木渎春秋古城的发现与研究等。

图2-3-7 井叔墓一角

丰镐考古队的主要工作之一是对西周都城——丰镐遗址进行考古勘探、发掘与研究，进而研究西周的历史与文化。迄今，丰镐遗址考古所取得的主要成果有：第一，划定了丰镐遗址的区域，基本确定了遗址的范围、年代和性质；第二，建立了西周考古的陶器分期断代标尺；第三，确定了先周文化与西周文化的划分标准；第四，发现了包括大型建筑基址与宫殿区、铸铜、骨器制造、陶器制造等手工业作坊遗址、以井叔家族墓地为代表的大片墓地、多处青铜器窖藏等在内的一大批西周遗存，为全面掌握丰镐遗址的地下遗存分布状况提供了重要的材料；第五，发现和确定了一批其他时代的遗存，提出了关中地区龙山时期的"客省庄二期文化"的命名。此外，揭露了汉代上林苑内诸多大型建筑和水管等遗存。

丰镐考古队曾荣获"九五"国家重点科技攻关计划优秀科技成果奖，发掘报告《张家坡西周墓地》获第四届中国社会科学院优秀科研成果奖。

丰镐考古队在坚持丰镐遗址考古工作的同时，还将工作对象拓展到两周时期的其他重要遗址和古文化区。

其中，自1999年开始，参加由中国社会科学院考古研究所、北京大学考古系、陕西省考古研究院三家联合组成的周原考古队，开展以西周时期另一个重要都城性质遗址——周原遗址为核心大周原地区的周文化考古工作，取得了周原地区周文化分期断代的确立、云塘—齐镇大型建筑基址发掘与研究、王家嘴遗址、庄李西周铸铜作坊遗址发掘、七星河与美阳河流域区域调查、老堡子新石器与商代遗址发掘等一系列成果，并获"全国十大考古新发现"和"国家田野考古三等奖"等荣誉称号。（图2-3-8 到图2-3-12）

自 2009 年开始，与苏州市考古研究所联合开展以苏州木渎古城为核心的吴越文化的考古发掘与研究，发现一座与吴文化密切相关的春秋时期大型城址——苏州木渎古城。这一发现获评"2010 年全国十大考古发现"荣誉。

此外，2001 年秋季，为配合三峡工程文物抢救工作，丰镐考古队参加了巫山县双堰塘遗址的发掘工作。2006—2007 年，为配合南水北调中线工程的文化遗产保护工作，丰镐考古队主持发掘了湖北郧县小西关遗址，发现一处东周时期夯土台基，结合周围东周贵族墓葬遗存，可以推测，郧县城关一带在东周时期存在较高等级的贵族家族居址，为研究汉水流域开发史、楚文化发展史和郧县地区历史提供了有价值的史料。

丰镐考古队其他外援工作还有宋江宁参与了洛阳汉魏故城队两周墓葬的发掘与整理，唐锦琼参加了山东归城西周遗址的考古工作，付仲杨参加了湖北郧县青龙泉遗址的发掘与整理。唐锦琼和付仲杨参加了中国香港特别行政区屯门扫管笏遗址的考古工作。

图2-3-8 现丰镐考古队队成员宋江宁、付仲杨、徐良高、唐锦琼及中国社会科学院考古研究所原书记齐肇业，西安研究室刘永茂副主任合影

图 2-3-9　几代丰镐考古人：闫松林、高仲科、徐良高、胡谦盈、俞伟超、张长寿、徐锡台、杨国忠、李志凯、师孝平（从左至右）

图 2-3-10　原全国人大副委员长何鲁丽视察周原工地

图 2-3-11　张长寿参观周原工地

图 2-3-12　关于丰镐遗址的考古专刊

秦阿房宫与上林苑考古发现

刘 瑞 李毓芳

从现有资料看，至少在战国秦时已开始在渭河以南修建上林苑，秦统一后上林苑继续存在。《史记·秦始皇本纪》载"诸庙及章台、上林皆在渭南"，秦二世在赵高指鹿为马后亦曾"入上林斋戒"。因此《三辅黄图》就讲"汉上林苑，即秦之旧苑也"。而秦统一后修建的朝宫——阿房宫即营建于上林苑内。《史记·秦始皇本纪》载：

> 三十五年，除道，道九原、抵云阳，堑山堙谷，直通之。于是始皇以为咸阳人多，先王之宫廷小，吾闻周文王都丰，武王都镐，丰镐之间，帝王之都也。乃营作朝宫渭南上林苑中。先作前殿阿房，东西五百步，南北五十丈，上可以坐万人，下可以建五丈旗。周驰为阁道，自殿下直抵南山。表南山之颠以为阙。为复道，自阿房渡渭，属之咸阳，以象天极阁道绝汉抵营室也。阿房宫未成；成，欲更择令名名之。作宫阿房，故天下谓之阿房宫。隐宫徒刑者七十余万人，乃分作阿房宫，或作骊山。发北山石椁，乃写蜀、荆地材皆至。

秦二世在完成骊山秦始皇陵复土之事后，续作阿房宫。《史记·秦始皇本纪》载：

> 四月，二世还至咸阳，曰："先帝为咸阳朝廷小，故营阿房宫为室堂。未就，会上崩，罢其作者，复土骊山。骊山事大毕，今释阿房宫弗就，则是章先帝举事过也。"复作阿房宫。

刘邦建汉，定都长安，未对阿房宫进行续建营造。从汉武帝扩修上林苑时"举籍阿城以南，盩厔以东，宜春以西，提封顷亩，及其贾直，欲除以为上林苑"的记述看，汉初上林苑应是以阿房宫为南界，而在这次汉武帝扩修之后，阿房宫就包括在了宏大的汉上林苑中（图2-4-1）。

伴随着西汉的灭亡，汉上林苑不复存在，阿房宫则可能因其高敞且距京城甚近，逐渐

图 2-4-1 阿房宫前殿遗址雪景

成为屯兵之所。据《晋书·简文帝记》记载，"慕容冲僭即皇帝位于阿房"，阿房宫更成为西燕皇帝的即位之所。在阿房宫屯兵的情况至少要延续到唐初，《旧唐书·高祖本纪》载大业十三年（617）九月："乙亥，命太宗自渭屯兵阿城，陇西公建成自新丰趣霸上。"

唐代之后政治中心东移，阿房宫逐渐湮没于农田，成为后人的探古追远之所。《邵氏闻见后录》卷25载：

> 予昔游长安……至汉未央、建章宫故基，计其繁夥宏廓，过大明远甚，其兼制夷夏，非壮丽无以重威，可信也。又明日，至秦阿房宫一殿基，东西五百步，南北五十丈，所谓上可坐万人，下可建五丈旗，周驰为阁道，直抵南山表，山之巅为阙者，视未央、建章，又不足道。

而因各种原因在阿房宫遗址零星出土的遗物情况，也通过士人之手流传下来。如元代学者李好文所著《长安志图》卷中就记载有阿房宫遗址出土的"秦瓦"：

> 秦瓦，御史宋宜之尝于阿房故基得一古瓦，长二尺许，高广六七寸，正方渐杀如斧形，宛然若屋状。坚厚如白石，隐隐遍作绳痕，其相接处亦有笋，距如今瓦但朴素耳。长安古迹，此类甚多，但不得尽见也。

从其描述的宋宜之于"阿房故基"所获秦瓦看,"绳纹"表明它应是今在秦汉遗址发掘中常见的绳纹瓦,而"其相接处亦有笋"的特征反映的则是现今我们所讲的"泥条盘筑"的制法特征明显保存,为制瓦中时代较早的特点,一般而言在战国秦建筑中常见而汉代遗址甚少。《长安志图》的这则记载,大体是现代考古学传入中国前阿房宫遗物的最早记述。①

一 20世纪30年代初徐旭生先生的考古调查

民国二十二年春(1933),"国立北平研究院"史学研究所徐炳昶(旭生)先生开始在陕西进行以探索"周民族与秦民族初期的文化"为目标的考古工作。春天的调查由徐炳昶、常惠两先生开展,调查对象为渭河两岸的相关古迹。在八月完成调查报告后,当年的《北平研究院院务汇刊》第四卷第六期将其刊发。该调查报告的"(乙)关于秦之遗迹"的第四部分即为调查所获的"阿房宫":

> 四月二十六日,旭考查丰镐村后,上车北行,向阿房宫故址出发。过聚驾庄,东北行。下土壕,观断崖,有墓塌出,露白骨,但墓似非古。再前,登一极大之塚,但似非墓。上绝无陶片,时露版筑迹。其版筑法与仓颉造字台者相类。西面塚腰,有大石突出。西北有一腿伸出,似当日之台背。上亦有石。此塚疑古阿房宫中之一高台,台基处略有陶片。下塚正北行,未远,得一堡。问村名,知即名阿房宫,遂入观。有妇人问,来作啥的?引路人代答:老远听说阿房宫,进来看看阿房宫啥样子。妇人言:人都快饿死了,还看阿房宫哩!村中房屋已拆毁过半!入人空院中一观,旧砖瓦异常的多,拾得数片。村人争问,要这些作啥?答言,不做啥,看着好玩,你们有没有?要有就全拿来,我们可以出钱。他们听说破砖乱瓦可以换钱也,就大家各处的搜。不多时,搜得瓦当、回文砖、各种绳纹砖不少。旭辈乃用不多的钱购的一大包,以备将来比较的研究。大体看来,砖文、瓦当文、与丰镐村及未央宫附近所得,相类之处甚多。考之地望,证之实物,此地为古阿房宫一部分之遗址,当属不虚。②

从其描述的考察顺序看,当时由南而北经丰镐村、聚驾庄、上天台,再到阿房宫村,调查认为"上天台"、阿房宫村均为"古阿房宫一部分遗址"。

不过,这样的认识很快改变了。1933年秋,徐旭生带领何士骥、张嘉懿开展了第

---

① 刘瑞:《八十年来的秦阿房宫》,中国社会科学院考古研究所、西安市文物保护考古研究院、西安市秦阿房宫遗址保管所编《阿房宫考古发现与研究》,文物出版社2014年版,第18—19页。
② 徐炳昶、常惠:《陕西调查古迹报告》,《国立北平研究院院务汇刊》第四卷第六期,第11—12页。

二次考古调查，其结果在民国二十三年（1934）九月印行的《国立北平研究院五周年工作报告》中得以体现。在其介绍陕西考古时，重新确认了"阿房宫"的所在：

> （七）阿房宫遗址　此遗址在今长安城西二十里之阿房宫村附近。其地残砖瓦不少。村南有一大土台，俗名上天台，通常认为阿房宫遗址。但据同人考查所得，则遗址尚在台偏西二三里之古城村东南。同人并在此遗址，掘的唐代之一大石佛头，约三尺高，颇为庄严。①

此处的阿房宫认识已与《陕西调查古迹报告》完全不同。

从1934年开始，北平研究院史学研究所与陕西方面合作开展了"在斗鸡台的发掘"。在战后出版的《斗鸡台沟东区墓葬》第一章《绪论》三"遗址的选择与发掘区确定"中，苏秉琦先生记述了民国二十二年古迹调查过的七处"重要遗址"，其第七处即"阿房宫遗址"：

> 地在今长安城西二十余里之阿房宫村附近。其地残砖瓦不少。村南有大土台，俗名"上天台"，通常认为即阿房宫址。根据调查，其遗址所在，约尚在台西二三里，古城村之东南。

其对"阿房宫遗址"的描述，与《国立北平研究院五周年工作报告》中的"阿房宫遗址"认识完全相同。也算是说，在经过徐炳昶等先生的两次调查后，对阿房宫位于上天台偏西二三里古城村东南的认识意见一直延续。

民国二十四年（1935）四月，"西京筹备委员会"在出版的《西京胜迹图》中，在古城村东南用虚线绘制一长方形范围，内书"阿房宫"三字。其位置，正是前述《国立北平研究院五周年工作报告》中的"阿房宫遗址"。而该图也很快流传，被收录于当时出版的著作之中。②

二　20世纪50年代初期苏秉琦、夏鼐先生的考古调查

1951年4月开始，中国科学院考古研究所在苏秉琦先生带领下开始了新中国成立后在陕西地区的第一次考古调查。③ 1956年，作为调查工作的总结，苏秉琦、吴汝祚

---

① 《国立北平研究院五周年工作报告》，民国二十三年九月，第119页。
② 王澹如：《西京游览指南》，天津《大公报》西安分馆民国二十五年版。
③ 《1951年春季陕西考古调查工作简报》，《科学通讯》第2卷9期。

先生在《考古通讯》1956年2期发表了影响甚大的《西安附近古文化遗存的类型和分布》一文。虽该文讨论的重点是文化一（仰韶）、文化二（文化性质及名称未定）、文化三（周）等三个考古学文化的特征与分布特点，但在该文所附的《西安附近古文化遗存分布图》中，却不仅于镐京观东北、关庙西北、三桥镇东南用与表示唐长安城外郭城范围一样的虚线画出一东西长、南北窄的遗址范围，且在此范围内还清晰的标注"阿房宫"三字。该图的描绘虽与民国二十四年"西京筹备委员会"《西京胜迹图》一致，但从《西安附近古文化遗存分布图》中标注的大量调查点分布的情况看，图中标注"阿房宫"三字的意见，当是在苏秉琦先生调查后的认可。这也是说，关于秦"阿房宫"当位于何处的认识，从民国二十二年（1933）开始，直至1956年，历经二十余年已不再动摇。①

新中国成立初，徐旭生先生念念不忘开展阿房宫考古，他曾为此亲至夏鼐先生处，谈及"丰镐及阿房宫设置问题"。② 而可能正因为此，夏鼐先生后到西安时即赴阿房宫进行调查。

1955年5月下旬，夏鼐先生到西安进行了一系列的会谈、调研，期间即开展了阿房宫考古调查。据其5月22日日记载：

> 归途至阿房宫故址参观，俗传故址乃一小土台，现为三角测量站054，面积太小；其西之大台基，东西几达千米，厚五六米（每层5.5—8厘米），有瓦当做X形【按：作S形螺旋纹】及"上林"【按：仅留上部右半】，背面有刺点纹。③

从此则日记看，夏鼐先生在实地考察了传统认为的阿房宫——"上天台"，和20世纪30年代徐旭生先生调查后提出的阿房宫——古城村东南的"大台基"后，认为传统认为的阿房宫——"上天台"的"小土台""面积太小"，并随之将其排除，然后重点记述了西侧的大台基。其不仅调查记述了该台基的大体规格"东西几达千米，厚五六米（每层5.5—8厘米）"，而且还调查采集了地表遗物，同意徐旭生、苏秉琦先生提出其是阿房宫所在的意见。

从日记中夏鼐先生所见的瓦当看，"S形螺旋纹"的瓦当可能即是今天所说的秦葵纹瓦当，而"上林"瓦当发现于古城村东南阿房宫前殿台基上的记述则更加重要。作为一种自名其性质的瓦当，"上林"瓦当一直被认为是汉代上林苑建筑的标志性遗物。

---

① 刘瑞：《八十年来的秦阿房宫》，中国社会科学院考古研究所、西安市文物保护考古研究院、西安市秦阿房宫遗址保管所编《阿房宫考古发现与研究》，文物出版社2014年版，第19—22页。
② 夏鼐：《夏鼐日记》1953年11月15日，华东师范大学出版社2011年版，卷五，第51页。
③ 夏鼐：《夏鼐日记》1955年5月22日，华东师范大学出版社2011年版，卷五，第158页。

过去我们不仅在文献中没有见到汉代在阿房宫台基上进行上林苑建设的记载，而且也从不知晓阿房宫台基上曾出土"上林"瓦当。夏鼐先生对这枚"仅留上部右半"的"上林"残瓦当的发现和识别，提醒着我们阿房宫台基上应存在过一定的汉代建筑，这对于阿房宫台基演变的研究非常重要。

三 2002—2008年的阿房宫与上林苑考古

为了给制订秦阿房宫遗址规划提供可靠依据，根据国家文物局批示，2002年10月中国社会科学院考古研究所和西安市文物保护考古所等筹建组成阿房宫考古工作队（顾问：刘庆柱；领队：李毓芳，副领队：孙福喜；成员：王自力、张建锋），启动了阿房宫考古，至2008年初基本结束。

（一）确定阿房宫前殿遗址范围及部分结构

2002年10月至2004年10月，阿房宫考古队对传统认为的秦阿房宫之核心建筑——前殿遗址开展考古调查、勘探与发掘。确认前殿遗址夯土台基东西长1270米，南北宽426米，现存夯土台基7—9米，最高处达12米。为了加强夯土台基的稳固性，台基的西、北、东边缘自外向里收缩，形成二至三个台面。夯土台基之上西、北、东三面（在收缩的最高的台面上）有夯筑土墙，墙顶部有防雨的铺瓦建筑；夯土台基南边缘没有围墙，而是呈斜坡状（由南向北斜上前殿）。据发掘资料台基上面的北墙可分东部、西部和中部三部分。东部、西部墙基宽6.5米，墙基南、北两侧有塌落的板瓦、筒瓦残片，这些瓦片沿墙基呈东西向带状分布，北墙东部、西部之北为台基边缘的三层收缩台面。北墙的中部墙基宽15米，只在墙基的南侧有塌落的板瓦和筒瓦残片（北侧没有），亦沿墙基呈东西向带状分布。北墙中部之北侧有台基边缘的二层收缩台面。前殿夯土台基南侧的斜坡，为建筑台基时踩踏所形成的路面，表明夯筑台基时运土路线是从南到北，修建顺序是从北往南夯筑。台基北、东、西三面墙已建好，台基南侧仍为修建过程中使用的斜坡路土还未处理，南墙尚未修建，故前殿尚未竣工。前殿遗址夯土台基之上没有发现秦代文化层和秦代宫殿建筑遗迹，仅有东汉—北朝—宋代乃至近代的少量建筑遗存和墓葬。表明阿房宫前殿没有建成。发掘确定，在前殿夯土台基南沿有一东西向壕沟，为后代作屯兵之地时所挖防御设施。前殿遗址夯土台基南面3米处汉代文化层内发现一处秦—汉初的铺瓦遗迹（东西长2.3米，南北宽1.1米—1.74米）（图2-4-2、图2-4-3）。

图2-4-2　阿房宫前殿西侧夯土台基（王保平摄）

图2-4-3　刘庆柱、李毓芳在阿房宫前殿（2004年T19）

在前殿台基上进行的密集勘探和局部发掘中，均未发现火烧痕迹，说明前殿遗址在秦末战乱中并未遭到大火焚烧。①

（二）前殿周边现存夯土台基的勘探与发掘

在完成前殿遗址的考古工作后，为了进一步"搞清现在地表尚存的几个古代建筑遗址（均有夯土台基）与阿房宫前殿遗址的关系"，"搞清阿房宫前殿周围有无附属建筑"，而"因阿房宫建筑在秦上林苑内，后来这里又是汉代上林苑故地"，故而"还要把阿房宫的建筑从秦、汉上林苑的宫、观建筑中剥离出来"②，阿房宫考古队从2004年11月至2007年底，以前殿遗址为中心，在西至沣河（距前殿6公里）、北至渭河（11公里）、东至皂河（2公里）、南至汉代昆明池北岸（3.5公里），在面积达135平方公里的范围内开展了考古调查与勘探，先后发掘了上林苑一至六号建筑遗址。

第一，前殿遗址以西至沣河东岸区域的考古收获。

2004年11月和2005年3月—4月，在阿房宫前殿遗址的西面和西南面，勘探并试掘了两座较大型的建筑遗址。

上林苑一号建筑遗址

一号建筑遗址位于阿房宫前殿遗址西面1150米处，旧称纪阳寨遗址。

该建筑遗址分南部宫殿区和北部园林区。南部宫殿区部分夯土台基在现代地表之上尚残存高7米，自秦代地面以上则存高9米。台基已遭破坏，现存部分东西最长处为250米，南北最宽处为45米，面积约11250平方米。在南部宫殿区西缘试掘发现残存的夯土台基、廊道、散水等遗迹。北部园林区因破坏严重，范围已不能确定，仅发现一处流水景观遗存。在清理中，建筑物倒塌堆积内出土的板瓦、筒瓦、瓦当等都有被火烧过的痕迹，此外还发现大量经火烧毁的墙皮残块，说明该建筑曾经遭遇过很大火灾（图2-4-4）。

图2-4-4 上林苑一号建筑遗址北侧石渠（由东向西）

一号建筑遗址出土的板瓦正面饰细密的交错绳纹，筒瓦正面皆饰细绳纹，内面饰麻点纹或用手抹出凸棱，泥条盘筑痕迹明显；拦边砖的纹饰为顺长绳纹和细密小方格

---

① （中国社会科学院考古研究所、西安市文物保护考古研究院）阿房宫考古工作队：《阿房宫前殿遗址的考古勘探与发掘》，《考古学报》2005年第2期。
② 同上。

纹。这些建筑材料的形制均具有战国时期特征。此外，出土瓦当的制法及当面纹饰类型，也具有战国时期特征。这些瓦当制作粗糙、表面不光滑、纹饰较浅、纹路不清晰，这些特点，均与秦都咸阳之咸阳宫所出建筑材料相同。此外，遗址出土板瓦和筒瓦的时代明显应早于阿房宫前殿遗址北墙顶部倒塌堆积中的板瓦、筒瓦。据此推断，该遗址早于阿房宫。因其地处渭河以南秦上林苑中，当为战国时期秦上林苑建筑之一，与阿房宫修建无关，编号为上林苑一号建筑遗址。[①]

上林苑二号建筑遗址

2005年春调查发掘位于阿房宫前殿遗址西南约1200米，上林苑一号建筑遗址南500米处传为"阿房宫烽火台"的遗址。

该遗址上部为建筑物残迹，下部为夯土台基。台基分两层，上层东西现存长73.5米、南北宽42.1米，下层东西现存长73.5米、南北宽48.7米。台基下层南、北两侧各自从上层的南、北边沿向外延伸了3.3米，表面低于现存的台基层顶面1.6米，夯土皆厚2米。整个夯土台基现存部分厚3.6米，上层厚1.6米，下层厚2米，夯层厚5—7厘米。在台基上层的南沿向南2米处，发现东西向建筑物倒塌后形成的瓦片带，宽约3米。据了解，该遗址在1949年前后还保存着较大部分，后因取土而不断缩小。目前残存的部分位于台基中部偏南，距台基南沿5.5米、距台基现存东部边缘27米。建筑为夯筑而成，夯层厚5—7厘米。其底部较大，南北残长28米、东西残宽13.2米；顶部较小，南北残长9米、东西残宽5.5米；现存高4.1米。在建筑残迹的底部和中部，残存有一些花岗岩质的础石。从下往上，1号础石（已扰动）位于建筑物南侧底部，长0.7米、宽0.65米、厚0.25米；2号础石（已扰动）位于建筑物东北侧底部，长1.4米、宽0.65米、厚0.22米；3号础石（已扰动）位于建筑物东北侧底部，在2号础石北侧，长0.8米、宽0.7米、厚0.2米；4号础石（未经扰动）位于此建筑物南部，在底部向上1.4米处，长0.7米、宽0.92米、厚0.3米。根据这些础石的位置推测，该建筑物的底部和中腰应有房屋和回廊之类建筑（图2-4-5）。

图2-4-5　上林苑二号建筑遗址发掘
（由南向北）

[①] （中国社会科学院考古研究所、西安市文物保护考古研究院）阿房宫考古工作队：《西安市上林苑遗址一号、二号建筑发掘简报》，《考古》2006年第2期。

该遗址出土板瓦、筒瓦残片均制作粗糙，板瓦表面皆饰细密的交错绳纹；筒瓦表面均饰细绳纹，内面饰麻点纹，泥条盘筑痕迹明显。它们与上林苑一号建筑遗址的出土遗物特点相同，其时代与一号建筑遗址同属战国时期，早于阿房宫营造。从形制看，其原应是高台多层建筑，与秦都咸阳宫相似，具有明显的战国建筑特点。因其处于渭河以南秦上林苑中，应为战国秦所修建的上林苑中建筑，编号为上林苑二号建筑遗址。[①]

此外，在上林苑二号建筑遗址西 500 米王寺砖厂内，还发现一座遭严重破坏的汉代建筑基址，存于现地表下 0.25 米，基址夯土厚 0.2—1 米。残存基址呈不规则曲尺形，东西部分长 25 米、宽 2.5 米；南北部分长 22 米、宽 6 米。该遗址出土了表面饰粗斜绳纹的板瓦及表面为中粗绳纹、粗绳纹内面为较模糊的麻点纹和布纹的筒瓦，建筑时代应为汉代。因该遗址处于汉代上林苑范围内，故它应为汉代上林苑中的一座建筑遗址的残存基址。

在阿房宫前殿遗址西南方向镐京墓园的西侧断崖上调查发现新石器时代遗存。[②]

第二，前殿遗址以东至浐河区域的考古收获。

2006 年开始，考古队对阿房宫前殿遗址东至浐河约 30.5 平方公里范围内进行了调查、勘探和发掘的考古工作。

上林苑四号建筑遗址

2006 年，考古队调查勘探了位于阿房宫前殿遗址东 500 米左右的"阿房宫上天台"遗址。该遗址现地面存有高大土台，勘探确定其位于遗址中部偏西，发现土台北面、东面、西面均有建筑遗迹，南面未见建筑遗迹。土台为夯筑，从高台南侧地表向上通高 15.2 米。上下可分为三层。底部现存基址东西长 50—73 米、南北宽 62 米、高 8.1 米。中部现存基址东西残长 5.1 米、南北残宽 1.9—2.5 米、残高 0.9 米，仅于中部南沿发现一花岗岩础石，应为廊房地面上的明柱暗础础石，础石长 80 厘米、宽 65 厘米、厚 18 厘米。上部现存基址东西长 21 米、南北宽 13 米、高 6.2 米（图 2-4-6）。从勘探和发掘来看，该建筑有遭遇过火灾的痕迹。土台之下的夯土基址东西长 111 米、南北宽 74 米、厚 2.5 米。其西部向西延伸部分，东西 25 米、南北 36 米；其东北部向外延伸部分，东西 30 米、南北 40 米。土台北部建筑位于其北 30 米，东西长 240 米、南北宽 115—148 米，面积 28320—35520 平方米。勘探发现地表下 0.5—1.3 米为宫殿建筑夯土基址，夯土厚 1.6 米左右，建筑遗址结构复杂，面积较大。东部建筑遗址地处土台东 62 米，其范围东西长 85 米、南北宽 21 米，面积 1785 平方米。勘探中发现在表土下 1—1.2 米处为建筑夯土基址，夯土厚 1 米左右。夯筑土台以东 19—32 米，东部建

[①] （中国社会科学院考古研究所、西安市文物保护考古研究院）阿房宫考古工作队：《西安市上林苑遗址一号、二号建筑发掘简报》，《考古》2006 年第 2 期。

[②] （中国社会科学院考古研究所、西安市文物保护考古研究院）阿房宫考古工作队：《近年来阿房宫遗址的考古收获》，《中国文物报》2008 年 1 月 4 日 7 版。

图 2-4-6　上林苑四号遗址探沟清理

筑遗址以西 30—40 米处，考古发掘了东、西并列的两组地下排水管道（图 2-4-7）。

东组排水管道已发掘南北长 23 米，通过勘探了解到排水管道向南延伸 4 米后无存。西组排水管道水流方向应从南向北流，该段长 152 米。后西折，该段长 58 米，再向北折，该段现存长 210 米，即现存排水管道通长应为 420 米。两组管道的排水管个体较大，管长 61—63 厘米、个别小者长 46 厘米，大端直径 45—47 厘米、小端直径 38—42 厘米，管壁厚 0.9—1.5 厘米。水管表面有细绳纹，纹饰较浅，或为直绳纹、或为斜绳纹、或为交错绳纹；排水管内面为麻点纹，有泥条盘筑痕迹（图 2-4-8）。

土台西部建筑遗址紧临其西侧边缘，东西长 122 米、南北宽 15—23 米，面积最少为 1830 平方米。勘探中发现一般在地表下 0.7—1 米为建筑夯土基址，夯土厚 1.7—1.9 米。土台基址南部及东南部为沙土地，古代或为河道或为湖泊或为沼泽，勘探中发现在表土下 0.5—1 米为沙土，其下为细沙、粗沙，有的地方在粗沙下面为淤土（图 2-4-9）。

台基南坡出土板瓦表面均有细密交错绳纹、内面为素面，筒瓦表面细绳纹和内面为麻点纹，其工艺在雍城、栎阳和咸阳城遗址战国时代地层出土板瓦、筒瓦中常见，是关中战国时期板瓦、筒瓦的流行纹饰和工艺特色。其并与上林苑一号建筑遗址出土板瓦筒瓦制法、形制和纹饰相同。据此推断，该夯筑土台为战国时代建筑遗存。土台北部建筑遗址出土大量制作极粗糙筒瓦，表面细密绳纹，内面麻点纹，泥条盘筑痕迹显著，并出

图2-4-7 刘庆柱、李毓芳在上林苑四号建筑遗址

图2-4-8 上林苑四号建筑遗址排水管道局部（东南向西北）

图2-4-9 张建锋在上林苑四号建筑遗址测图

土很多自盘筑接触面裂开的条状筒瓦残片，出土大量素面瓦当及残块和少量葵纹瓦当，当背绳切痕迹清晰，所连筒瓦均与出土筒瓦制法和纹饰相同。另有一定数量表面细密交错绳纹、内素面的板瓦片出土。它们均显示出鲜明的战国板瓦和筒瓦特征，与上林苑一号、五号遗址出土瓦和瓦当基本相同，故其亦应建于战国时期。与此同时，该遗址还出土大量粗绳纹板瓦片和少量厚重素面铺地砖残块、五角形排水管道残片及汉代半两钱、直角铁钉，与汉长安城未央宫遗址、南郊礼制建筑遗址、武库遗址、桂宫遗址出土者相近，说明建筑沿用到汉代。

这座以高台建筑为核心的宫殿建筑群，建于战国时期，又沿用到了汉代，与阿房宫毫无关系，因其地处秦汉上林苑内，应是秦汉上林苑的一组建筑，编号为上林苑四号建筑遗址。①

上林苑五号建筑遗址

2006年1月，发掘了位于阿房宫前殿遗址东北角以外500米处某钢厂废址内的上林苑五号建筑遗址。该遗址是在钢厂厂房废址改建时通过钻探发现，位于今地表下4米。其保存状况极差，房屋遗迹已破坏殆尽，仅厂房废址形成深坑北壁残留少许建筑夯土，分

---

① （中国社会科学院考古研究所、西安市文物保护考古研究院）阿房宫考古工作队：《上林苑四号建筑遗址的勘探和发掘》，《考古学报》2007年第3期。

布范围南北最宽0.3米、东西断续长27米、最厚处为0.4—0.5米。保存遗迹为两组排水管道，从房屋建筑残址下通过，被三座唐墓打破，属五号建筑遗址的排水设施。

两组排水管道形制基本相同，均由三条管道排列成横剖面"品"字形结构，即下层铺设两条管道，上层在下层两条管道之上的中间部位铺设一条管道。第一组管道南北向，已发掘部分长18米，其在生土中挖沟后铺设水管，沟上口宽0.9米、底部宽1米、现存深1.6米。水管之上填五花土，未夯打。第二组排水管道位于第一组管道东，相距20.5米，整体东西向，东端向东延伸至发掘区外，西端呈直角向北拐成南北向，拐角处以弯头水管套接，北端向北延伸至发掘区外。已发掘东西向管道长59米，南北向管道长10米。管道铺好后在水管周围及其顶部抹草泥，后回填五花土并经夯打（图2-4-10）。

该遗址出土铺地砖残块较薄，正面饰几何纹或密集小方格纹，几何纹砖的背面还饰有绳纹。板瓦、筒瓦和瓦当均制作特别粗糙。筒瓦正面饰细绳纹，背面饰麻点纹，泥条盘筑痕迹明显，有的背面还有不规则的凸棱或凹痕。纹饰瓦当正面的纹饰较细，有的在当面主体纹饰之外没有凸弦纹；瓦当背面则凹凸不平，绳切痕迹清晰可见，此外还出土了不少制作极为粗糙的素面瓦当，均与秦都咸阳宫遗址的出土遗物相似。排水管与秦都咸阳宫所出水管相同。据此判断其应建于战国时期，因其地处战国秦上林苑内，编号为上林苑五号建筑遗址，与阿房宫修建无关。①

上林苑六号遗址

2007年3月阿房宫考古队对位于阿房宫前殿遗址东北方向2000米今武警工程学院内处的一座建筑传为"秦阿房宫磁石门"的遗址，进行了勘探和局部试掘。确定该遗址为一处南北长、东西窄的高台宫殿建筑遗址，分下部夯土台

图2-4-10 上林苑五号建筑遗址排水管道（由东向西）

---

① （中国社会科学院考古研究所、西安市文物保护考古研究院）阿房宫考古工作队：《西安市上林苑三号建筑及五号建筑排水管道遗迹的发掘》，《考古》2007年第3期。

基和上部宫殿建筑两部分，夯层一般厚5—8厘米。下部夯土台基形状不规则，现存部分的南北最长57.5米、东西最宽48.3米，自现在地表向下，夯土厚3.7米。上部宫殿建筑因建筑物已完全被破坏，仅残存基址，其形状不规则，现存部分南北最长45米、东西最宽26.6米、高出地表1.5—2.4米。据调查了解，在20世纪70年代初，基址顶部要比现在高出约1.5米（图2-4-11）。

图2-4-11　上林苑六号建筑遗址发掘

该建筑遗址试掘清理的建筑物倒塌堆积中出土大量板瓦、筒瓦及少量瓦当等建筑材料。其板瓦表面饰细密交错绳纹，筒瓦制作粗糙，表面饰细直绳纹、内面为麻点纹，泥条盘筑痕迹明显，均与属战国时期的上林苑一号建筑遗址出土者相同，其修建时代亦应为战国时期。遗址中还出土表面饰斜行粗绳纹的板瓦和少量表面饰中粗绳纹、内面为布纹的筒瓦，及纹饰较粗、当背面无绳切痕迹的双界格线蘑菇形云纹瓦当残块，说明其一直沿用到西汉前期。

从建筑遗址结构看，其应为高台宫殿建筑，非门址。因其处于渭河以南秦汉上林苑中，故编号为上林苑六号建筑遗址，与阿房宫无关。①

---

① （中国社会科学院考古研究所、西安市文物保护考古研究院）阿房宫考古工作队：《西安市上林苑遗址六号建筑的勘探和试掘》，《考古》2007年第11期。

第三，前殿遗址以北区域的考古收获。

2005—2007年，阿房宫考古队在阿房宫前殿遗址北至渭河、南至汉代昆明池北岸的范围内进行了调查、勘探和局部发掘。

上林苑三号遗址

2005年冬勘探试掘了西安市未央区后围寨村北南距阿房宫前殿遗址约3800米的后围寨遗址。

该遗址为高台建筑，因长期取土、建房和平整土地，已遭严重破坏。现存遗址分下部夯土台基和上部建筑两部分。下部夯土台基现存主体东西长92米、南北宽84米、厚1.2—2米，台基之下为生土或细沙。台基偏南部向西延伸，保存范围长59米、宽15—20米。在台基西北部发现一个被扰动的柱础石（5号础石），花岗岩质，长0.73米、宽0.65米、厚0.34米。在发掘的探方内，夯土台基北面为加工过的院落地面。其上部建筑仅发现于遗址偏北，残存部分形状不规则，现存通高7米。整体为夯筑而成，夯层厚6—10厘米。可分为底部建筑、中部建筑和顶部建筑三部分。底部建筑残存部分形状不规则，基址东西最长54米、南北最长42米，其上的建筑物已无存。中部建筑残存部分形状不规则，基址东西最长24米、南北最长28米。在发掘探方内基址之上保存有少量廊房建筑遗迹。北侧廊房进深约5.1米，其南壁尚存一处壁柱残迹，底部础石不存；廊房北面为廊道，宽约2.6米，表面未见铺砖痕迹。因遗址上部取土破坏近2米，顶部建筑物未留痕迹，现存基址东西最长19米、南北最长21米。

遗址上部建筑遗存的中部廊房倒塌堆积内出土大量制作粗糙的板瓦片和筒瓦片。其板瓦正面均饰交错细绳纹，背面素面。筒瓦正面饰细绳纹，背面饰麻点纹，泥条盘筑痕迹明显，与战国时期秦上林苑一号建筑遗址所出土瓦片基本相同。底部建筑倒塌堆积发现战国时期绳纹铺地砖，还有饰山形云纹或素面的半瓦当，与秦都咸阳宫建筑遗址所出土同类建筑材料基本相同。从建筑形制来看，其与咸阳宫一号建筑遗址相似，为高台宫殿建筑。在遗址底部倒塌堆积中出土包括正面饰粗绳纹、背面为素面板瓦片，及正面饰中粗绳纹或粗绳纹、背面饰粗布纹筒瓦片等汉代遗物。在中部建筑倒塌堆积中发现西汉五铢钱。据此推断，该建筑原为战国秦上林苑建筑，沿用至西汉时期，并经改建或翻修，成为汉上林苑建筑。该遗址建筑倒塌堆积出土红烧土、建筑构件熔渣及被烧成红色瓦片，推断建筑遗址可能毁于大火。从遗物中未见晚于西汉者推测，建筑毁弃年代应在西汉末年。据其地处渭河以南战国秦上林苑中，当为战国秦上林苑建筑之一，沿用至汉代，与阿房宫修建无关，编号为上林苑三号建筑遗址。[①]

好汉庙遗址

2007年，考古队调查勘探了距上林苑三号建筑遗址东北2000米处的一座古代建筑

[①] （中国社会科学院考古研究所、西安市文物保护考古研究院）阿房宫考古工作队：《西安市上林苑三号建筑及五号建筑排水管道遗迹的发掘》，《考古》2007年第3期。

遗址（俗称"好汉庙遗址"）。其下部夯土台基东西长 105 米、南北宽 42—62 米、厚 4 米；上部建筑物无存，仅存基址。建筑基址东西长 52 米、南北宽 24—27 米、现存高 2.8 米。该遗址出土了大量山形云纹半瓦当和个别文字瓦当，还出土了大量细密绳纹和粗绳纹的瓦片。早在 20 世纪 50 年代，该建筑遗址就已被考古工作者认定为是战国时期的建筑，又沿用到了汉代。它应属于秦汉上林苑的建筑。①

秧歌台遗址

2007 年，考古队对位于阿房宫前殿遗址北 2300 米处当地俗称为"秧歌台"的遗址进行勘探、试掘，搞清楚了其范围和时代。该遗址现存夯土基址东西长 95 米、南北宽 90 米、夯土厚仅为 0.1—0.3 米。据百姓回忆，70 年代初夯土台基还高 3 米多，平整土地时被破坏殆尽。从该遗址建筑形制（高台建筑）和遗址内出土、采集的空心砖残块、子母砖残块，表面为细密交错绳纹板瓦片、斜粗绳纹板瓦片，表面为细绳纹、内面为麻点纹、泥条盘筑痕迹显著的筒瓦片，表面为粗绳纹、内面为粗布纹的筒瓦片，纹饰较细、制作粗糙的瓦当及厚重的圆形水管残片等等遗物来看，该遗址建筑时代应为战国时期，而又沿用到了汉代。应为秦汉上林苑的建筑。

其他建筑遗址

考古队在前殿遗址北约 2100 米处还清理了汉代涵洞式（子母砖砌）大型排水管道；在前殿遗址西北方向的大苏村公路两侧发现了散落的汉代板瓦片和筒瓦片。在前殿遗址北面的狮寨一带发现了内含汉代瓦片的堆积层。在狮寨北面的小苏村一带采集了战国时期的瓦片和瓦当。上述几处建筑遗存，均为秦汉上林苑的建筑。②

第四，前殿遗址以南区域的考古收获。

考古队在阿房宫前殿遗址东南约 2000 米（东凹里村南）一带，发现一处汉代上林苑建筑遗址，范围约 90000 平方米（已被农民不断修筑、改建房屋所破坏）。该遗址汉代地层内含大量汉代建筑材料。建筑材料中有板瓦、筒瓦、云纹瓦当及文字瓦当（"上林"瓦当和"与天无极"瓦当）等。③

（三）阿房宫只建设前殿，前殿未竣工，阿房宫未建成

经过 2002—2008 年的考古调查、勘探和局部发掘，在以阿房宫前殿遗址为中心东至皂河、西至沣河、北至渭河、南到汉代昆明池北岸的范围内，均没有发现与前殿遗址同时建造的秦代建筑遗址。表明秦代修建阿房宫时仅建设了前殿，且前殿尚未完全建成，故阿房宫自未建成。这与《史记·秦始皇本纪》载："先做前殿阿房……阿房宫

---

① （中国社会科学院考古研究所、西安市文物保护考古研究院）阿房宫考古工作队：《近年来阿房宫遗址的考古收获》，《中国文物报》2008 年 1 月 4 日第 7 版。
② 同上。
③ 同上。

未成；成，欲更择令名名之。作宫阿房，故天下谓之阿房宫"的记述一致，也与《汉书·五行志》云"复起阿房，未成而亡"的记述一致。在前殿夯土台基的考古工作中，未发现草木灰、炭粒等火烧痕迹，即未发现"火烧阿房宫"的遗迹、遗物，这说明项羽没有烧阿房宫。

从2002—2008年的6年多考古勘探、试掘与发掘确定的阿房宫遗址结论看，其判断的位于聚驾庄、赵家堡、古城村之间的"阿房宫前殿遗址"即为秦阿房宫遗址认识——无论从地望还是从建筑形制、特征都完全符合前述根据文献所述的阿房宫特征，与前述20世纪30年代徐旭生先生、20世纪50年代苏秉琦先生、夏鼐先生的阿房宫位置的认识完全一致。至此，长达七十多年的阿房宫认定的学术之旅得以告一段落。

四　2011年以来的阿房宫与上林苑考古

2011年，为落实国家《关中—天水经济区发展规划》提出"彰显华夏文明的历史文化基地"的要求，根据西咸一体化及当时提出的沣渭新区（今为西咸新区沣东新城）开发建设的需要，保护好有关的大遗址，中国社会科学院考古研究所在与西安市文物局充分协商后，以2002年中国社会科学院考古研究所与西安市文物保护考古所联合组建的"阿房宫考古工作队"为基础，组成"阿房宫与上林苑考古队"［顾问：刘庆柱；领队：刘瑞，副领队：张翔宇（2013年后为王自力）；成员：李毓芳、柴怡（2014年后为宁琎）］，启动了对西安及沣渭新区范围内与阿房宫及上林苑遗址的系统考古调查、勘探与发掘等工作。五年来主要开展了以下几方面内容。

（一）阿房宫区域遗存调查

2011年秋，为了制订阿房宫考古规划，并为制订中的阿房宫遗址保护规划提供资料，新成立的阿房宫与上林苑考古队以阿房宫遗址前殿为中心，北至渭河、南至汉昆明池中部、西至沣河、东至汉长安城遗址景观协调区范围线及皂河的114平方公里的范围内，开展了以秦阿房宫、秦汉上林苑为核心的秦汉遗存专题调查。

考古队重点调查了阿房宫前殿遗址、上林苑一号遗址（纪阳寨遗址）、上林苑二号遗址（烽火台遗址）、上林苑三号遗址（后围寨遗址）、上林苑四号遗址（上天台遗址）、好汉庙等遗址的保存现状。并通过对夯土、瓦砾、础石分布情况的调查，在贺家村北、岳旗寨南、镐京墓园北、黄堆村发现4处秦汉瓦砾分布点，在西围墙村、闵旗寨等76个村庄，发现了大小不等的七百余个础石（疑似），为考古勘探和大遗址保护提供了较为确切的针对性考古资料。

(二) 上林苑十一号遗址的勘探与试掘

上林苑十一号遗址位于西安市沣东新城王寺街道细柳村，西南距户县兆伦锺官铸钱遗址 13.4 公里，东北距汉长安城未央宫前殿遗址 9.5 公里，西距沣河 600 米左右。该遗址在 1962 年曾由陕西省博物馆、文管会考古组开展调查。2011 年 11 月，阿房宫与上林苑考古队在开展前述区域调查中，对其进行了重点踏查，编号为上林苑十一号遗址。此后从 2011 年 12 月至 2012 年 4 月对其进行了大面积勘探。通过勘探，确定该遗址南北长约 800 米、东西约 500 米，面积约 40 万平方米，北、西、南三侧有沟，宽约 10—20 米，深约 1.5—2.5 米。遗址区内灰土、范渣、范块、瓦片、铜钱、铜炼渣堆积较为丰富（图 2-4-12）。

图 2-4-12 上林苑十一号遗址发掘（由西北向东南）

2012 年 4—6 月，考古队对该遗址进行了小面积试掘，发掘面积约 300 平方米，清理出汉代灰坑、水井等遗存，出土五铢钱背范、范母、铜钱等遗物，确认遗址是一个时代单纯的汉代大型铸钱遗址。从该遗址位于汉长安城西侧上林苑内，且面积达 40 万平方米的规模分析，它可能是西汉国家铸币机构上林三官所辖的铸钱工场。与其他现知秦汉铸钱遗址多数既铸半两、五铢，又铸王莽钱币的情况不同，该遗址仅单纯铸造五铢钱，这对汉代钱币研究具有重要价值。

在发掘期间,考古队还对遗址区南侧一坐南面北的魏晋瓦窑开展了抢救性发掘。该窑分前室、窑室,窑室分窑门、火塘、窑床,窑门残宽0.54米、残高0.65米、壁厚0.15米,火塘低于窑床0.35—0.4米,南侧直边,北侧弧形,直径约2.86米,内堆积瓦片灰烬,底部平整,为灰色烧结。窑床长方形,东西长2.9米,南北宽2.65米,窑壁残高1—1.1米,后有3条长方形烟道。该陶窑的发现对长安地区古代建筑材料的研究具有一定价值。[①]

(三) 上林苑一号遗址西垣的勘探与发掘

上林苑一号遗址位于西安市西郊王寺街道办纪杨寨村西南,2004年阿房宫考古队在对其勘探试掘后编其为"上林苑一号遗址"。2012年6—7月,阿房宫与上林苑考古队在配合陕西省高速公路建设集团公司西宝高速公路改扩建项目中阿房宫立交A、B匝道占地所涉及的上林苑一号遗址附近开展的考古勘探中,发现有夯土基址、古池沼、古河道及少量新石器时代遗存。之后对匝道占压区域开展了考古发掘,发掘面积450平方米,清理出夯土基址、G1、G2、G3、G4等秦汉遗迹。其中夯土基址(Q1)呈西南—东北走向,地下基础残宽3.5米,残长约35米(图2-4-13)。

图2-4-13 上林苑一号遗址西垣发掘(由南向北)

[①] 刘瑞:《西安沣东新城汉代上林苑11号遗址》,《中国考古学年鉴》(2013),文物出版社2014年版,第445页。

该夯土基址虽遭较大破坏，但规格、形制、走向基本完整，从所在位置判断，其应为上林苑一号遗址西墙。发掘区发现的古池沼及勘探中在北侧发现的古河道，对全面认识上林苑一号遗址的总体布局有重要价值。据出土遗物，G1、G2、G3等均为汉代遗迹，显示出附近应有较大规模的汉代建筑，大大丰富了有关上林苑一号遗址时代的认识，对进一步认识上林苑一号遗址提供了宝贵资料。[①]

（四）周至集贤东村遗址勘探

周至集贤东村遗址位于陕西省周至县东部集贤镇的集贤东村，距周至县城19.4公里，位于西安钟楼西南直线距离53.5公里，距阿房宫前殿遗址42.6公里、距汉长安城未央宫前殿遗址48.3公里。夯土基址位于集贤东村的东部，现已为农田、取土坑或被民居叠压破坏。2012年春，阿房宫与上林苑考古队在相关部门的大力支持下，开展了集贤东村遗址勘探，钻探面积约3万平方米，发现三座夯土建筑基址。一号夯土建筑基址东西长约27米、南北宽约18米。二号夯土建筑基址大体呈东南—西北方向，东西长35米、南北宽约25米。三号夯土建筑基址呈东南—西北向，东西长约45米、南北宽约29米。在三号夯土建筑基址西北地表下1.5米处发现东西并排的由两条陶质圆形水管铺设的排水管道，水管直径约0.3米，残存长度约5米。该遗址采集的板瓦表面均饰交错细绳纹、内面素面，筒瓦中有表面饰细绳纹、内面饰麻点纹，泥条盘筑痕迹明显者，与上林苑一号建筑遗址出土瓦片特征基本相同。表明遗址的始建年代应在战国秦时。而据文献记载，渭河以南是战国秦的上林苑故地，因此推断集贤东村建筑遗址为战国秦上林苑中的一座建筑。

此外，从采集物中看，也有表面饰稍细绳纹、粗绳纹，内面饰布纹的筒瓦残片发现，具有明显汉代特征，表明建筑应沿用至西汉时期。据文献记载，西汉武帝在秦上林苑基础上扩修上林苑，因此推测集贤东村遗址建筑在汉代上林苑中继续使用。

（五）昆明池遗址的勘探与发掘

昆明池是上林苑中最重要池沼，经汉武帝元狩三年（前120）、元鼎元年（前114）两次修建而成，到唐代仍是帝王行幸的重要池沼。2012年8—12月，阿房宫与上林苑考古队对昆明池文化生态景区起步区项目内的土地开展考古勘探，在汉唐昆明池池底淤泥层下，勘探发现一条呈东北—西南向沟渠（G1）。经发掘确定，G1为口大底小，斜壁，底部较平，口宽13.2—14.5米，底宽约3米，深约2.5米左右（图2-4-14）。从出土物判断，该沟渠应在西周时期形成并使用。从勘探情况看，该沟渠西侧分布大量的西周墓葬及灰坑等遗存，东侧未发现同期遗存。G1的发现对认识镐京范围有重要

[①] 刘瑞：《西安沣东新城上林苑1号遗址》，《中国考古学年鉴》（2013），文物出版社2014年版，第439页。

价值。[1]

图2-4-14　昆明池下G1清理（由南向北）

2013年春，为进一步确定G1年代，在G1西侧择地发掘中清理两座有打破关系的车马坑（K1、K2）。K1近方形，东西长3.8米、南北宽3米、深1.1米。内埋一车，四马拉乘，车辕及马头均朝西。K2位于西侧，长条形，被K1打破，东西长10米、南北宽3.04—3.55米、深1—1.5米，内埋三车，马头均朝东，由东向西依次编号为Ⅰ、Ⅱ、Ⅲ号车，Ⅰ、Ⅱ为两马拉乘，Ⅲ号为四马拉乘（图2-4-15）。各车马骨保存状况甚差，应于长期被昆明池水浸条件有关。车均木质，已朽，未见木灰。K1 Ⅰ号车出土铜軎与张家坡西周墓地第四期M253出Ⅳ式铜軎相似，铜辖与第三期M170出土Ⅴ式铜辖相似，出土铜戈与第五期M319出土A型Ⅹ式铜戈近同，出土铜镞与张家坡M324出土Ⅱ式铜镞同。K2 Ⅲ号车车舆内出土残铜戈与张家坡M337所出第四期A型Ⅷb式铜戈近同。故从出土遗物看，车马坑应是西周晚期遗存。[2]

2012年12月—2013年春，考古队还对位于昆明池东北池岸外侧的安置区一期地块进行考古勘探，之后对相关遗存进行考古发掘。其中清理的G2为昆明池的出水渠道，沟口

---

[1] 刘瑞：《西安沣东新城汉唐昆明池遗址》，《中国考古学年鉴》（2013），文物出版社2014年版，第445页。
[2] （中国社会科学院考古研究所、西安市文物保护考古研究院）阿房宫与上林苑考古队：《西安市汉唐昆明池遗址区西周遗存的重要考古发现》，《考古》2013年第11期。

图 2-4-15　昆明池下新发现的车马坑（由西向东）

南北宽 28.5 米、深 6.4 米、底宽 8 米。2013 年秋冬，在沣东第六幼儿园建设范围内，发现从 G2 向西的水沟 G3，并发现南北向的昆明池出水渠 G19，及位于 G19 与 G2 之间的东西向 G21。

　　从 2012 年秋冬开始，考古队在昆明池所在区域，沿生产路、地垄进行了大范围勘探，基本确定了昆明池的池岸线所在，确定昆明池的进水口位于昆明池西南的石匣口村，在昆明池东北部的梦白村新发现一条东西向的出水渠道，在昆明池东侧发现可能与漕渠有关的大型沟渠（图 2-4-16）。2013 年夏秋，考古队对池岸线、出水渠道及相关遗址进行了探沟试掘，验证了对有关遗存的勘探认识。

图 2-4-16　李毓芳、刘瑞在昆明池钻探工地

（六）渭桥遗址的调查、勘探与发掘

渭桥遗址位于西安北郊渭河南岸河滩，2012年4月在被农民挖沙破坏后陕西省文物局组织了由陕西省考古研究院、中国社会科学院考古研究所、西安市文物保护考古研究院成立渭桥考古队对其开展考古工作，2012年起刘瑞、李毓芳参加该项工作，2013年起由刘瑞担任领队。目前在未央区六村堡街道西席村北、未央区汉城街道高庙村北农田共发现2组6座桥梁，并在草滩镇王家湾一施工工地发现渭桥1座。通过勘探及发掘，厨城门一号桥两侧桥桩之间宽22.4米、南北长在880米以上。经鉴定，桥桩用材有杉、柏、桢楠、香椿、榆、栎树等树种，一般长6.2—8.8米，周长0.5—1.5米，多处发现粗细不等桥桩密集成堆，桥桩开口高差达2—3米。并发掘出大量青石、砂岩质长方形、方形、五边形、梯形石构件，上多有刻字或题记（图2-4-17）。在一号桥废弃后渭河河道内形成的第八层中，多个地点清理出土多枚"乾隆通宝"及1枚越南钱币"景兴通宝"铜钱，表明至迟到乾隆时期发掘区一带尚为渭河的主河道所在，渭河的大规模北移应在乾隆或乾隆之后的某个时期。经[14]C测年，厨城门一号桥修建于西汉，在东汉至魏晋时期又有较大规模修建。此外厨城门四号桥大体兴建于战国晚期，厨城门三号桥修建于唐代。

在对渭桥北端高铁动车运用所施工区域的考古发掘中，全面清理出渭桥北端桥桩，

图 2-4-17 厨城门一号桥桥桩发掘（左、右下，由南向北；右上，由北向南）

并在北端向南 23 米左右东侧桥桩向东 18.4 米范围内，清理出一条南北宽 10 米左右之北高南低的用竹片编织成的筐内填瓦、石、淤泥块等组成的埽岸。埽岸及渭桥北端的发现，确定了清代乾隆之前的渭河北岸。同时，在埽岸南侧还暴露出一条折为两截的古船。

渭河上桥梁在文献中有明确记载，是西安作为秦汉唐都城时期城外交通线上的最重要桥梁。从考古资料看，厨城门一号桥是古代时间最大的木构桥梁。而据文献记载，其也是丝绸之路上的第一座桥梁。一系列渭桥的发现，不仅填补了相关考古的空白，且对汉长安城北侧路网、水网问题的解决、古代渭河位置变迁等问题的研究均具有重要价值。该项发现 2013 年 12 月入选由中国社会科学院主办、中国社会科学院考古研究所与考古杂志社承办的"中国社会科学院考古学论坛——2013 年中国考古新发现"。2014 年 4 月被国家文物局、中国文物报社、中国考古学会等单位评为"2013 年度全国十大考古新发现"。

（七）栎阳宫（城）遗址的勘探与发掘

秦汉栎阳城是 2001 年国务院公布的第五批全国重点文物保护单位，位于今西安市阎良区东南，城址附近地面平坦，地表已无遗址可寻。1980—1981年中国社会科学院考古研究所刘庆柱、李毓芳带队对栎阳城遗址开展考古工作，确定遗址大体呈长方形，钻探发现南墙、西墙、城中道路13条及15个重要建筑遗址，因地下水位甚高，未发现东墙、北墙。2013年4月，为进一步确定栎阳城遗址的保护范围，为保护规划的制订提供科学资料，考古队开始进行栎阳宫（城）考古。在栎阳城遗址范围内，已勘探确定3座古城。从试掘资料看，三号古城与文献所载的秦建都栎阳时间基本相合，大体应为战国秦栎阳城的所在，并延续到西汉早期，为汉初栎阳宫（城）所在。一号古城为秦汉时期、二号古城为西汉中晚期。考古队并对栎阳城遗址东北关山镇东南的两座曾有高大封土的墓葬进行勘探，确定其为南北向两座并列的墓道朝西的墓葬，从墓葬盗洞牛骨的^{14}C测年看，其大体为西汉晚期。

考古队还在栎阳北发现东西向大型沟渠，勘探长近10公里，口宽约15—20米、深约4—6米，经发掘确定，其大体在西汉中期开凿，到唐代继续使用，推测为汉唐白渠遗存。此外，还勘探、试掘确定了郑国渠的位置。（图2-4-18）。

图2-4-18 栎阳城北清理的大型沟渠

西汉长安城遗址考古发现

刘振东　张建锋　徐龙国

西汉长安城是中国古代秦汉魏晋南北朝时期的一座名城,自西汉建都后,新莽、前赵、前秦、后秦、西魏、北周相继沿用旧城营建新都,东汉、西晋、隋也将这里作为临时之都。1961年,该遗址被国务院公布为第一批全国重点文物保护单位。

西汉长安城遗址位于陕西省西安市的西北郊(图2-5-1)。对之进行的正式考古工作始于1956年,至今已持续了近60年。

一　西汉长安城遗址

根据早年的勘查实测,西汉长安城的城墙一周长25700米,其中东城墙6000米,南城墙7600米,西城墙4900米,北城墙7200米(图2-5-2)。[1] 城墙底部宽16米左右,城墙的外面有城壕,城壕与城墙一般相距约30米,城壕宽40—45米,深约3米。经在城墙西南角内外试掘,证明城角之上建有角楼一类的防御性设施,城角的内侧也有建筑。[2] 个别地方的城墙有外凸现象,如西安门以西的南城墙。城墙墙基内有的地方埋置有圆形或五角形陶水管,城门的下面也有用砖券筑的大型排水涵洞,可将城内的水排到城外。

长安城每面有三门,一周共有十二门,东面三门自北而南依次是宣平门、清明门、霸城门;南面三门自东向西依次是覆盎门、安门、西安门;西面三门自南向北依次是章城门、直城门、雍门;北面三门自西向东依次是横门、厨城门、洛城门。城门均有三个门道,每个门道宽8米,除去两侧础石所占宽度各1米,实宽6米,恰好容4个车轨(霸城门遗址发现的汉代车轨宽约1.5米),门道进深约16米。门道之间的隔墙宽

---

[1] 王仲殊:《汉代考古学概说》,中华书局1984年版。
[2] 中国社会科学院考古研究所汉长安城工作队:《西安市汉长安城城墙西南角遗址的钻探与试掘》,《考古》2006年第10期。

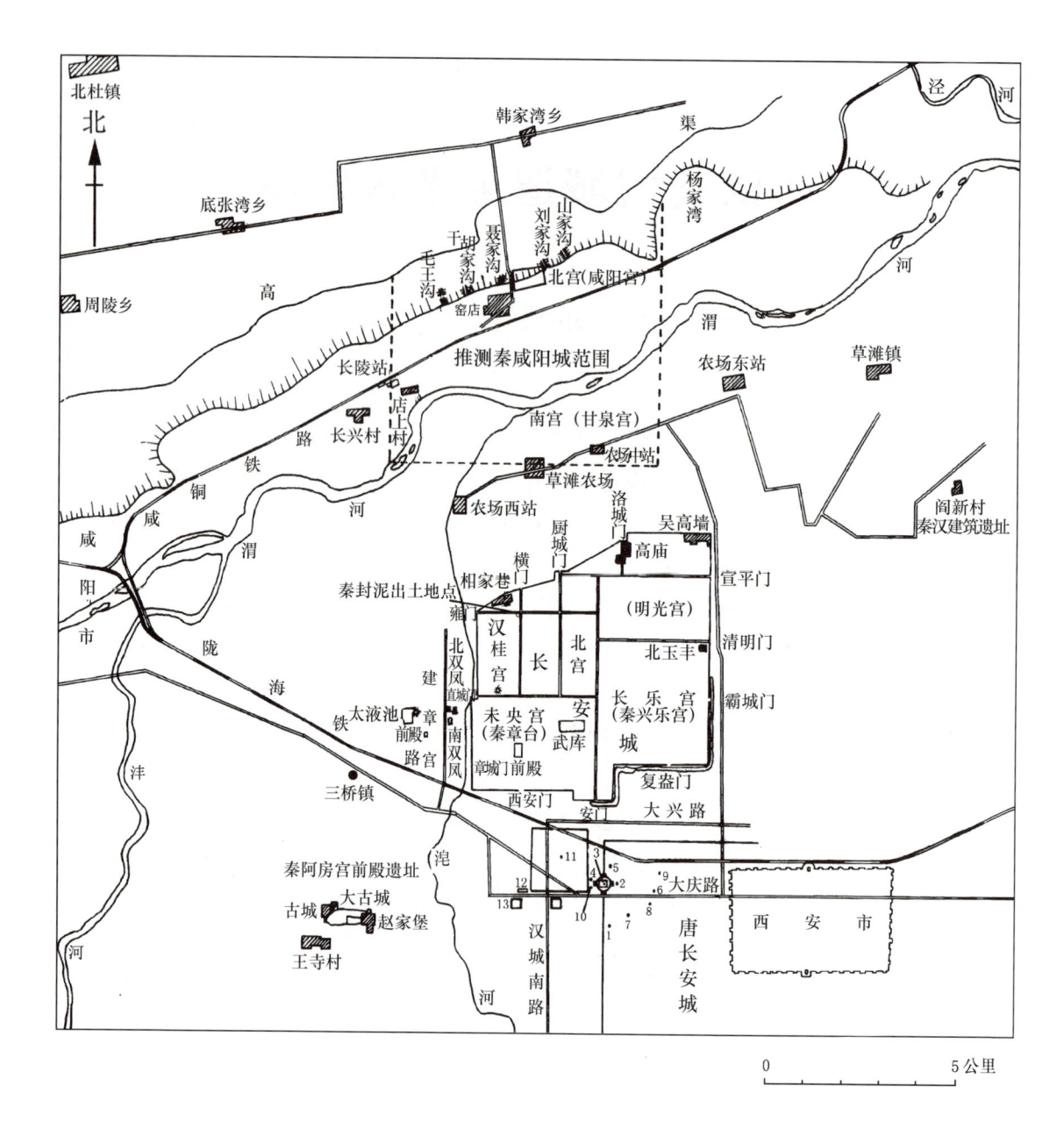

1.圜丘　2.明堂　3.辟雍　4.太学　5.灵台　6.顾成庙　7.卫思后园　8.戾后园　9.奉明园　10.大社
11.王莽九庙　12.社稷（秦社稷）　13.新社稷

此图从1:100000地形图上描绘。秦咸阳城范围和北宫位置参考《秦都咸阳考古报告》第2页和第10页插图绘出。西汉长安城南礼制建筑分布情况参考《西汉礼制建筑遗址》第210页插图绘出。

图 2-5-1　汉长安城位置示意图

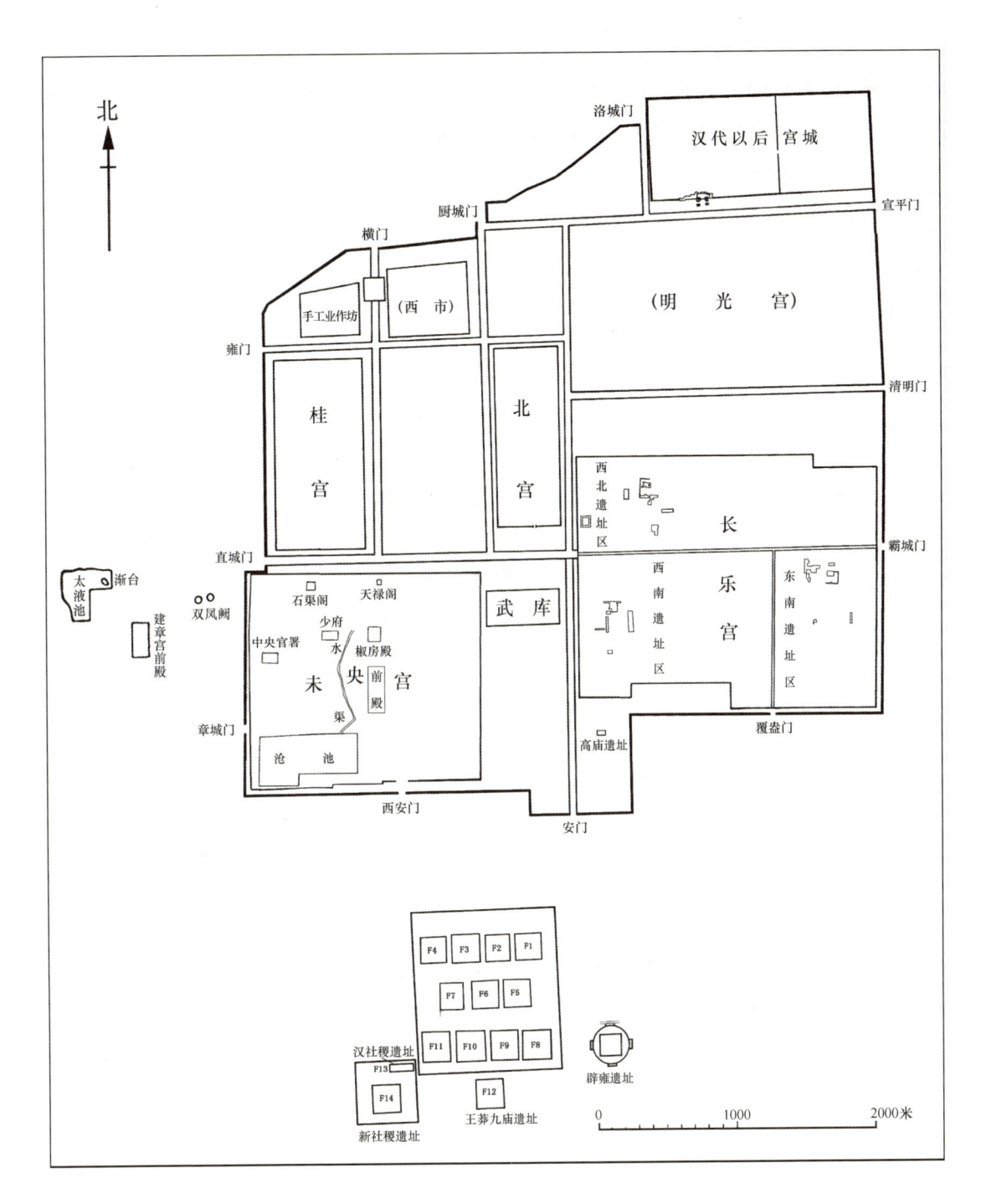

图 2-5-2 汉长安城遗址平面示意图

度不等，西安门、霸城门的门道间相隔约 14 米，其余城门，如宣平门的门道之间则相隔约 4 米。① 东城墙上的城门南北两侧均向外有凸出的夯土墙遗迹。在霸城门以南和西安门以东城墙的内侧发现类似马道的遗存，在西安门以东、直城门以南的城墙内侧还有附属建筑，应是城门屯兵之所。

汉长安城内共发现八条大街，除霸城门、覆盎门、西安门、章城门外，其他八个城门均有一条大街通向城内。八条大街或东西向，或南北向，它们在城内互相交叉、汇合，形成八个丁字路口和两个十字路口。八条大街长度不等，宣平门大街长 3800 米，清明门大街长 3100 米，安门大街长 5400 米，直城门大街长 2900 米，雍门大街长 2890 米，横门大街长 2830 米，厨城门大街长 1060 米，洛城门大街长 800 米。每条大街的结构相同，均应分为三股道，中间的一股为驰道，专供皇帝行走，两侧的道路供一般吏民行走。据史籍记载，街名有香室街、藁街、华阳街、城门街、尚冠街、夕阴街和太常街。长安城内被这些大街分割成十一个区域，宫殿区占有全城面积的三分之二以上，有未央宫、长乐宫、桂宫、北宫、明光宫，另有武库、手工业作坊、市场、闾里等区划。在城外，西郊有建章宫，南郊有礼制建筑。

（一）未央宫

未央宫位于汉长安城的西南部，平面近方形，东西 2150 米，南北 2250 米，周长 8800 米，面积约 5 平方公里。宫墙与墙基夯筑，宽 7—8 米，顶部似有覆瓦，宫城四角应有角楼。发现多座宫门和掖门，宫门均与宫内道路相连，从而形成南北或东西向主干交通。未央宫内发现建筑遗址百余座，其中 1 号（前殿）、2 号（椒房殿）、3 号（中央官署）、4 号（少府）和 5 号（西南角楼）建筑遗址经过部分或全面发掘（图 2-5-3）。②

前殿遗址位于未央宫的中部，现存台基北高南低，呈南北向长方形，南北长约 400 米，东西宽约 200 米，最南端高出今地面 0.6 米，最北端高出今地面 15 米以上（图 2-5-4）。前殿是利用自然高地进行局部夯筑而建成的一组宫殿建筑，整个建筑坐北朝南，在遗址南端发现一个门址，东西宽 46 米，南北进深 26 米，门址东西连以夯土围墙。在前殿的台基上勘探到南北并列的三座大型建筑基址：南部建筑基址平面长方形，东西长 79 米，南北宽 44 米，东北角以西 56 米处有一门道；中部建筑基址东西长 121 米，南北宽 72 米；北部建筑基址东西长 118 米，南北宽 47 米。每座建筑的南面

---

① a. 王仲殊：《汉长安城考古工作的初步收获》，《考古通讯》1957 年第 5 期。
　　b.《汉长安城考古工作收获续记——宣平城门的发掘》，《考古通讯》1958 年第 4 期。
　　c.《汉长安城城门遗址的发掘与研究》，《考古学集刊》（17），科学出版社 2010 年版。
　　d. 中国社会科学院考古研究所汉长安城工作队：《西安汉长安城直城门遗址 2008 年发掘简报》，《考古》2009 年第 5 期。
② 中国社会科学院考古研究所：《汉长安城未央宫 1980—1989 年考古发掘报告》，中国大百科全书出版社 1996 年版。

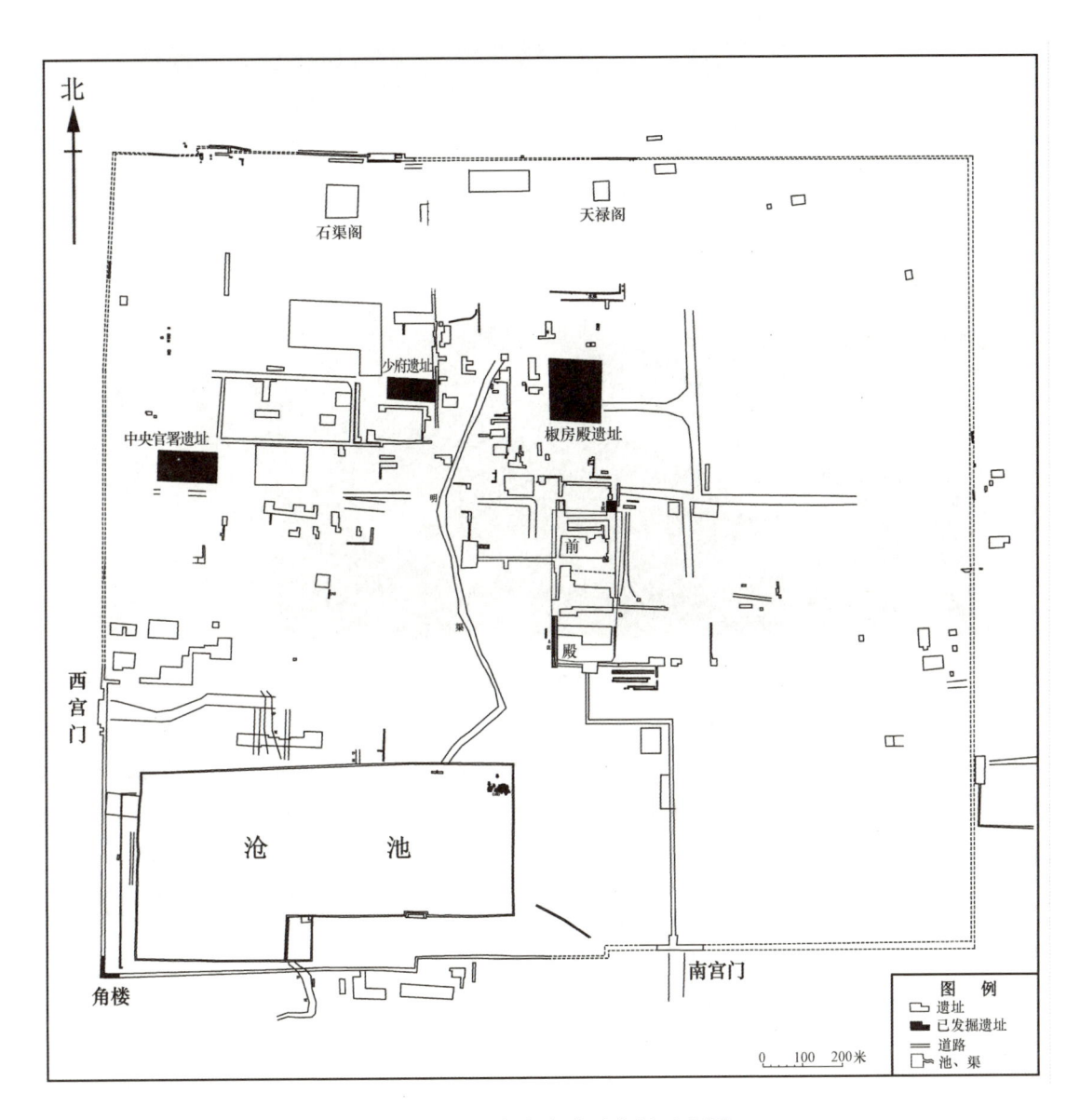

图 2-5-3 未央宫遗址布局示意图

图2-5-4　未央宫前殿遗址（东—西）

分布有庭院。在北部建筑以北，另有一建筑基址高居于前殿的北端，东西长143米，南北宽16米，或为后阁建筑。在中部和北部建筑的东西两侧有厢房或廊房类建筑。在前殿的西南部有一组附属建筑，经过发掘，发掘区南北长128米，东西宽13.5—15.4米，揭露出46间房址，其中43间房址在西边，南北排列，坐东朝西，3间房址在南边，东西排列，坐北朝南。位于前殿东北部的附属建筑也进行了发掘，其西部为一夯土台基，东西两侧有廊道、散水和坡状漫道，东部则为几座小房屋。

椒房殿位于前殿遗址正北，东西130米，南北148米。可分三部分，即正殿、配殿和附属房屋。正殿夯土台基东西长54.7米，南北宽9—32米，现存高度0.2米。四壁包砌土坯，外为草泥，最后粉刷白灰面。南面有二阙址。西北部有一半地下式房址。台基周施回廊，廊道地面铺砖。东壁南部和西壁南部各有一斜坡式上殿通道，坡13度。通道有南、北廊，地面铺砖。正殿北为一庭院，四周置廊道、散水。庭院以北为一组附属建筑，包括东南部的三座庭院、两座房屋以及西部的7座房屋。配殿位于正殿的东北部，由南殿和北殿组成。南殿台基东西长50米，南北宽23.5米，东壁北部和南壁西部各有一个踏道；北殿东西长43.5米，南北宽23.2米，西壁南部向东凹进一块，凹进部位有一南北向的斜坡道。北殿的西部有一座半地下房屋。南殿和北殿之间为一庭院，周施回廊。北殿北侧为一庭院，周施回廊，廊道及庭院地面均铺砖。南、北殿的东部和西部各由一道南北向的夯土基址相连。配殿范围内还发现了5条地下通道（图2-5-5）。

图2-5-5　未央宫椒房殿遗址（北—南）

中央官署遗址位于前殿遗址西北。东西长135.4米，南北宽71.2米，为一座封闭式大型院落，四周有围墙，墙宽1.5米左右，两侧均有壁柱，北墙和东墙外侧有廊道和散水。院子正中有一道南北向排水渠，渠东、西各有一道南北向夯土墙，将院子分为东院和西院两部分。东院东西长57.2米，南北宽68.8米，东北角和西南角各辟一门，东南角可能也有门。东院之内有南北两排房屋，南排、北排东西各并列3座，此外，在东院的东北角还有一座小房子。两排房子中间和南排房子以南，各有一个天井，四周有回廊。西院东西长73.2米，南北宽68.6米，东墙南端和南墙东端各辟一门。西院之内也有南北两排房屋，其中南排3座，其东南部另有一座小房屋，北排4座。南排和北排房子之间有一个亭子，亭子东西各有一天井，南排房子以南还有一个天井，天井周围有回廊。另外，还发现了水井、地漏和排水管道等遗迹（图2-5-6）。出土物除各种质料的建筑材料及器皿外，还出土了大量刻字骨签。

少府（或所辖官署）遗址位于前殿遗址西北430米处，东西长109.9米，南北宽59米，包括早、晚两期遗迹。早期建筑的主体建筑在现存遗址中部，其东西两侧有若干附属建筑，北面为庭院，东侧有南北通道。主体建筑系大型殿堂，为南北并列的两座宫殿，F17位于南部，东西长48.6米，南北宽17.5米。现存东、西、北三面墙基，

图2-5-6　未央宫中央官署遗址保护展示模型

墙基上窄下宽，南面为檐墙。F23位于北部，东西长31米，南北宽12.9米，面阔1间，进深3间。现存东、西、南三面墙基，北面有檐墙。主体建筑以北为庭院，庭院北侧有东西向廊道，庭院东南角和西北角各有一座小房子。主体建筑的东西两侧还各有一组附属建筑。晚期建筑主要包括F2和F3南北两座大殿（图2-5-7）。出土遗物

图2-5-7　未央宫少府遗址保护展示模型

主要是建筑材料和器皿，另外还有"汤官饮监章"封泥等。

天禄阁遗址位于未央宫北部居中，现存夯土台基东西长55米，南北宽45米，高约10米，南部居中向南突出一块，南北长15米，东西宽25米。这里曾出土"天禄阁"文字瓦当和天鹿纹饰瓦当。

石渠阁遗址位于未央宫的西北部，现存夯土台基东西宽80米，南北长100米，高8.74米。这里曾出土"石渠千秋"文字瓦当。

在未央宫的西南部有沧池遗址，据最新钻探结果，沧池的四面池岸均包砌大砖，整体呈东西向曲尺形，东西长约934米，南北宽373—460米，形制规整，规模巨大。在沧池的东北岸发现了出水口，出水渠经前殿西侧向北延伸。沧池的进水渠和进水口可能在南岸。

(二) 长乐宫

长乐宫位于汉长安城的东南部。四周有夯土围墙，现已钻探到西、北、东、南四面墙的各一段。墙只存基础部分，宽度很不一致，如西墙墙基宽有3米、5米、9米、12米、16米等几种，北墙墙基宽5.5米，东墙墙基宽有3米、6米和9米三种，南墙墙基宽12米。在西墙北端的东侧发现由夯土墙围成的一个闭合空间，似为附设在西宫墙内侧的守卫设施，另外，西墙与北墙相交后继续向北延续了一段，这段夯土有可能是西北角楼的遗存。据钻探到的四面部分宫墙，复原长乐宫东西直线距离约3000米，南北直线距离约2044米。另据20世纪60年代初勘测，长乐宫的北墙和南墙均有曲折，围墙一周长约10000米（图2-5-8）。四面宫墙均应设有宫门，东、西宫门还立有阙。宫内有东西、南北主道各一条，东西主道略偏宫的北部，东出东宫门通霸城门，西出西宫门通安门大街，现存路土宽30—50米，在宫的东部基本为东西向，约在与南北主道交汇处开始偏斜向西北，经过一段后又呈东西向。南北主道略偏宫的东部，基本呈南北向，向南出南宫门通覆盎门，向北与东西主道交汇，但在东西主道以北没有探到其遗存，现存路土宽约30米。这两条主道无疑为西汉长乐宫内的主要道路，但参考西汉未央宫和桂宫内的道路资料，宫内道路不应有如此宽度，未央宫内道路宽8—12米，桂宫内道路宽10.3—13米。联系到十六国、北朝时期汉长乐宫故地距离其北宫城的直线距离不远，且宫内遍布陶窑，还有佛寺，所以通过汉故霸城门和覆盎门进出这里的人很多，这两条道路之所以现存这么宽的路土，可能是在汉代宫内道路的基础上，经过魏晋一直到北朝长时期使用逐渐形成的，从而在汉长乐宫废弃后由宫内道路变成了一条连通城门的城内大道。除两条主道外，长乐宫内还钻探出数条东西向或南北向道路，构成交通便利的路网。

从已有钻探资料看，长乐宫内的建筑遗址比较集中地分布在三个区域，第一个是西北区，今罗家寨周围，在东西主道以北；第二个是西南区，今讲武殿村东南、张家巷村西南一带，在东西主道以南、南北主道以东；第三个是东南区，今樊家寨村南一

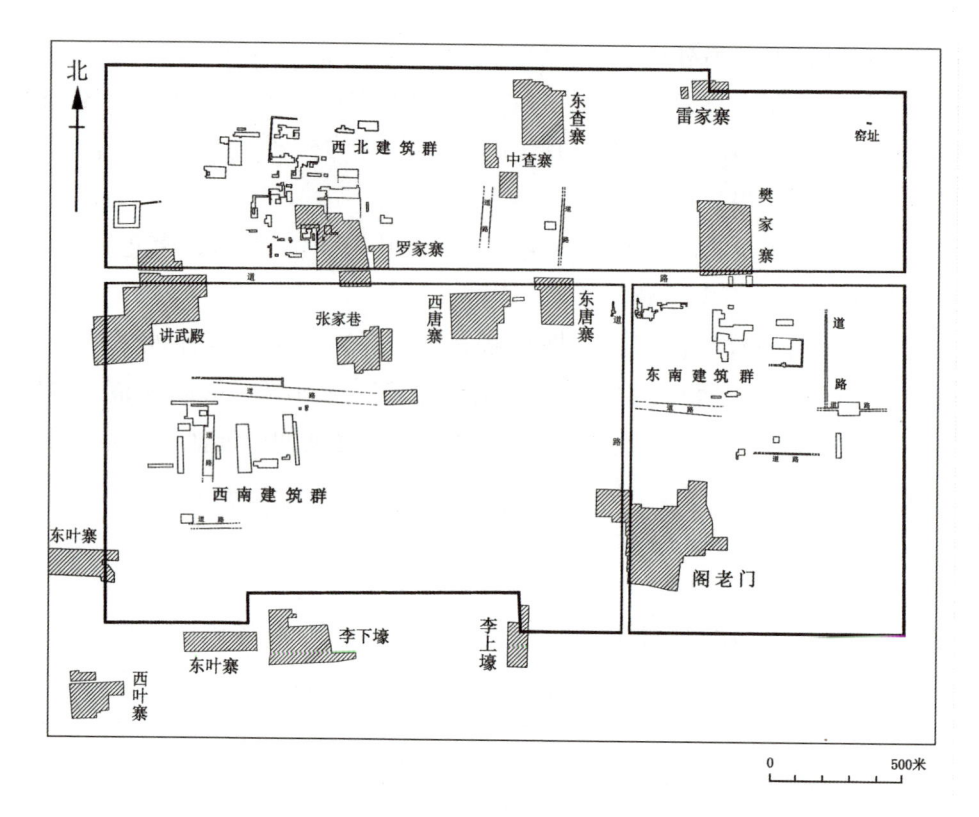

图 2-5-8　长乐宫遗址钻探平面示意图

带，在东西主道以南、南北主道最东边。三个区域中以西北区范围较大，遗址数量较多（有近20处）、分布较密集，单个遗址规模较大、结构较复杂、保存状况相对较好。其他两个区域范围相对较小，遗址数量较少（各有近10处），单个遗址规模较小、保存较差。因此，位于今罗家寨村周围的长乐宫西北区域应是长乐宫的中心宫殿区。

长乐宫的考古发掘工作集中在宫城的西北部，已经试掘、发掘的建筑遗址共有6座，编号为一至六号建筑遗址。另外，还发掘了一处排水管道，见于史籍记载的酒池，也经钻探发现[①]。

一号建筑遗址位于汉城街道办事处罗家寨村北约300米。为大型建筑基址，主殿夯土台基平面呈长方形，东西长76.2米，南北宽29.5米。台基南、北面各有一条夯土

[①] a. 中国社会科学院考古研究所汉长安城工作队：《汉长安城长乐宫排水管道遗址发掘简报》，《考古》2003年第9期。
b. 《汉长安城长乐宫二号建筑遗址发掘报告》，《考古学报》2004年第1期。
c. 《汉长安城长乐宫发现凌室遗址》，《考古》2005年第9期。
d. 《西安市汉长安城长乐宫四号建筑遗址》，《考古》2006年第10期。
e. 《西安市汉长安城长乐宫六号建筑遗址》，《考古》2011年第6期。长乐宫1号、3号建筑遗址以及其他勘探、试掘资料尚未发表。

上殿通道，南面通道宽 3.3 米，北面通道宽 2.5 米。台基的南面和北面有廊道，地面铺方砖。南面廊道的南侧有卵石散水，宽 1.02—1.2 米。此外，还发现由圆形陶管组成的排水管道和渗井。出土遗物有西汉砖、瓦及瓦当等建筑材料，五铢、货泉、大泉五十等货币，盖弓帽、环、镞等铜器。

二号建筑遗址位于罗家寨村西北约 360 米。为大型建筑基址，夯土台基的范围东西宽 45.3 米，南北长 96 米。台基的外围局部残存有铺砖廊道和卵石散水。台基的北侧有一院落，由天井及廊道组成，天井内铺装卵石，廊道存铺砖痕迹。台基之上有三座半地下建筑，编号为 F1—F3。F1 位于台基西南部，面积最大，由主室和三条通道组成（图 2-5-9）。主室平面呈长方形，东西长 23.83 米，南北宽 10 米，四壁为夯土外垒砌土坯，土坯外抹草泥，表面涂白灰，现存壁高 0.95—1.44 米。主室四角有角柱，四壁有壁柱，室内有明柱，地面铺砖。主室的东南部、北部和西北部各有一条通道。F2 位于台基中部，由主室和北面的通道组成。主室平面呈长方形，东西最长 6.03 米，南北宽 3.2—3.42 米，四壁现存高 0.67—0.97 米。主室地面铺砖，有明柱，直径 0.15—0.22 米，间距不足 1 米。F3 位于台基东北部，由门道、通道、南室、北室和西室组成。门道位于南室西面，现存三层几何形花纹空心砖台阶。通道连接门道和南室。南、北、西三室中以南室最大，平面方形，边长 6.95 米，四壁现存高 1—1.3 米。三室中南室和西室为草泥地面，北室地面铺砖，四壁均为夯土外抹草泥，再粉刷白灰面。出土

图 2-5-9　长乐宫二号建筑遗址局部（西南—东北）

遗物有砖、瓦、瓦当、陶轮、弹丸、陶球等陶器，直角钉、圆帽钉、刀、灯等铁器，铜镞等铜器，半两、五铢、布泉、货泉等货币。

三号建筑遗址位于罗家寨村的西部。为大型建筑基址，夯土台基东西宽38—66.8米，南北长54.48—88.45米。台基上有两座半地下建筑，编号为F1和F2。F1位于台基的北部，形状大致呈曲尺形，东西32米，南北34米，四壁是在夯土外包砌条砖，砖外涂抹草泥，壁面倾斜。房内地面平铺一层土坯。F2位于F1的东南侧，平面呈南北向长条形，长约26米，宽约4.7米，现存深1.5米。地面铺砖，四壁为夯土外包砌一排长条砖，壁面倾斜，与F1一样呈口大底小状。出土遗物主要有西汉砖、瓦及瓦当残块。

四号建筑遗址位于罗家寨村北约120米。为大型建筑基址，主殿夯土台基大致呈东西长方形，长79.4米，发掘宽27.4米，台基南部因村路占压未作发掘（图2-5-10）。台基北面和西面有铺砖廊道和散水，散水之外为铺砖庭院。台基中部和东部有两处半地下建筑，编号为F1和F2。F1南北清理长26.66米，东西最宽24米，从北向南由北部通道、门房、主室、南部通道（东、西两条）组成（图2-5-11）。墙壁多为夯土外包砌土坯，土坯外抹草泥皮，最外面粉刷白灰面。墙壁的底部均贴砌一排立砖，推测地面原来铺有木板。F1的地面之下填满建筑物火焚后的倒塌堆积，说明建筑在使用中曾经毁于火灾，后来又加以重建，据出土遗物断定火灾的年代在西汉中期以后。F2位于台基的东部，从北向南由附室、北通道、楼梯间、主室和侧室组成（图2-5-12）。附室为南北二

图2-5-10 长乐宫四号建筑遗址（西北—东南）

图 2-5-11　长乐宫四号建筑遗址 F1（西南—东北）

图 2-5-12　长乐宫四号建筑遗址 F2（北—南）

间，楼梯间内有草泥皮外涂朱的台阶，主室为南北二间，侧室也是南北二间，主室与侧室之间由过道连通。主室的南间平面方形，边长约6.8米，是最大的一个房间。墙壁结构与F1相同，地面多铺砖，只有主室的南间为浆泥地面并且表面涂朱。楼梯间和主室的南间出土了大量顶画残块，内容以几何形花纹为主，五颜六色，异常鲜艳。此外，在遗址西部的庭院中还有一眼水井和一条圆形排水管道。出土遗物主要是西汉砖、瓦及瓦当等建筑材料，还有一些铁器、铜器、铜钱和一枚"荆州牧印章"封泥等。

五号建筑遗址位于罗家寨村东约30米。遗址由1座大房子（F1）和5座小房子（F2—F6）组成，房子的周围为铺砖庭院（图2-5-13）。F1平面呈东西向长方形，房内长27米，宽6.7米。房子四周围以夯土墙，墙宽3.6—5.6米。房内地面铺砖，沿

图2-5-13 长乐宫五号建筑遗址（西南—东北）

墙内侧一周平铺条砖，形成回廊，中部则用条砖长侧面立起南北向铺砌，铺砖分别由南北两侧向中部倾斜，在房子中部形成一条东西向的小水沟，水沟底部东西向顺长平铺条砖，西高东低，南北两侧的铺砖面也有意形成若干条南北向的小沟，与前述东西向小沟相接。在F1东墙之下埋设有陶质五角形管道，残存两节，管道口正好与东西向水沟的东端相对应（图2-5-14）。F2—F6位于F1的西北部，房内面积12—30平方米，房子四周围以夯土墙，于一面墙上开门，房内地面有的铺砖，有的为夯土，多低

图 2-5-14　长乐宫五号建筑遗址 F1（东—西）

于庭院地面。出土遗物多为西汉砖、瓦、瓦当等建筑材料，还有一些铁器和铜钱。从 F1 的结构特征看，应属仓库类建筑，推测为用于藏冰的凌室遗址，F2—F6 则可能是相关管理人员的办公场所。

六号建筑遗址紧靠罗家寨村北，北距四号建筑遗址约 30 米，为特大型建筑基址，只发掘了主殿夯土台基以北附属建筑的一部分。由钻探、发掘得知主殿台基的范围东西长约 120 米，南北宽在 50 米以上。发掘揭示出主殿台基东沿和北沿的一部分、地下通道、附属建筑、庭院和北边的院墙等遗存。另外，还发现水井、沉淀池、排水管道等给水、排水设施。主殿台基北侧有铺砖廊道，廊道外置卵石散水。台基以北的东、西方各有一座附属建筑。东部附属建筑平面长方形，中心为一庭院，四周为夯土台基，东、西两侧台基外有铺砖廊道，其中东侧台基廊道外置卵石散水。

西部附属建筑夯土台基平面形状不太规则，在台基的南部、东南部、东部和北部各有一个庭院。台基的中部有一组附属半地下房屋（F1），已清理出东、中二室以及西室的一部分，西室的西部未作发掘（图2-5-15）。各室四壁多为夯土壁，在中室和西室的北壁上各向北开出一条通气道，在中室的南壁设有空心砖踏道。出土遗物主要是西汉砖、瓦及瓦当等建筑材料，还有一些铁器、铜器和铜钱等。

图2-5-15 长乐宫六号建筑遗址F1（东—西）

长乐宫排水管道位于未央宫街道办事处讲武殿村北约100米处，共有四组五角形陶水管道，其中三组位于西部，一组位于东部断崖的东壁上。西部排水管道共有三组，大致呈东南—西北向，每组由多排五角形陶水管组成。最西的一组由三排五角形陶水管组成。中组位于西组东侧,北端与西组相交,并被后者打破。由上下两层五角形陶水管组成,其中上层2排,下层3排(图2-5-16)。东组位于中组东沿以东1.2米处,已被破坏殆尽,仅在探方壁上存有两节五角形水管的残片,大致南北向。东部排水管道大致呈东西向,由单排五角形陶水管道组成,现清理了4节。西部排水管道的北侧存一排水沟,大体呈东南—西北向,南端与水管北端排水口相接,沟壁有用砖和五角形水管的残片垒砌的现象。

图2-5-16 长乐宫排水管道(北—南)

酒池遗址位于长乐宫的东北部,今汉城街道办事处雷寨村西南,现为一片洼地。

(三)桂宫

桂宫位于未央宫西部以北,隔直城门大街与未央宫相望。呈南北向长方形,东西宽900米,南北长1840米。宫墙保存较差,墙基宽约5米。宫门在南宫墙中部发现一处，经试掘，遗迹可分为早晚两期，早期宫墙宽4.55米，门道宽5.65米，晚期宫墙宽5.1米，门道宽4.8米。桂宫内发现汉代道路两条，一条是连接南宫门的南北向道路，另一条位于桂宫中部，东西向，与南北向道路相交。桂宫内勘探到较多建筑遗址，经发掘和试掘的有一至七号建筑遗址（图2-5-17）。[①]

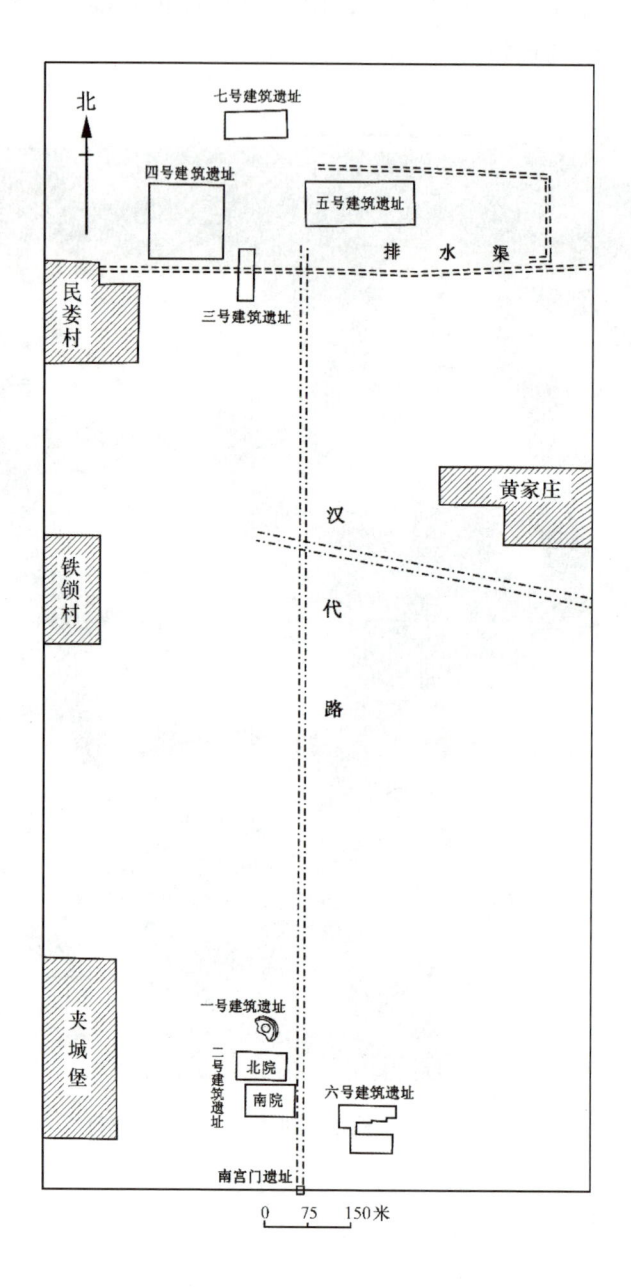

图2-5-17 桂宫遗址平面示意图

---

① 中国社会科学院考古研究所：《汉长安城桂宫》，文物出版社2007年版。

一号建筑遗址位于桂宫西南部，为一高台建筑。现存台基呈不规则形，东西最宽45米，南北最宽56米，现高12米。上有两层平台，顶部平台略呈椭圆形，东西5.4米，南北10米，二层平台比顶部平台低8.5米，现存宽1.4—5.6米，环绕于顶部高台四周。经勘探，原高台平面近方形，东西约58米，南北约62米。高台的东、南、北三面有铺砖回廊，东部和北部发现有通往高台的通道。经试掘了解到此台当为假山性质的建筑，时代当西汉中晚期，可能与文献记载的"明光殿土山"有关。

二号建筑遗址位于一号建筑遗址以南，为一座较完整的建筑遗址群，由南院和北院两组建筑组成。南院建筑东西长84米，南北宽56米（图2-5-18）。主殿台基位于中部，东西长51.1米，南北宽29米。台基四壁包砌土坯，设壁柱，其外施廊道和散水，廊道地面铺砖，散水分为两种，一种为卵石铺砌而成，位于台基的东、北、南三面，另一种由废瓦片立砌而成，位于台基西面。台基的南面设东、西二阶，二阶之间为一片铺砖的空地。台基的北面设有两个上殿通道，通道分为东、西两道，东、西道之间由隔墙或门房分开。台基的北部有一个附属建筑，编号为F2，由通道、主室组成；台基的东部有一个附属半地下建筑，编号为F3，由南门道、门房（F5）、南通道、主室、北通道和北门道组成。台基的北面有两个院落（一、二号院），西面有一个院落（三号院）。院落中央为天井，四面有散水和廊道。三号院落北面有一个房子（F4），似为浴室。

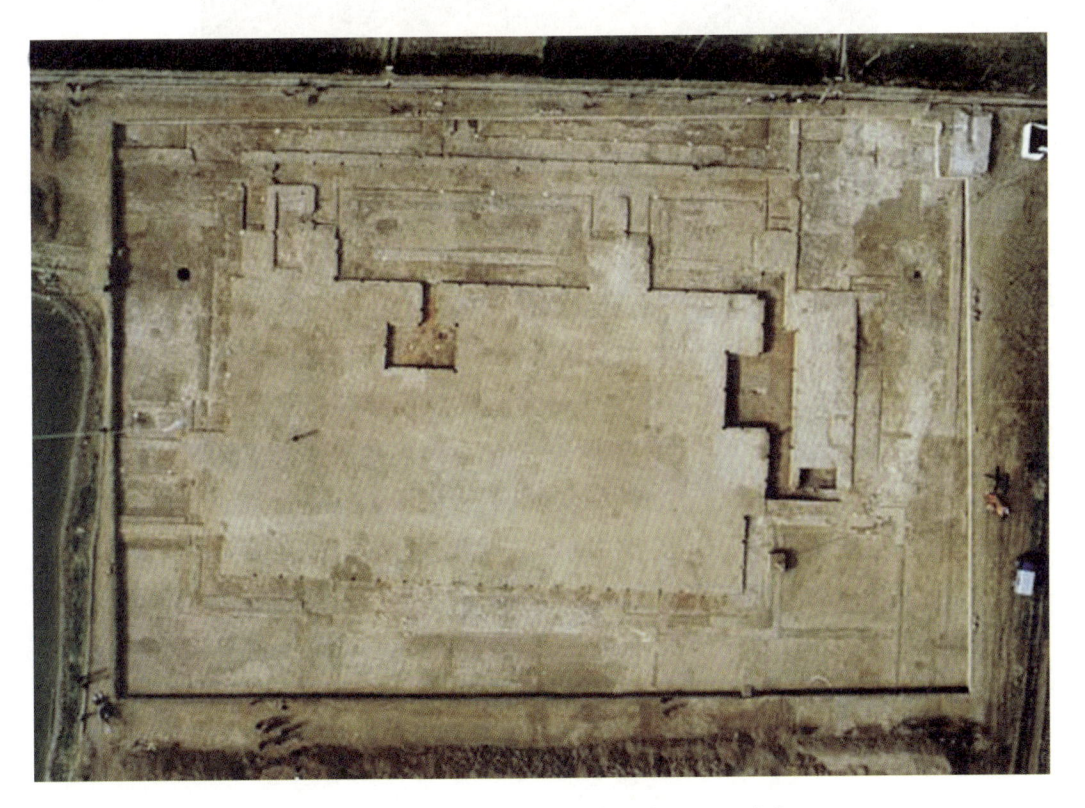

图2-5-18　桂宫二号建筑遗址南院（上为北）

其北面又有一个水井。南院建筑和北院建筑之间隔以夯土墙，墙西部开一门道。北院建筑东西长84米，南北宽56米。其核心是夯土台基，位于中部，东西长77.5米，南北宽20—32米，现存高7—48厘米。台基夯筑，南北面施廊道，廊道铺砖，南面廊道外置卵石散水。台基的南面分布有三个庭院（一、二、三号院），院落中央为天井，周施回廊，廊外置散水。台基北面亦有两个庭院。台基的南面有三个上殿通道，其中中通道为东、西两道，台基北面亦发现三个通道，各通道均由平道和坡道组成。台基的西南角有一个房子，房内发现一窖穴。台基的中部有一半地下建筑。台基的南部偏东和中部偏西各有一条地下通道，均由门道和主道组成，前者东西向，后者南北向。

三号建筑遗址位于桂宫西北部，南北长84米，东西宽24米，由南、北两座大房址和中央的七座小房址组成（图2-5-19）。南部大房址仅存台基，东西宽13.6米，南

图2-5-19 桂宫三号建筑遗址（上为北）

北长 15.45 米，现存高 0.5 米。北部大房址东西宽 16.25—17.5 米，南北长 31.03 米，现存高 0.26—0.55 米，通道位于台基西侧。南、北大房址的中间分布着六道宽度不等的东西向夯土隔墙，隔墙四壁有壁柱，隔墙之间为七座房址，有的房址西部发现木门槛痕迹。最北面一座房址之下还发现了一条东西向子母砖券顶的地下水渠，清理长 14.6 米，内宽 0.9—1.12 米，内高 1.28—1.5 米。在三号建筑遗址之外，水渠变为明渠向东西两边延伸，横穿了桂宫宫城。三号建筑应属仓储类建筑遗址。

四号建筑遗址位于桂宫西北部、三号建筑遗址的西北侧。遗址东西长 124 米，南北宽 120 米，可分为三部分。中央为一南北向的通道，南北现存长 95 米，东西宽 8.92 米。地面为路土，其下为夯土，东西两边较高，中央较低。西部建筑南部为一东西向长方形庭院，中部为一长方形夯土台基，南北长 38.18 米，东西宽 14.75 米，西南分布有两座附属建筑，东面一座为地面建筑，西面一座为半地下建筑。台基的东北角向北有一条南北向夯土墙。东部建筑西部为一南北向夯土墙，墙东为南北向廊道，廊道南部东侧为南北向卵石散水，墙中南部开一门。墙南、北两端的东侧各有一座房址。主体建筑台基平面呈曲尺形，东西长 50.08 米，南北宽 40.8 米，周施廊道和卵石散水，南壁西部开一南北向门道。台基的西部分布有两个长方形院落，院落中央为天井，周施散水和廊道。台基的中部和东部分布有两座半地下附属建筑，由台阶式门道、通道、主室组成。通道和主室的四壁分布有二层台，似为木地板结构。

（四）北宫

北宫平面呈长方形，东西宽 620 米，南北长 1710 米，周长 4660 米，墙基宽 5—8 米。已发现南北相对的两座宫门，宫门面阔 7 米，进深 12 米。自南宫门向南，有道路通往直城门大街[①]。

（五）建章宫

建章宫位于汉长安城的西郊，地面现存有凤阙、前殿、太液池渐台、神明台等遗址。前殿遗址位于三桥街道办事处的高、低堡子村之间，呈长方形，南北长 320 米，东西宽 200 米，北高南低，最高处距现地面 10 余米。前殿西北 450 米处有一片低地，即为太液池遗址，池的东北部有一高台，当为渐台遗址。今孟村北有一大型建筑遗址，东西 52 米，南北 50 米，高 10 米，或即神明台遗址（图 2-5-20）。凤阙遗址位于今双凤村东南，在前殿遗址以东 700 米，长安城以西 300 米处，二阙台东西并列，间距 53 米，其中西阙台保存较好，现存高 11 米，底径 17 米。二阙台间有一条南北路，与

---

① 中国社会科学院考古研究所汉城工作队：《汉长安城北宫的勘探及其南面砖瓦窑的发掘》，《考古》1996 年第 10 期。

通往前殿的东西路相交。

图2-5-20　建章宫神明台遗址（西—东）

（六）武库

武库遗址位于今未央宫街道办事处大刘寨村东面的高地上。平面长方形，东西长710米，南北宽322米。围墙夯筑，一般宽2.9米，北墙宽3.6米。东墙以西380米处有一南北向隔墙，宽1.7米，将遗址分成东西二院。围墙及隔墙附近有板瓦、筒瓦堆积，推测上面可能有瓦顶。南墙东部设一门，面宽5.8米，进深2.9米。在遗址西南部发现排水道两处，一处暗渠由两排五角形陶水管组成，明渠则由方砖砌成，另一处由四条圆形陶水管组成。围墙内共发现七座建筑遗址，东院内有四座（一至四号），西院内有三座（五至七号）（图2-5-21）[①]。

一号建筑位于东院的东北部，平面呈东西向长方形，东西长196.8米，南北宽24.2米，南墙宽3.4米，其余各面墙宽4.8米，东、西墙的南端在南墙外各延伸4.8米。中部有一隔墙，宽3.4米，将建筑分为东西二房。遗址围墙内壁和隔墙的内外均设壁柱，墙壁多抹草拌泥，外刷白灰面。东、西房各面阔21间，进深3间，南面各开二门，门道面阔3.8米，进深3.4米，地面夯土上抹草拌泥，表面光平，室内四角有角柱，四壁有壁柱，

[①] 中国社会科学院考古研究所：《汉长安城武库》，文物出版社2005年版。近年在武库遗址以北勘探，新发现了数座建筑遗址，说明武库的范围比以前认识的要大一些。

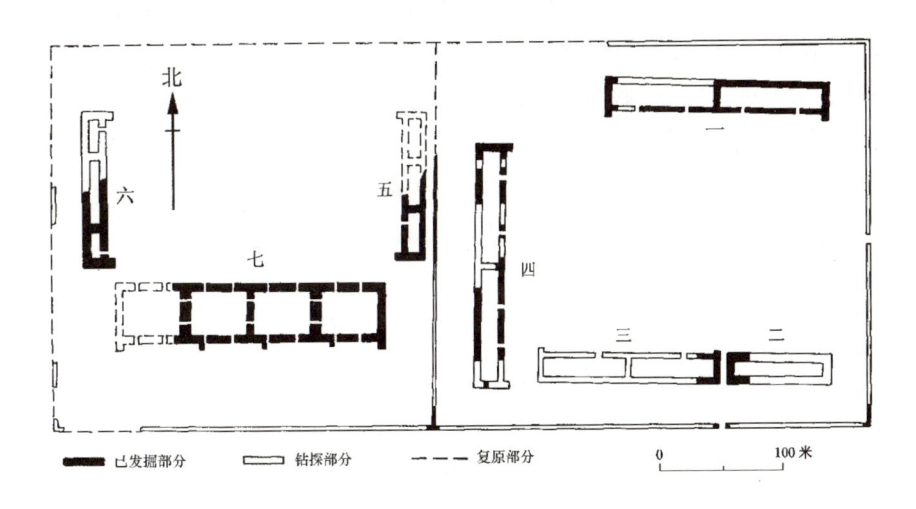

图 2-5-21 武库遗址平面示意图

地面分布两排明柱础石，据复原每排20个，础石东西间距4—4.4米，南北间距5.2—5.6米。南墙外还分布有一排础石，间距与室内相同，说明南墙外有东西向的廊庑设施。廊庑南侧有散水，呈缓坡状，现已被破坏。除出土砖瓦等建筑材料外，还有铜、铁兵器和钱币等，其中以铁铠甲片最多，推测可能是以储存铁铠甲为主的库房。

二号建筑位于东院的东南部，与一号建筑南北相对。平面呈长方形，东西长90.4米，南北宽24.1米。东西墙宽8.7米，南北墙宽6.9米。室内南北宽10.3米，东西宽73米，进深当为2间。

三号建筑位于东院南部，与一号建筑南北相对。平面呈东西向长方形，东西长155.1米，南北宽24.4米。墙宽5米，东、西墙在北墙以北各延伸3米。中部有一隔墙，南北长15.8米，宽3.6米，将室内分为东西二房，二房各在北墙上开一5米宽的门道。室内进深3间，现存南北明柱础石2个，间距5.2米。从出土遗物看，也是一座储藏兵器的库房。

四号建筑位于东院西部，平面呈长方形，南北长202米，东西宽24.6米。南、北、西墙各宽5米，东墙宽3.6米。南墙和北墙的东端在东墙以东各延伸6米。中部偏北有一东西向隔墙，宽3.4米，将室内分成南北二房。南房和北房均于东面南、北设二门，门道面宽各3.6米。围墙内壁和隔墙内外均设壁柱，表面抹草拌泥皮，外刷白灰面。地面抹草拌泥，表面光平。南房面阔应为22间，进深6间，室内分布南北向明柱5排，础石东西间距2—2.8米，南北间距不等。北房面阔21间，进深3间，壁柱及明柱南北间距4.6米，东西间距5.2—5.6米。东墙外有廊房，现存部分檐柱础石。廊房外有缓坡散水。出土物有铜、铁武器和建筑材料、铜钱等。

五号建筑位于西院的东北部，与六号建筑东西相对。平面呈南北向长方形，复原南北长122米，东西宽21米，南、北墙在西墙以西各延伸5米。围墙宽5米，由两条东西向隔墙分为南、中、北三个房间，隔墙宽 4.6 米。南房保存最好，面阔 34 米，进深 10.9 米，西墙北部设一门，面阔 2 米，进深 5 米，室内中部有一排东西向明柱。中房西部被破坏，北房则全部被破坏。西墙以西有廊房，现存部分檐柱础石。出土遗物以兵器为主，说明也是一座储存兵器的库房。

六号建筑位于西院的西北部，北部破坏严重。平面呈南北向长方形，南北长 130 米，东西宽 21.6 米。东、西墙宽 8 米，南、北墙宽 6.8 米，南、北墙在东墙以东各延伸 4.8 米。室内有南、北二隔墙，各宽 7.1 米，将建筑分为南、中、北三个房间。三房各于东墙设一门，面阔 2.1 米。南房室内现存南北两排础石，地面已全被破坏。东墙以东有廊房遗迹。出土物有建筑材料和不少磨石，兵器很少，只有一些铜镞。

七号建筑位于西院南部，平面呈东西向长方形，复原东西长 234 米，南北宽 45.7 米（图 2-5-22）。夯土墙宽 6.5 米。室内共有三条南北向隔墙，将建筑分为四个大房间，每房面阔 20 间，进深 16 间。隔墙的东、西两壁设壁柱，隔墙内也有一排柱子。每堵隔墙在南部和北部各开一门，门道宽 2.1 米。门道的南、北壁壁柱分布较密，有的门道一端存有木门槛槽。每个房间于南、北墙东西各开一门，门道的形制同隔墙的门道形制相近，木门槛设于门道中央或偏外部。每房南墙的西门外侧有一个小夯土台基。每个房间内分布有四道南北向墙垛，墙垛的四壁有壁柱，墙垛上面中央也有一排南北向柱子。室内分布有明柱础石，东西 19 排，每排 15 个，东西每隔一排即有一排中的部分础石为双石并列，并列的础石与墙垛上的础石东西大致在一条直线上。出土物以铁兵器为主，其中又以镞最多，另有铜兵器。

图 2-5-22　武库七号建筑遗址发掘情况（西—东）

(七) 手工业作坊与市场

手工业作坊与市场分布在汉长安城西北部横门大街的东西两侧，一般认为街东为东市，街西为西市。二市的四周均筑有夯土围墙，宽5—6米。二市之内各有东西、南北向道路2条，相交成"井"字形。东市东西长780米，南北宽650—700米，西市东西长550米，南北宽420—480米。西市内发现制俑、冶铸和铸币三类遗址。烧制陶俑的窑址由前室、火门、火膛、窑床和排烟设施组成，前室平面略呈不规则形，火门立面为拱形或三角形，火膛平面呈梯形，窑室平面近长方形，后面有三个进烟口，分别连接烟道，三个烟道在上部相通（图2-5-23）。冶铸遗址包括1个炼炉、4座烘范窑和7个废料坑，炼炉仅存底部，平面呈圆形，直径0.9米，炉壁残高0.12米，炉底铺土坯。铸币遗址只发现了大量陶钱范，相关遗迹尚未得到确认①。西市内的手工业作坊当全为官营。另外，在北宫遗址的南面还清理了11座砖瓦窑址，窑址亦由前室、火门、火膛、窑床和排烟设施组成。

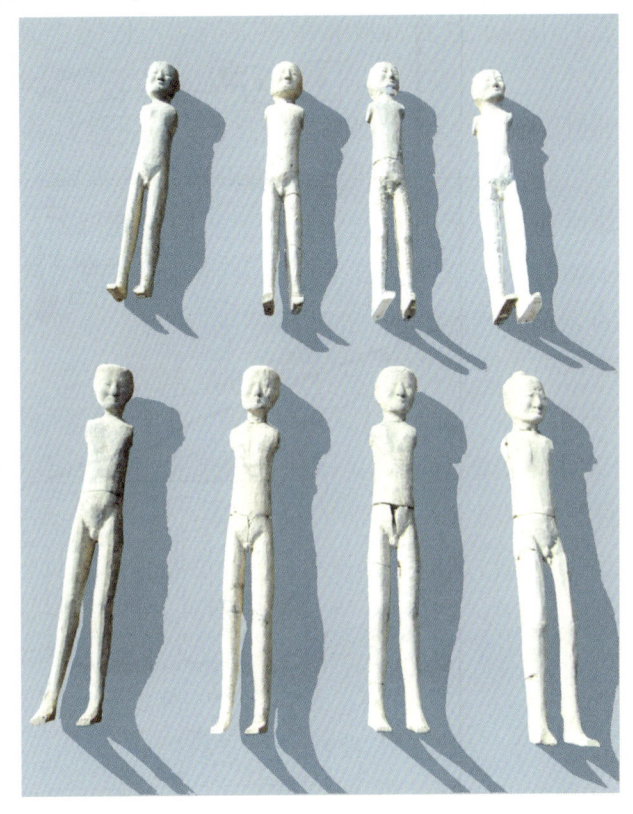

图2-5-23 陶窑出土的"裸体俑"

(八) 祭祀设施

汉长安城的祭祀设施主要有高庙、太上皇庙、辟雍、社稷和王莽九庙等。

高庙在长安城内，推测其位于安门大街以东，长乐宫遗址的西南。

---

① a. 俞伟超：《汉长安城西北部勘查记》，《考古通讯》1956年第5期。
  b. 周苏平、王子今：《汉长安城西北区陶俑作坊遗址》，《文博》1985年第3期。
  c. 中国社会科学院考古研究所汉城工作队：《汉长安城1号窑址发掘简报》，《考古》1991年第1期；《汉长安城窑址发掘报告》，《考古学报》1994年第1期；《汉长安城23—27号窑址发掘简报》，《考古》1994年第11期；《1992年汉长安城冶铸遗址发掘简报》，《考古》1995年第9期。
  d. 李毓芳：《汉长安城烘范窑和铸币遗址》，《中国考古学年鉴》(1993)，文物出版社1995年版。
  e. 中国社会科学院考古研究所汉城工作队：《1996年汉长安城冶铸遗址发掘简报》，《考古》1997年第7期。
  f. 刘振东：《汉长安城新发现六座窑址》，《考古》2002年第11期。
  g. 刘庆柱：《西安市汉长安城东市和西市遗址》，《中国考古学年鉴》(1987)，文物出版社1988年版。

太上皇庙据记载在长安城的香室街以南，可能位于清明门大街以南，长乐宫以北。

在长安城的南郊分布着众多祭祀设施，经过考古发掘的有辟雍、社稷和王莽九庙遗址（图2-5-24）[①]。

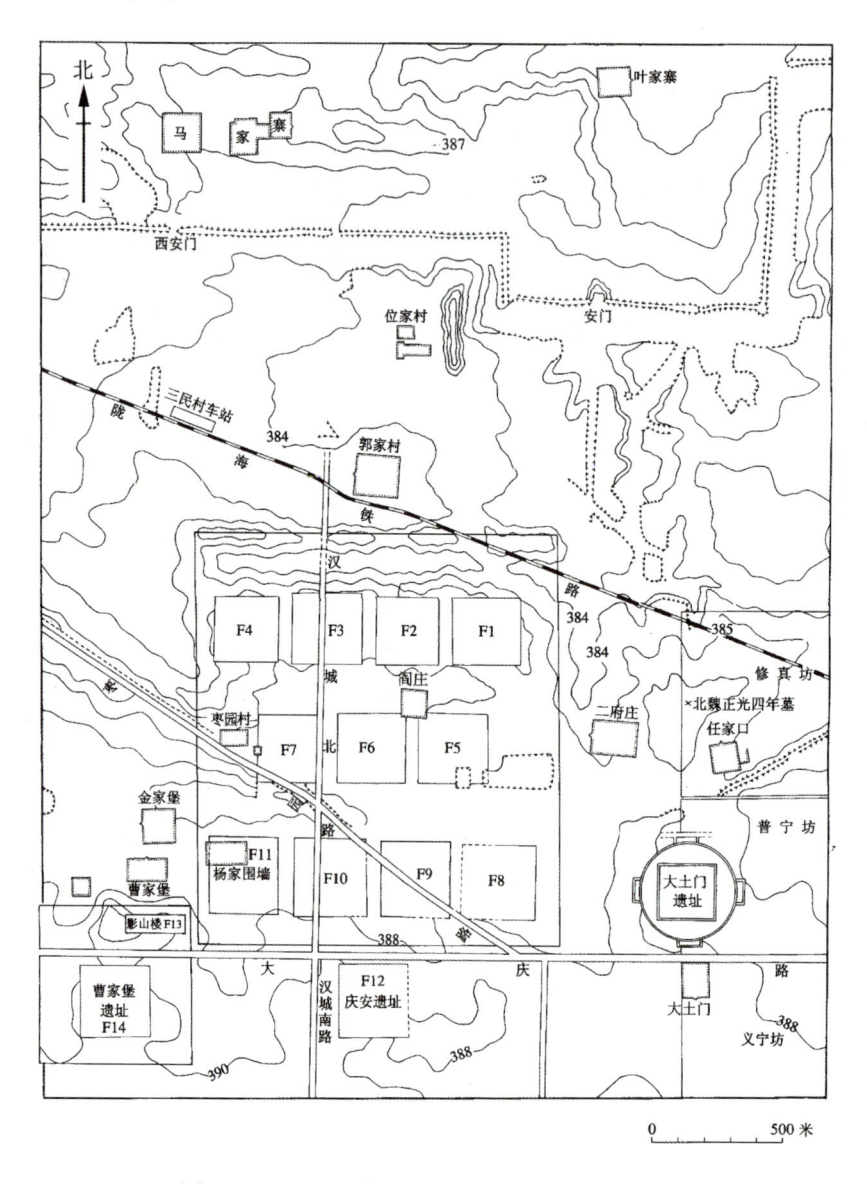

图2-5-24 王莽九庙及辟雍社稷分布示意图

辟雍遗址位于安门正南稍偏东，创建于平帝时期。遗址平面外圆内方，主体建筑位于最中央的夯土台上，平面呈"亞"字形，边长42米。主体建筑的四周为平面呈方形的夯土围墙，边长235米，每面墙的中央辟有一门，围墙四隅各设一曲尺形配房。

[①] 中国社会科学院考古研究所：《西汉礼制建筑遗址》，文物出版社2003年版。

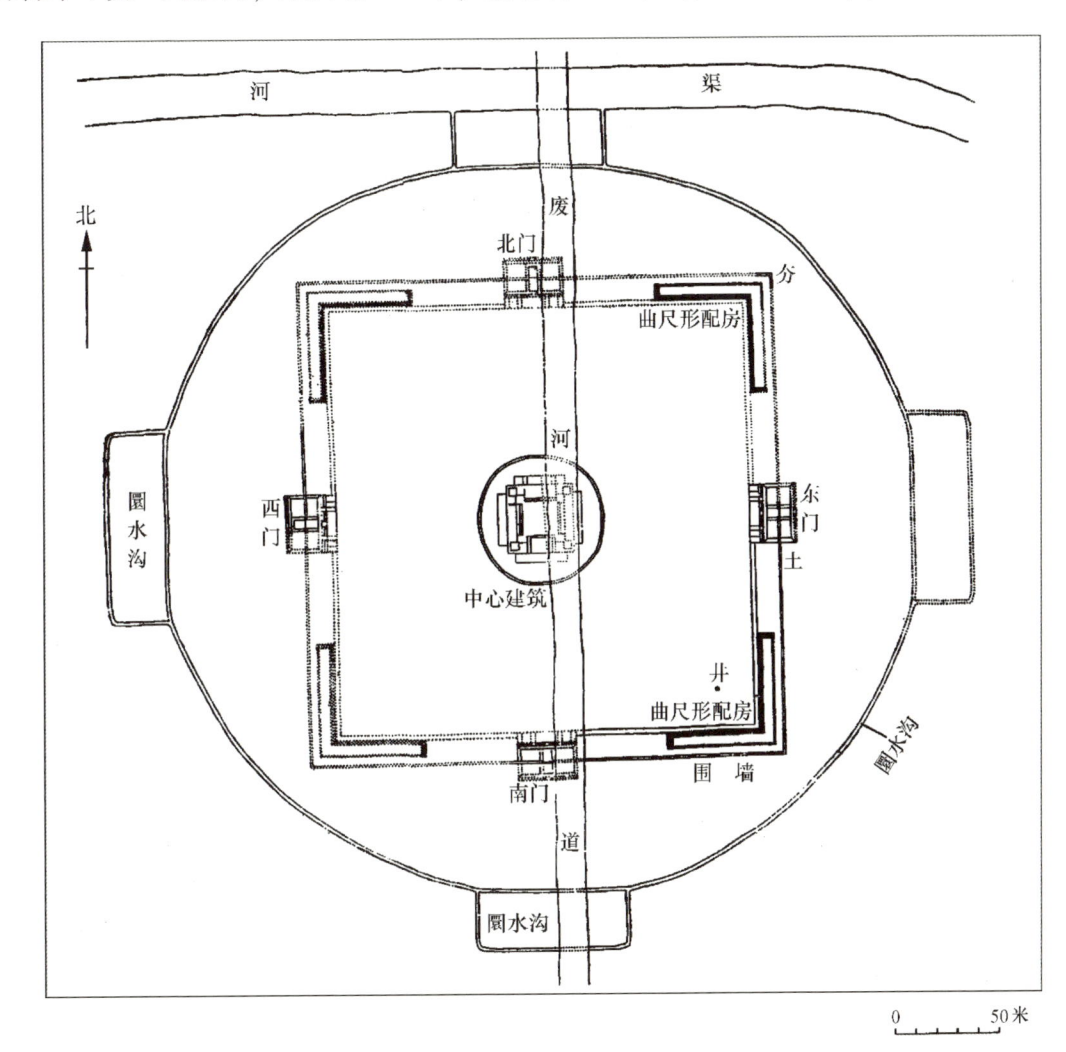

围墙外环绕一周水沟，东西有368米，南北有349米（图2-5-25）。

图2-5-25 辟雍遗址平面示意图

汉初，除秦社稷，立汉社稷，后来又立官社、官稷。利用秦社稷改造而成的汉社稷故址位于长安城西南部，向北正对未央宫前殿遗址，官社、官稷应与社稷在一处。遗址破坏严重，夯土台基东西残长240米，南北宽60—70米。主体建筑居中，周施廊庑，另有8座房间为附属建筑。

王莽曾立新社稷，其位置在汉社稷以南（包括已遭废弃的汉社稷）。新社稷有两重围墙，平面呈"回"字形，外围墙东西600米，南北570米，内围墙边长273米。内、外围墙四面中央各辟一门。围墙中央没有发现任何建筑的遗存。[1]

---

[1] 近年在内外围墙之间勘探新发现了一些建筑遗址。

宗庙遗址紧邻社稷遗址的西北，由 12 组建筑构成，其中 1—11 号建筑布置在一个方形围墙之中，东、西、南、北四面围墙长度分别为 1635 米、1660 米、1490 米和 1415 米，四面围墙上共设门 14 个。12 号建筑在围墙南部正中，北距南墙 10 多米。12 组建筑的形式相同，都由中心建筑、围墙、四门和围墙四隅的曲尺形配房组成。中心建筑平面呈方形，边长 55 米（12 号中心建筑边长约 100 米），四面对称；围墙平面也呈方形，边长 260—284 米。学术界一般认为该建筑群遗址是文献记载的"王莽九庙"。

二　十六国北朝长安城遗址

汉代以后，十六国时期的前赵、前秦、后秦和北朝时期的西魏、北周也建都长安，这个时期长安城的宫城遗址等已得到确认。

宫城位于长安城东北部宣平门大街与洛城门大街围成的区域内，由东西并列的两个小城组成。二城的北墙和东小城的东墙是利用了汉长安城原有的城墙再加以修缮，二城的其他面墙为汉代以后新筑，墙宽 8—10 米。西小城东西长 1214（北墙）—1236 米（南墙），南北宽 972（东墙）—974 米（西墙），西墙西距洛城门大街 14（北端）—56 米（南端），南墙南距宣平门大街 100 米。东小城东西 944（南墙）—988 米（北墙），南北 972（西墙）—990 米（东墙）。经在西小城南墙处试掘，知道墙体建筑于西汉文化层上，墙体北侧有西汉、十六国、北朝各时期的地层堆积。从二小城的位置、初步试掘揭示的地层堆积等情况看，它们应是十六国时期前赵、前秦、后秦以及北朝时期西魏、北周长安城的东、西二宫城，东宫为太子宫，西宫为皇宫。二宫城到隋迁大兴城后废弃。[1]

东西宫城隔墙上有一座宫门遗址，发掘揭示出该宫门只有一个门道，门道东西进深 13.2—13.3 米，东口和西口南北宽 4.4 米，中间宽 4.6 米。[2]

在西汉长乐宫故地分布着大量北朝时期的陶窑遗址，对其中的 15 座进行了发掘。陶窑大多是在地下掏挖而成，由前室、火门、火膛、窑室和排烟设施组成。窑室有大有小，有的窑床上残留有分火墙设施，有的还残留尚未烧成的板瓦半成品，由此可知窑的用途主要是烧制板瓦等建筑材料。从陶窑成片分布，数量众多，布局密集等特征分析，它们应是受控于中央政府的官窑群。这些陶窑北距宫城不远，因此，这里可能是向城市中心区域供应建筑材料的基地。[3]

---

[1] 中国社会科学院考古研究所汉长安城工作队：《西安市十六国至北朝时期长安城宫城遗址的钻探与试掘》，《考古》2008 年第 9 期。

[2] 刘振东：《十六国至北朝时期长安城宫城 2 号建筑（宫门）遗址发掘》，《2009 中国重要考古发现》，文物出版社 2010 年版。

[3] 中国社会科学院考古研究所汉长安城工作队：《汉长安城长乐宫二号建筑遗址发掘报告》，《考古学报》2004 年第 1 期。

十六国北朝长安城内多次出土佛教造像，其中在西宫城西南约2公里处出土的一批尤为重要。这批造像共31件，有立佛14件、坐佛1件、立菩萨11件、残脚部2件、残莲花座3件。立佛大者仅佛身就高达1.6米，小者佛身高只有0.2米。造像表面大多施以彩绘、贴金。从造像的造型及装饰风格看，时代应为北周。①

总之，十六国、北朝时期长安城的郭城虽然仍沿用西汉长安故城，但随着宫城转移到城的东北一隅，其他城市建筑也相应地分布在宫城的南面和西面。这个时期，长安城比较中心的范围大致在西汉厨城门大街与霸城门大街围成的区域内（图2-5-26）。②

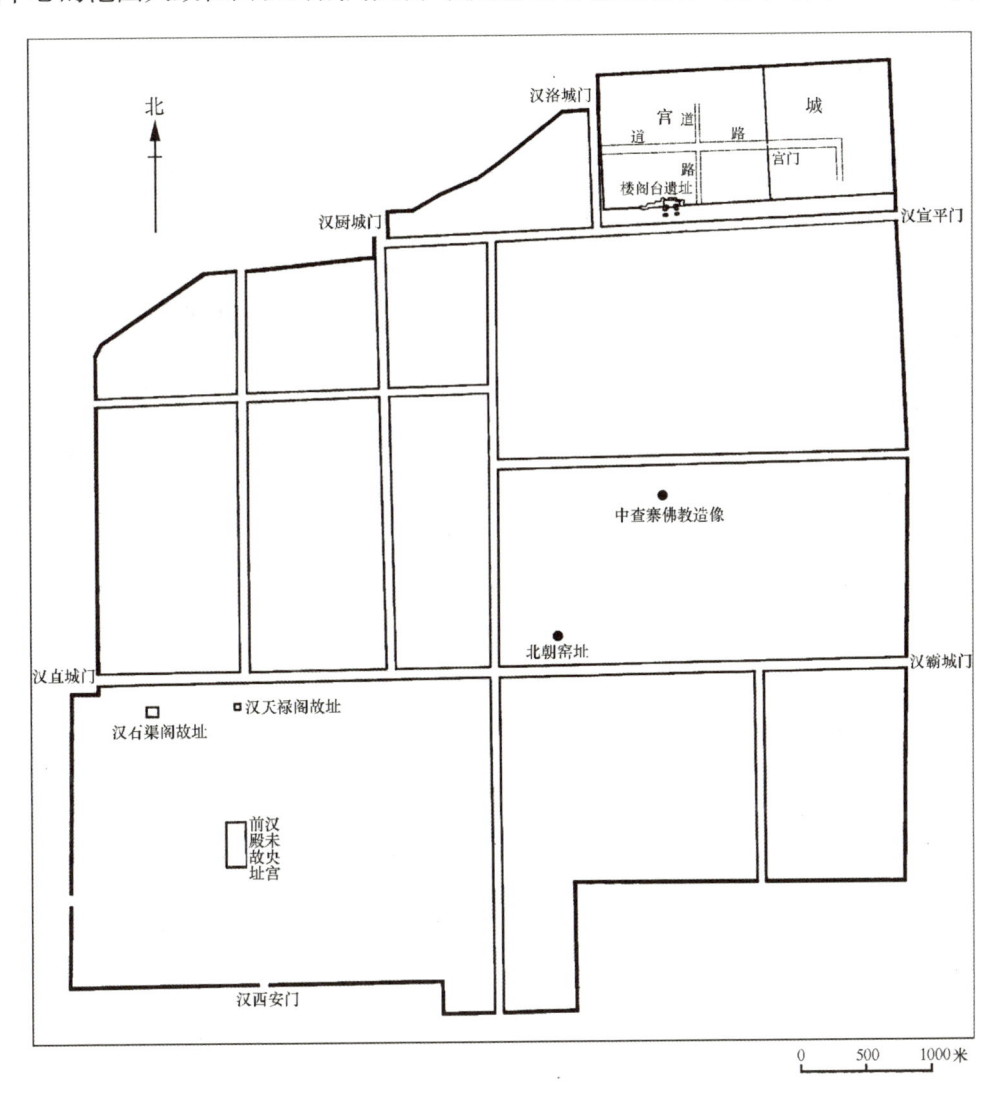

图2-5-26　十六国、北朝时期长安城平面布局示意图

---

① 中国社会科学院考古研究所：《古都遗珍——长安城出土的北周佛教造像》，文物出版社2010年版。
② 刘振东：《汉长安城考古50周年笔谈》，《考古》2006年第10期。

附　汉长安城考古队简介

汉长安城考古队（简称汉城队）隶属于中国社会科学院考古研究所汉唐考古研究室，工作基地位于陕西省西安市雁塔区的西安研究室，在汉长安城遗址内设有临时队部。

早在20世纪初，日本学者足利喜六就调查、测绘过汉长安城遗址。1956年初，俞伟超、赵学谦对汉长安城西北部的铸币、制俑以及建章宫一带的铸币遗址作了实地调查；同年7月，在汉长安城的南郊，由陕西省文管会所属文物清理队的唐金裕、李涤陈、卫大信、张瑞荃、冉宪复等对大土门（西汉辟雍）遗址实施抢救性发掘，至1957年10月工作结束，由此揭开了大规模勘探、发掘礼制建筑遗址的序幕。

也是在1956年，中国科学院考古研究所成立了汉长安城考古队，于10月正式开始对汉长安城遗址进行长期的、有计划的考古调查、勘探、发掘和研究活动。汉城队成立伊始，由王仲殊任队长，首先调查和试掘了城墙，明确了城墙的范围和地层堆积情况，参加工作的有马得志、许景元等。1957年发掘了霸城门、西安门、直城门和宣平门遗址，参加工作的有刘观民、许景元、李遇春等。

1958年9月，黄展岳出任汉城队队长，主持勘探、发掘南郊礼制建筑中的王莽九庙等遗址，先后参加工作的有唐金裕、姜立山、张建民、徐家国、魏遂志、施楚宝、郑文兰、郑甡民、高立勋、杨国忠、梁星彭、张连喜、易漫白、汪遵国、潘其风、王明哲、孙善德、张长庆、时桂山、陈国英、高兴汉、安德厚、余万民等，此项工作一直延续到1960年底。1961—1962年，继续勘探汉长安城遗址，探明了城内主要干道以及长乐宫、未央宫、桂宫和城西建章宫的范围，汉长安城的形制布局初步确立。

因政治运动等原因，汉长安城的考古工作一度中断。自1975年起，李遇春担任汉城队队长，于1975年春季发掘了长乐宫1号建筑遗址，张连喜、汪义亮参加。为了抢救在平整土地时遭到威胁、破坏的武库遗址，1975年秋—1980年春，李遇春主持对武库围墙以及1—7号建筑遗址进行勘探和发掘，参加人员有张连喜、汪义亮、冯孝堂、袁长江、杨灵山等。

进入80年代后，李遇春主持对未央宫进行全面考古工作，首先勘探了前殿、天禄阁、石渠阁和沧池遗址，发掘了1号建筑（前殿）遗址的西南部（A区）和东北部（B区）以及2号建筑（椒房殿）遗址，此外还勘探了宫门遗址，张连喜、汪义亮、杨灵山参加工作。刘庆柱于1985年担任汉城队队长，主持勘探、发掘了未央宫3号建筑（中央官署）、4号建筑（少府或所辖官署）和5号建筑（西南角楼）遗址，并对宫墙、宫门、宫内道路、其他建筑遗址进行了勘探和试掘，李毓芳、张连喜、杨灵山、古方、柳玲、刘振东参加工作。

1987年，在未央宫考古工作之余，刘庆柱、李毓芳、张连喜勘探、确定了东市、西市的范围和布局。20世纪90年代前半期，对西市内的制俑、铸铁和制币三类遗址进行了勘探、发掘，刘庆柱、李毓芳（自1992年任汉城队队长）分别主持，张连喜、刘振东、杨灵山、古方参加，其中"裸体陶俑"官窑的发掘被评为1990年全国十大考古发现。此外，刘庆柱、李毓芳、张连喜还于1993年勘探、确认北宫遗址，1995年发掘北宫南面砖瓦窑址，并试掘北宫遗址。

20世纪90年代后半期，开始对桂宫遗址展开大规模考古勘探、发掘工作，并于1997年10月与日本奈良国立文化财研究所签订协议，组成中日联合考古队（刘庆柱任中方领队，町田章任日方领队，李毓芳任执行领队），发掘了2—4号建筑遗址，参加人员中方有刘振东、张建锋、姜波，日方有小泽毅、箱琦和久、玉田芳英、次山淳、平泽毅、牛岛茂、清野孝之、渡边晃宏、岛田敏男、长尾充、深泽芳树、西山和宏、山下信一郎、吉川聪、清水重敦、中村一郎、莲沼麻衣子、石桥茂登等。桂宫的考古工作还包括对宫门、道路和其他建筑遗址的试掘。此外，李毓芳、张建锋、刘振东还于2000年4—5月发掘了相家巷村南的秦封泥遗址。

进入21世纪以来，汉城队的工作重心移至长乐宫遗址区，在全面勘探的基础上，发掘了2号、4—6号建筑遗址，试掘了排水管道和3号，7—10号建筑遗址。排水管道和2号建筑遗址由李毓芳主持，其他遗址由刘振东（自2003年任汉城队队长）主持，参加人员有张建锋、徐龙国、王晓梅、王欢、孙波等。其间于2003年春季勘探发现了十六国北朝时期长安城的宫城遗址，于2005年春季和夏季勘探、试掘了汉唐昆明池遗址，于同年冬季局部发掘了建章宫1号建筑遗址，刘振东主持，张建锋参加。此外还于2007年底在汉长安城西北部清理了一处钱币窖藏，张建锋主持。2008年冬季，刘振东、张建锋发掘了十六国北朝长安城东西二宫城之间的宫门遗址（图2-5-27）。

图2-5-27　长乐宫六号遗址发掘现场

自 2008 年以来，随着汉长安城大遗址保护工作的展开，汉城队的主要工作转移到配合保护工程上来，于 2008 年第二次发掘了直城门和西安门遗址，张建锋主持，徐龙国、刘振东参加；2009 年开始在未央宫以及汉长安城中北部开展大规模普探工作，并对未央宫东西路、南北路、西宫门、沧池、其他建筑遗址以及汉长安城直城门大街、安门大街、安门、章城门、南护城壕等遗址进行试掘，对未央宫南宫门遗址进行全面发掘（2013 年夏季），其间还配合基本建设在汉长安城覆盎门外发掘了一批汉代墓葬和唐代粮仓遗址（2012 年夏季），在西安门外发掘了一座大型汉代建筑遗址（2013 年夏季），这些工作分别由刘振东、徐龙国、张建锋主持完成。

由于未央宫及其周边区域开展考古和保护工作较为充分，2014 年，"汉长安城未央宫遗址"申报世界文化遗产成功，成为"丝绸之路：长安—天山廊道的路网"遗产点之一。

需要说明的是，在刘庆柱、李毓芳进入汉长安城遗址考古之前，还主持了秦汉栎阳城（1980—1981）和汉宣帝杜陵（1982—1984）的考古工作，后者冯时、汪义亮参加。杜陵的工作搞清了帝陵陵园、皇后陵陵园、陵庙、陵邑以及陪葬墓的分布和形制，并对帝陵陵园北门、东门、寝园、皇后陵园东门、寝园以及陪葬坑进行了发掘，取得了重要成果。

自 2002 年 10 月至 2007 年，汉城队与西安市文物保护考古所合作对秦阿房宫遗址进行勘探和试掘，李毓芳主持，张建锋参加。

除了完成汉长安城及其周边的考古工作，刘振东还参加了汉魏洛阳城、北朝邺城和澳门圣保禄学院的发掘工作，徐龙国参加了澳门圣保禄学院和临淄故城的发掘工作，张建锋参加了汉魏洛阳城、隋唐扬州城和临淄故城等的测绘工作。

汉城队的主要学术任务是通过田野调查、勘探和发掘，揭示西汉至北朝时期长安城的形制布局和历史变迁，研究城市结构和特征及其在中国古代都城史以及中西文化交流史上重要地位。已取得的考古收获主要如下。

第一，基本搞清了西汉长安城的形制布局和内涵，如城墙、城门、街道、宫殿（未央宫、长乐宫、桂宫、北宫、建章宫）、武库、手工业作坊、市场和南郊礼制建筑等。

第二，确认了十六国北朝长安城的宫城遗址，发现、发掘了北朝时期陶窑遗址，出土、整理了一批北周佛教造像，十六国北朝长安城的面貌初步显露了出来。

第三，对上林苑内的昆明池遗址进行了勘探和试掘，大致明确了其范围和沿革等情况。

汉长安城考古队编辑、出版了考古报告《汉长安城未央宫——1980—1989 年考古发掘报告》《西汉礼制建筑遗址》《汉长安城武库》《汉长安城桂宫——1996—2001 年考古发掘报告》《古都遗珍——长安城出土的北周佛教造像》《汉杜陵陵园遗址》以及资料集《汉长安城遗址研究》，其中《汉长安城未央宫——1980—1989年考古发掘报告》获中国社会科学院第三届优秀科研成果一等奖和第三届夏鼐考古奖二等奖（2000），《汉杜陵陵园遗址》获第二届郭沫若中国历史学奖三等奖（2002），《西汉礼制建筑遗址》获第四届夏鼐考古奖二等奖（2005）和第六届中国社会科学院优秀科研成果二等奖（2007），《汉长安城遗址研究》获2006年度全国文博考古十佳图书。此外，《汉长安城桂宫二号建筑遗址发掘简报》和《汉长安城桂宫二号建筑遗址B区发掘简报》获第四届中国社会科学院优秀科研成果三等奖（2002）。

2006年10月，为纪念汉长安城考古五十周年，在古都西安召开了国际学术研讨会，文物出版社原社长苏士澍向汉城队书赠"汉城遗址，考古丰碑"条幅，会后编辑出版了论文集《汉长安城考古与汉文化》。

值得提及的是，先后担任汉城考古队队长的王仲殊、黄展岳当选中国社会科学院荣誉学部委员，刘庆柱当选中国社会科学院学部委员。

在历时近60年的考古探索中，前辈们取得的业绩值得铭记。今后的考古之路仍然漫长，后辈们更需加倍努力，以不辜负汉长安城这个伟大的遗址（图2-5-28至图2-5-31）。

图2-5-28 时任所长王巍在直城门遗址发掘现场

图2-5-29 刘政书记（左三）、白云翔原副所长（左四）在汉长安城考古队队部

前排左起：李毓芳　黄展岳　李遇春　刘庆柱　张建锋　姜　波
后排左起：徐龙国　刘振东
图2-5-30 汉长安城考古队新老队员在阳陵南阙门前

图 2-5-31　汉长安城考古队出版的考古专刊

隋大兴唐长安城遗址考古发现

龚国强　李春林

一　隋大兴唐长安城遗址

　　隋唐两代的都城遗址，位于今陕西省西安市。隋灭北周后，在汉长安城东南龙首原一带营造新都，隋文帝杨坚命宰相高颖等总督其事，著名建筑家宇文恺负责规划设计和营造。于开皇二年（582）兴建，开皇三年即迁入新都宫城，定名大兴城。大兴城的面积达83.1平方公里，是现存明清之西安城的7倍。唐建国后，仍以大兴城为都城，改名为长安城，仅作了局部修建和扩充。唐长安城的经济、文化以及对外贸易往来，较之隋代大有发展，成为当时世界上最大最繁荣的国际城市之一。唐末天祐元年（904）朱全忠胁迫昭宗迁都洛阳，并令拆长安宫室屋木自渭水浮入黄河运往洛阳。至此作为国都320余年的隋大兴、唐长安城废毁。

　　隋大兴唐长安城是由外郭城、皇城、宫城和各坊、市等构成。宫城和皇城位于外郭城北部的中央，各坊分布在宫城、皇城的左右和皇城以南，东西两市分别在皇城的东南和西南，东西对称。整个都城规划整齐，布局严密，总体设计上是按照中轴对称的原则规划出来的，显然是曹魏邺城和北魏洛阳城布局的发展和完善。但在宫城南面另筑皇城则是从隋筑大兴城的创新之举，将宫城与其他区域隔离，从而加强了宫城的防卫。隋大兴唐长安城的规划设计，还充分利用了自然地理的条件，如都城的东部有所谓"六坡"的岗阜高地横贯城内，为了达到控制各坊的政治目的，在这些高地上布置了官衙、王府和寺院、道观等建筑，除起到了监督作用外，还增强了城市的立体感。此外，风景区芙蓉园、曲江池也与都城结合为一体，不仅美化了城市，而且提供了游览之所，为古代城市规划一大创举。

　　隋大兴唐长安城在中国都城发展史上占有特殊的地位，不但是中国中世纪城市的典型代表，对当时边疆地区的地方政权的都城建设极有影响（如渤海上京龙泉府城的规划，即仿效长安设计）。而且影响了邻近国家都城的形制，特别是日本的平城京和平安京，不仅都城的形制和布局效仿长安，而且如太极殿、朱雀门、朱雀街等宫殿、门和街道的名称也是袭用长安城的（参见相关平城京遗址资料）。因此，对它的研究，自古至今持续不断。早在盛唐时期，韦述即著有《两京新记》，将长安城的规划和布局作了较详细的叙述。其后北宋宋敏求在其所著的《长安志》中，又作了补充和研究。北宋吕大防还作图刻石以期永垂后世。此图仅残存一部分，是至今保存的隋大兴唐长安城的最古老地图，有很高的参考价值。南宋程大昌、赵彦卫等所著的《雍录》和《云麓漫钞》，对长安城也进行了研究和阐述。元代李好文作有《长安志图》。清代学者徐松对长安城作了大量考证研究，著有《唐两京城坊考》。20世纪初，日本学者足立喜六曾对长安城进行了研究，著有《长安史迹考》（图2-6-1）。

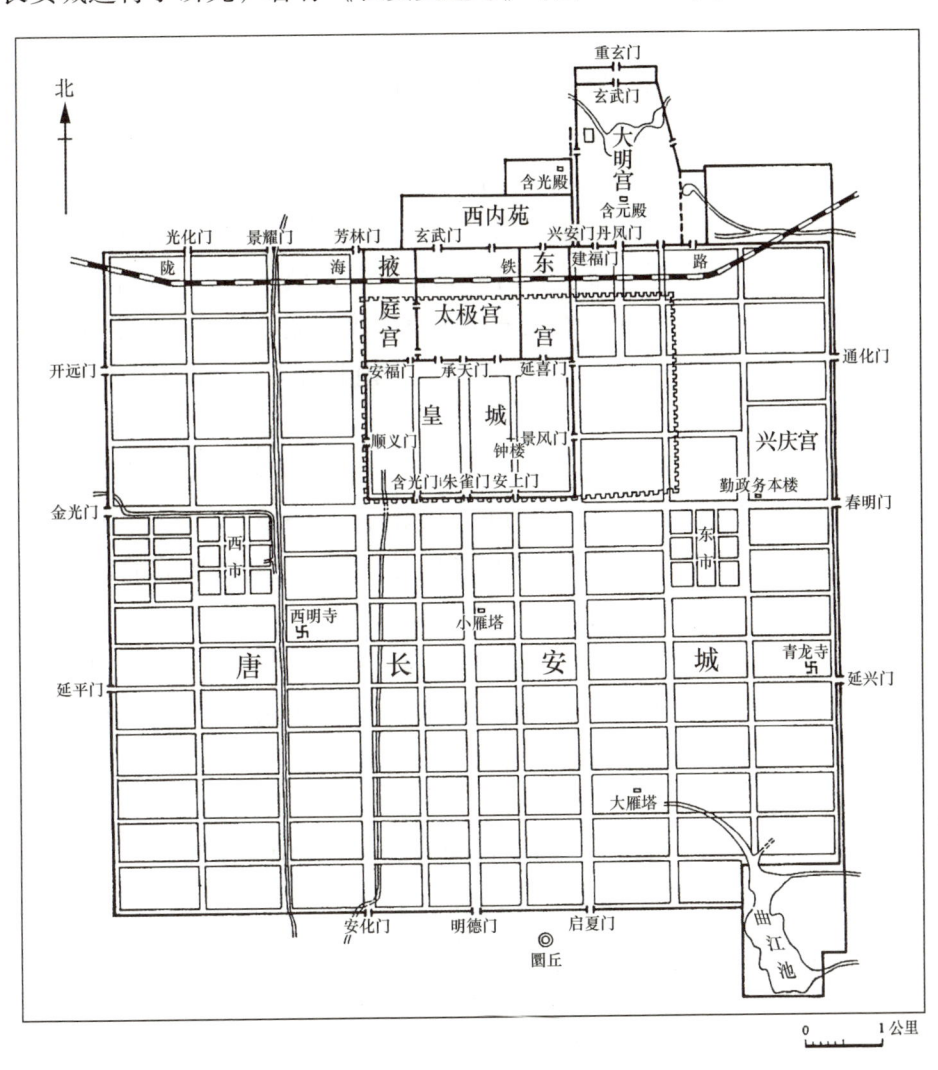

图2-6-1 唐长安城平面示意图

第一，外郭城。

外郭城又名罗城，平面呈长方形，东西长9721米，南北长8651.7米，周长36.7公里。现保存在地面上的城墙遗迹，仅北城玄武门和南城安化门处尚各有一小段，残高仅1—2米，其余则仅存城基部分。城墙全用版筑夯土，仅在城门处内外表面包砌砖壁。墙宽一般在12米左右。据记载外郭城高一丈八尺（约5米）。城墙外侧有与城墙平行的城壕。

外郭城每面3个城门，除北面的芳林门（隋称华林门）、景耀门、光化门和西边的开远门已被现代建筑所压或破坏外，其他各门址均已探查清楚。城门的形制除明德门是5个门道外，其余各门都是3个门道。明德门是南面正门，北对皇城的朱雀门和宫城的承天门，位于长安城的中轴线上，规模宏大壮观。经发掘实测，门址东西长55.5米，南北进深17.5米。门墩为版筑夯土，表面砌砖壁。门道宽5米。

第二，宫城。

宫城南连皇城，北接禁苑。平面呈长方形，南北长1492.1米，东西宽2820.3米，周长8.6公里多。宫城南面正门隋名广阳门，唐改为承天门，北面为玄武门。承天门遗址东西残长41.7米，进深19米，3个门道，门基铺石条或石板，这是其他门址所未有的设置。宫城的中部为太极宫（隋名大兴宫），正殿名太极殿（隋称大兴殿），是皇帝的正衙，位于宫殿区的南部，与承天门南北相对。宫城东部为太子居住的"东宫"。据记载东宫分中、西、东3部分，依此复原东宫宽度应是830余米。宫城西部是掖庭宫，为宫女居处，东西宽702.5米。据记载掖庭宫内北有太仓，南有内侍省。

第三，皇城。

皇城亦名子城，位于宫城之南，北与宫城相接，中隔横街，无北墙。东西两墙与宫城的东西墙相接。平面亦为规整的长方形，南北长1843.6米，东西宽与宫城同，周长9.2公里。皇城南面3门，南面正中的朱雀门是正门，北对宫城的承天门，南为朱雀大街直通外郭城明德门。西面2门、东面2门虽未探得，但据西城2门的位置可以确定。皇城内的街道除北面横街之外，只探得安上门内的南北大街，街宽94米，两侧均有3米宽的排水沟。据文献记载，皇城内有东西向街道7条，南北向街5条"皆广百步"。各街之间设置中央衙署及其附属机构。

第四，街道。

外郭城内有南北向大街11条，东西向大街14条，其中通南面3门及东西6门的6条街，是主干大街。6条街除南面通延兴门和延平门的东西大街宽55米外，其余5条街宽皆百米以上，特别是明德门内——朱雀街的南北大街宽达150—155米，是现今北京天安门前东、西长安街宽的2倍，这样宏伟的大街在古今世界都城中，是绝无仅有的。其他不通城门的各街宽在35—65米之间。顺城街宽为20—25米。各街路面均起拱，两侧建有宽2.5米左右的排水沟，唯朱雀大街两侧沟宽3.3米，深2.1米。

第五，坊。

是长安城的重要组成部分。上述南北11条和东西14条的街道，纵横交错，将城内划为110个坊（隋炀帝时称里），其中城东南隅1坊被划入芙蓉园内。各坊面积不一：朱雀大街两侧的4列坊最小，南北长500—590米，东西宽550—700米；在上述4列坊之外至顺城街的6列坊，南北长同前，东西宽1020—1125米；皇城两侧的6列坊最大，南北长660—838米，东西宽1020—1125米。坊四周都筑有坊墙，墙基宽2.5—3米。除朱雀大街两侧的4列坊只开东西两门、设东西向的一条横街外，其余坊均是四面开门，中设十字街，街宽皆15米左右，将坊划分为4区，据在永宁坊东部的发掘所知，在坊的东北一区内还设十字形小巷，巷道残宽近3米。据此推测，可能每个坊区都有十字巷，则一坊即有16个小区，出入交通比较方便。这些坊分布着居民住宅、官衙、寺观等。坊门早开晚闭，并设兵看守，宵禁后禁止开门出入，以便于控制和管理。

佛寺和道观几乎遍布长安各坊。如西南隅的总持寺和庄严寺各占1坊之地，朱雀街左右的兴善寺和玄都观分别占靖善坊和崇业坊的全坊，其建筑均极豪华、壮丽。慈恩寺占进昌坊的一半，有十余个院，房屋多达1987间，僧人有300之多。慈恩寺内著名的慈恩寺塔（参见相关大雁塔资料），至今犹为游览胜地。荐福寺占开化、安仁两坊之地，寺在路北的开化坊内，塔在路南的安仁坊内，当时称为别院，即今之小雁塔（参见相关荐福寺塔资料）。著名的密宗道场青龙寺，在东城延兴门里街北的新昌坊内，有塔、殿等遗迹多处。

第六，东市、西市。

东市、西市是长安城的两个商业区。东市隋称都会市，西市隋称利人市。经过勘查、发掘，已究明其形制和布局，平面均呈长方形，四周有版筑夯土墙。每个市的面积占两坊之地。西市的范围，实测南北长1031米，东西宽927米。市的北、东两面围墙的基址宽4米许。围墙内有沿墙街道，宽皆14米。市内有宽16米的南北和东西向平行街道各两条，各街两端开门。4条街交叉呈井字形，将市内划分为9区，每区都四面临街，店铺临街而设。已发掘的店铺面阔4—10米不等。从出土遗物判断，有饮食店、珠宝店和手工业作坊等，可证当时的商业相当繁荣，所以西市素有"金市"之称（图2-6-2）。

东市的形制与西市相同，实测其范围南北长1000余米，东西广924米，大小几与西市相等。部分围墙基址宽6—8米。街道经勘探仅发现西街的北部和南街的西部各1段，街宽近30米，较西市宽近1倍。市东北隅有不规则椭圆形池址1处，东西直径180余米，南北160米。池周岸经夯筑，据发掘所知，池深3—6米。此池东南80余米处，尚有一较小的椭圆形池址，两池之间有渠道相连。大池的引水渠道在该池的东北隅，渠道的方向与兴庆宫"龙池"的西南部对照，池水很可能是由龙池引入。这一池址，当是文献记载中的东市"放生池"。

长安城内的商业大都集中在东、西两市，但在各坊中亦有分散的小饮食业、邸店和手工业作坊等。

第七，兴庆宫。

在外郭东城春明门内街北。开元二年（714）因兴庆坊（旧称隆庆坊）玄宗藩邸置

图 2-6-2　唐长安城西市遗址出土的骨料

为宫，开元十四年扩建兴庆宫，置朝堂，开元十六年竣工，玄宗即常在此听政。天宝十三年（754，《旧唐书》作十二年）又修兴庆宫城，并起城楼。兴庆宫平面呈长方形，南北长1250米，东西宽1075米，周长4.6公里多。宫城四面设门，正门兴庆门在西城偏北部。宫内南部有东西长915米、南北最宽处214米的水池，名龙池。龙池以北为宫殿区，南为皇帝宴游之园林区。著名的勤政务本楼与花萼相辉楼即在宫城的西南隅。勤政务本楼东西长26.5米，南北宽19米，面阔5间，进深3间。在发掘中出有琉璃瓦及大量莲花纹方砖等，显示其建筑相当豪华壮丽。

唐玄宗时期除修建兴庆宫外，还先后于兴庆宫东侧附外郭东墙建筑了一道北至大明宫、南至芙蓉园曲江池的夹城作为复道，以便往来潜行。夹城的遗迹已勘查和发掘。

第八，渠水。

通长安城内的主要渠水有4条。隋建大兴城时，开掘了龙首、清明、永安3条渠，分别从城东和城南引浐水、潏水、交水入城，以解决宫苑环境等用水。3渠的部分渠道已探查清楚。龙首渠从东南引浐水北流，分为2支，南支至通化门北侧入城，然后南折入兴庆宫注入龙池；北支至郭城东北隅西折入禁苑，注入大明宫东内苑北部之龙首池。清明渠从城南引潏水由安化门西侧进城，经大安坊东折，沿安化门大街东侧北流，至太平坊断缺，渠宽约9.6米。据记载，此渠经过皇城进入宫城内注为三海（南、西、北三海）。永安渠引交水从安化门以西1000余米处进城，其断续的遗迹沿大安坊之西的南北大街东侧向北，经过西市以东至北城景耀门东侧入禁苑，然后偏向东北行，渠宽 10 米多，至大白杨村东北分为 2 支，一支北去入渭河，一支向东从九仙门以北 130 余米处进入大明宫，然后向东南注入太液池。在太液池东端引出一渠东出大明宫东墙偏向东北行，可能是流向鱼藻宫内。唐天宝元年（742）又于西城开了一条漕渠，引潏水自金光门北侧入城，然后南折过金光门大街再东折，至西市东北隅又沿市之东墙向南，至西市南街东端北侧入市。在西市内的一段长 140 余米，宽 34 米，深约 6 米。

第九，芙蓉园、曲江池。

芙蓉园位于外郭城东南隅，地势高亢，因筑城不便，被隔于城外。经勘查知芙蓉园周围有墙，其东墙北端接外郭城东墙，向南 1000 余米又西折 400 米而断缺。西墙在曲江池西侧的丘脊处发现有南北长 80 余米的一段，向北与外郭城南墙北折处相对照。未发现南墙遗迹。据文献记载，在曲江池南建有紫云楼及彩霞亭等，可知芙蓉园的南面肯定也有围墙。据实测，芙蓉园东西广 1400 余米，南北长约 2000 多米，周长约 7 公里。芙蓉园本是秦汉之宜春苑，隋建新都名芙蓉园，并建有离宫。

曲江池隋名芙蓉池，位于芙蓉园的西部，处于东西二丘陵之间的峡谷中。南北狭长，两岸屈曲极不规整，池南北长 1700 余米，东西最宽处 600 余米，周长约 4 公里多。池底最深处距现在地表 6 米多。曲江池引水渠道，分别在池的南北两端的东侧，引浐水经黄渠注入曲江池。

隋大兴唐长安城遗址的考古发掘工作最早开始于 20 世纪 50 年代中后期，当时的中国科学院考古研究所组成西安工作队（今中国社会科学院考古研究所西安唐城考古队前身）首先对唐长安城进行了勘探[1]，基本明确了该都城遗址的规模、形制和布局[2]。在此基础上，根据学术研究需要，配合城市建设项目，有计划地对宫城、皇城、里坊、寺院和东西两市进行了发掘。其工作持续至今已近六十年。其中，大明宫已发掘的遗址单位有丹凤门、玄武门、重玄门、左银台门、右银台门、含元殿、麟德殿、三清殿、清思殿、太液池等；兴庆宫已发掘的遗址单位有勤政务本楼和花萼相辉楼[3]；皇城已经发掘的有含光门遗址[4]；外郭城已发掘的有明德门[5]、春明门、延平门遗址；寺院遗址经局部发掘的有青龙寺[6][7]、西明寺[8]和荐福寺等；里坊区经局部勘探和发掘的有安定坊[9]和崇化坊遗

---

[1] 马得志、中国科学院考古研究所西安工作队《唐代长安城考古纪略》，《考古学报》1963 年第 11 期。
[2] 杭德州、雒忠如、田醒农、中国科学院考古研究所西安工作队：《唐长安城地基初步探测》，陕西省文物管理委员会：《考古学报》1958 年第 3 期。
[3] 《唐长安兴庆宫发掘记》，《考古》1959 年第 10 期。
[4] 中国社会科学院考古研究所西安唐城工作队：《唐长安皇城含光门遗址发掘简报》，《考古》1987 年第 5 期。
[5] 中国科学院考古研究所西安工作队：《唐代长安城明德门遗址发掘简报》，《考古》1974 年第 1 期。
[6] 中国科学院考古研究所西安唐城发掘队：《唐青龙寺遗址踏察记略》，《考古》1964 年第 7 期。
[7] 中国社会科学院考古研究所西安唐城队：《唐长安青龙寺遗址》，《考古学报》1989 年第 2 期。
[8] 中国社会科学院考古研究所西安唐城队：《唐长安西明寺遗址发掘简报》，《考古》1990 年第 1 期。安家瑶：《唐长安西明寺遗址的考古发现》，《唐研究》第 6 辑。
[9] 马得志：《唐长安城安定坊发掘记》，《考古》1989 年第 4 期。

址；另外对与长安城关系密切的礼制性建筑圜丘遗址也进行了发掘①。特别在"十一五"期间，适逢国家推动西部大开发，西安城市规模进一步扩大，各种市政建设项目增多。正是在这一历史条件下，考古工作的重心转入配合城市基建，服务遗址保护。工作形式主要是以勘探为主，结合局部发掘，为相关遗址单位的保护和展示提供科学的依据。这期间，西安唐城考古队主要承担和完成了大唐西市、大明宫御道和唐大明宫国家考古遗址公园等三项兼具城市改造和遗址保护的市政建设项目中的考古工作。以上各项科学发掘，为人们初步认识、了解和研究唐长安城的形制布局、社会生活和历史变迁提供了丰富的第一手资料。

二 唐大明宫遗址

位于陕西省西安市城北的龙首原上，亦即唐长安城的禁苑中，因位处太极宫的东北面，故亦称"东内"。此处曾是高宗以后唐朝的主要朝会之所。大明宫始建于唐太宗贞观八年（634），名永安宫，以备太上皇李渊清暑。贞观九年改名大明宫。高宗李治显庆五年（660）武则天开始参与朝政，其后二年，即龙朔二年（662），命司农卿修建大明宫，改名蓬莱宫，次年迁进此宫听政。咸亨元年（670）又改名为含元宫，神龙元年（705）复名大明宫。至晚唐天祐元年（904），朱全忠（即朱温）胁迫昭宗迁都洛阳，这座历时270年的宫城遂被废弃，沦为废墟。

大明宫遗址的考古工作开始于1956年。至1962年，中国科学院考古研究所探明殿、台、楼、亭等基址40余处，并发掘了含元殿主体殿基、麟德殿、玄武门、重玄门等遗址②。20世纪80—90年代，中国社会科学院考古研究所又调查和发掘了三清殿、清思殿、东朝堂、翰林院、含耀门等遗址。③ 1995—1996年，为配合联合国教科文组织保护含元殿遗址的项目，对含元殿遗址进行了第二次发掘和全面揭露；④ 2001年开始经国务院特批和国家文物局的同意，中国科学院考古研究所与日本独立行政法人文化财研究所奈良文化财研究所合作对大明宫太液池园林遗址进行了为期五年的发掘；⑤⑥⑦⑧ 2005—2006年，为

---

① 中国社会科学院考古研究所西安唐城工作队：《陕西西安唐长安城圜丘遗址的发掘》，《考古》2000年第7期。
② 中国科学院考古研究所：《唐长安大明宫》，科学出版社1959年版。
③ 马得志：《唐长安城发掘新收获》，《考古》1987年第4期。
④ a. 中国社会科学院考古研究所西安唐城工作队：《唐大明宫含元殿遗址1995—1996年发掘报告》，《考古学报》1997年第3期。
　　b. 《关于唐含元殿遗址发掘资料有关问题的说明》，《考古》1998年第2期。
　　c. 《西安市唐大明宫含元殿遗址以南的考古新发现》，《考古》2007年第9期。
⑤ 中国社会科学院考古研究所西安唐城工作队：《唐长安城大明宫太液池遗址发掘简报》，《考古》2003年第11期。
⑥ 《唐长安城大明宫太液池遗址考古新收获》，《考古》2003年第11期。
⑦ 《西安唐大明宫太液池南岸遗址发现大型廊院建筑遗存》，《考古》2004年第9期。
⑧ 《西安市唐长安城大明宫太液池遗址》，《考古》2005年第7期；《西安唐长安城大明宫太液池遗址的新发现》，《考古》2005年第12期。

配合西安市政府实施的含元殿御道遗址保护项目，又进行了丹凤门[①]和御道遗址的发掘和调查工作[②]。2007年，唐大明宫遗址被列入丝绸之路申遗预备名单，并在国家《关于"十一五"期间大遗址保护总体规划》中列为国家重点保护项目之一，"建设大遗址保护展示示范园区（遗址公园）"。2008年8月，中国社会科学院考古研究所编制了《唐大明宫遗址考古工作计划》。9月，国家文物局组织专家组进行评审并原则通过。其后即开始全面实施近期考古计划。在2008年至2010年的近三年期间，分步分片地对四面宫墙和宫门遗址、含元殿等三大殿为主的朝寝区域、太液池池址及周围的后宫区域、北夹城区域、前朝区区域等进行了全面的勘探，建立了较为齐全的现代测绘数据档案，为大明宫国家遗址公园的方案设计和工程建设提供了准确可靠的考古依据[③]。2010年10月，大明宫国家遗址公园正式开园。其后，大明宫国家考古遗址公园位列全国首批十二家国家考古遗址公园名单其中。2011—2014年，根据考古工作计划，又对宣政殿西侧的中央官署（中书省）遗址进行了3次主动发掘，揭示出道路、路沟、夯土界墙、廊道、庭院及东、西厢房、北堂屋等建筑遗迹，补充和丰富了大明宫遗址考古内涵。

第一，大明宫的形制和布局。

大明宫的平面形状，南部呈长方形，北部呈梯形，面积约3.2平方公里。宫城除城门附近和拐角处内外表面砌砖外，其余皆版筑夯土墙。在东、西、北3面城墙外，都有与宫墙平行的夹城。宫城共有11个城门。南面5个门，以正中的丹凤门为正门，其南有丹凤门大街，宽一百二十步（约176米）。北面3个门，中间的玄武门与北面夹城上的重玄门直对。东面1个门，称左银台门，门外驻左三军（左羽林军、左龙武军、左神策军）。西面2个门，南为右银台门，北为九仙门，门外驻右三军（右羽林军、右龙武军、右神策军）。在北面夹城重玄门之内有统领禁军的所谓"北衙"。

大明宫南部有3道平行的东西向宫墙，北部有太液池。宫内已勘查到40余处殿亭等建筑遗址，绝大部分在宫城北部，已经发掘的有大明宫正衙含元殿遗址和宴会群臣的麟德殿以及与道教有关的三清殿等遗址。

第二，含元殿遗址。

含元殿位于丹凤门正北龙首原的南沿上，殿址高出平地15米多，可以由此俯视长安全城，重大庆典和朝会多在此举行。现存的殿址台基东西长75.9米，南北长41.3米。殿堂面阔11间，进深4间，各间广5.3米。殿东、西山墙和北面的后墙皆为版筑夯土墙，墙内外壁涂白灰，内侧底部绘有朱红色踢脚线。殿外四周有宽5米的副阶。台基下四围砌散水砖。殿堂的东南和西南分别建有翔鸾阁和栖凰阁，也都高出平地15米多。两阁都在其北侧设廊道与含元殿连接。殿前两侧向南折曲伸出2条阶砖石阶道，

[①] 中国社会科学院考古研究所西安唐城队：《西安市唐长安城大明宫丹凤门遗址的发掘》，《考古》2006年第7期。
[②] 《西安市唐大明宫含元殿遗址以南的考古新发现》，《考古》2007年第9期。
[③] 《西安市唐大明宫遗址考古新收获》，《考古》2012年第11期。

称为"龙尾道",各宽4.5米。殿址中出有大量表面黑亮的陶瓦,当是殿顶的屋面用瓦,还出有少量的绿琉璃瓦片,可能是含元殿的檐口使用了琉璃剪边的做法。在殿基四周出土残石柱和石刻螭首残块,在翔鸾阁北廊道的西侧出土许多铁甲片及矛头10个,可能是在兵火战乱中被遗弃的。巍然耸立的大殿及其左右高阁,气势极为威严壮观(图2-6-3、图2-6-4)。

图2-6-3 大明宫含元殿遗址鸟瞰

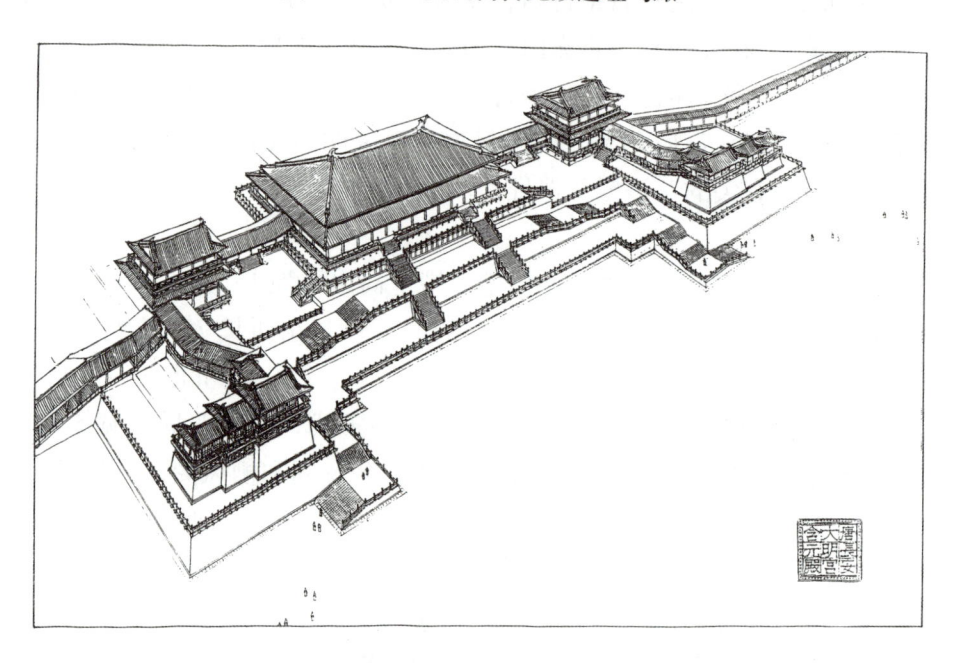

图2-6-4 大明宫含元殿复原效果图(杨鸿勋复原)

第三，麟德殿遗址。

麟德殿位于大明宫西部，为宴会和接见外国使节之所。殿基南北长130米、东西宽80余米，上建前、中、后毗连的3殿，中殿的左右又各建1亭，名东亭、西亭，后殿左、右各建1楼，左名郁仪楼，右称结邻楼。周围绕以回廊，建筑面积达12300多平方米，规模十分宏伟。遗址中出土大量黑亮筒瓦和板瓦，还有少量的绿琉璃瓦。台基周围出土许多石刻螭首和石望柱残块。阶道铺有莲花方砖，散水砌以黑色方砖。从出土遗物可知屋面除用黑色陶瓦外，也使用了剪边琉璃瓦，两层台基均安有望柱、勾栏和螭首等装饰，螭首并涂饰以红、蓝、绿色。

第四，三清殿遗址。

三清殿位于大明宫西北隅，是一座高台建筑，台基北高南低，现存北部高为15米，南部高12.6米。台基平面呈凸字形，北宽南窄，南北长78.6米，东西宽北部为53.1米、南部为47.6米，面积为4000多平方米。高台全系版筑夯土。周围砌1.26米厚的砖壁，表面皆顺砌磨砖对缝的青灰色条砖，其底部铺筑基石两层，基石及砖壁向上均呈内收11°角的斜面。从出土的大量朱绘白灰墙皮，可知上面有殿堂或楼阁等建筑。台基周围出有石作残件，证明其上安石栏及排水石槽等设施。台基下周围铺宽1.5米的方砖散水。上殿的阶道有两条，一条设在南面正中，长15米，宽3.2米，当是踏步阶梯道；另一条设在台基北端的西侧，为一斜坡慢道，长43.25米，东宽西窄，平面呈梯形。从出土的石作残块可知，慢道上面两侧铺有压边条石并设石栏等。遗址中除出土大量青灰色陶瓦以外，还出土了绿琉璃瓦和三彩瓦、铜构件、镶嵌在木构上的鎏金铜饰残片、残铜佛像等。唐代崇尚道教，供奉老子，三清殿是宫廷内奉祀道教的建筑之一。

第五，清思殿、宣政殿和紫宸殿遗址。

在东城左银台门内以北发掘了23号殿址一座，从其所在位置看，可能是敬宗时所建的清思殿遗址。此殿台基为长方形，南北长22.8米，东西广33米，尚残存柱础石12个。遗址中出土铜鱼符1件，其上有"同均府左领军卫"7字。

在含元殿正北约300米外依次为宣政殿和紫宸殿遗址。宣政殿是皇帝临朝听政之处，钻探得知其殿基东西长70米、南北宽40余米。紫宸殿为内朝正衙，群臣入紫宸殿朝见，称之为"入阁"。殿基破坏较甚，残有夯土地基宽近50米。在宣政殿以南的东侧有门下省、弘文馆、待诏院及史馆等官署建筑遗址，西侧有中书省、御史台及殿中外院、殿中内院等建筑遗址。在紫宸殿以东和以西有宫殿遗址10余处，多为寝殿所在。

第六，太液池遗址。

由紫宸殿向北200米，即达龙首原的北沿，其下为太液池（又名蓬莱池）皇家池苑，2001—2005年由中日合作发掘，主要围绕西池（东西长484米，南北宽310米）

展开，发掘面积达 20000 平方米，发现周边不同的池岸结构、池边宫殿、廊庑、水榭、道路、蓬莱岛南岸景观、蓬莱岛东西两小岛等遗迹，初揭皇家园林的神秘面貌。

三 隋仁寿宫·唐九成宫遗址

隋仁寿宫·唐九成宫遗址位于陕西省麟游县城所在地，是隋唐时期皇帝避暑离宫遗址。

隋仁寿宫始建于隋开皇十三年（593），由建筑大师宇文恺设计与营造，尚书右仆射（宰相）杨素为总监，于开皇十五年（595）三月竣工。离宫初名仁寿宫。贞观五年（631），唐太宗李世民下诏复修仁寿宫，改名为九成宫。永徽二年（651），唐高宗李治敕令维修九成宫，并更名为万年宫。乾封二年（667）又恢复"九成宫"原名。唐文宗开成元年（836），九成宫因洪水和泥石流而沦为废墟。

隋仁寿宫·唐九成宫是隋唐时期重要的离宫，隋文帝杨坚、隋炀帝杨广、唐太宗李世民、唐高宗李治及武则天等多次驾幸避暑议政，一度成为全国政治指挥中心。中国社会科学院考古研究所陕西第一工作队（又名西安唐城工作队）从 1978 年起至 1994 年，对该遗址进行了全面的考古发掘[1]，发现其缭城城垣、诸多宫殿、亭台楼榭、九成宫醴泉铭碑、万年宫铭碑、唐宫廷水井、醴泉水渠等众多遗存。尤其是 37 号大殿遗址的考古发掘，[2] 经过五年的努力，揭露出保存完整的殿基。殿基坐北朝南，东西长 42.62 米，南北宽 31.72 米，46 个石础基本在原位，可见殿堂面阔 9 间、进深 6 间，殿内减柱，殿阶基石材包砌，周设散水，南壁踏道分三部分，为皇帝所走的"陛"阶。该殿的发现，填补了古代建筑史上的空白，对复原隋代建筑尤具重要价值，故此次发掘被评为"九四年全国十大考古新发现"和"八五"期间全国十大考古新发现之一。1996 年 11 月 20 日，隋仁寿宫·唐九成宫遗址被国务院批准公布为第四批全国重点文物保护单位。

四 隋唐长安城郊区隋唐墓葬

在今陕西省西安市东郊和西郊一带，分布有隋唐都城高中下级官吏和平民的墓葬区。1955—1965 年本队共发掘 180 余座隋唐墓葬[3][4]，内有 20 多座纪年墓。墓葬多有墓

---

[1] 中国社会科学院考古研究所：《隋仁寿宫唐九成宫——考古发掘报告》，科学出版社 2008 年版。
[2] 中国社会科学院考古研究所西安唐城工作队：《隋仁寿宫唐九成宫 37 号殿址的发掘》，《考古》1995 年第 12 期。
[3] 中国社会科学院考古研究所：《西安郊区隋唐墓》，科学出版社 1966 年版。
[4] 中国社会科学院考古研究所：《唐长安城郊隋唐墓》，文物出版社 1980 年版。

道，多数是洞室墓，少数为砖砌单室墓，个别为竖穴墓。出土随葬品有陶俑、陶瓷器、三彩器、铜铁器、金银器、玉石器、玻璃器、漆器、钱币及墓志等，其中精美珍贵者有隋李静训墓①的金项链（图2-6-5）、玻璃器和波斯萨珊朝银币，还有唐鲜于庭诲墓的三彩骆驼载乐俑（图2-6-6），唐杨思勖墓的石雕俑等。根据葬制、出土器物特别是纪年墓志等墓葬资料进行研究，这批隋唐墓葬可分隋至初唐、盛唐、中晚唐三期，为西安地区隋唐墓葬的分期断代提供了可靠的标杆，也为隋唐时期墓葬制度的研究提供了珍贵而又丰富的实物资料。

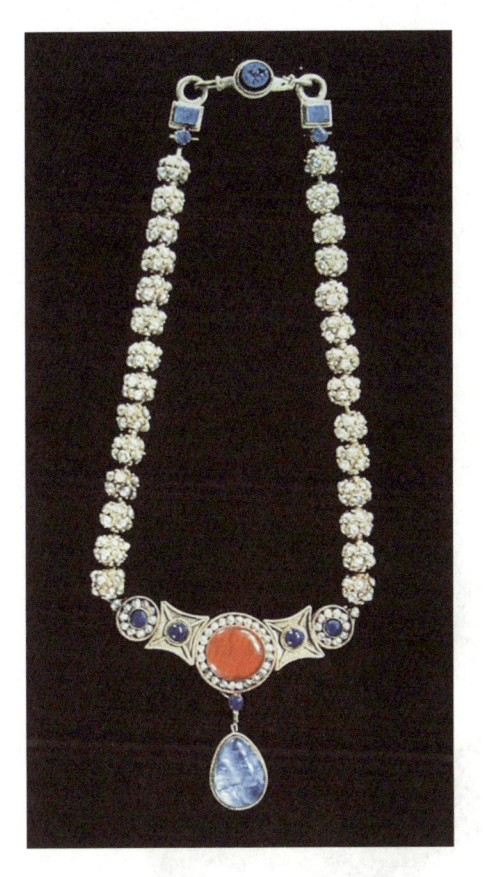

图2-6-5　李静训墓金项链　　　　图2-6-6　三彩骆驼载乐俑

①　唐金裕：《西安西郊隋李静训墓发掘简报》，《考古》1959年第9期。

附　唐长安城考古队简介

唐长安城考古队（简称西安唐城队，又称陕西第一工作队）隶属于中国社会科学院考古研究所汉唐考古研究室，工作基地位于陕西省西安市雁塔区的西安研究室。

西安唐城队成立于1956年，队长为马得志先生（1956—1992年任队长）（图2-6-7）。建队以后至1965年期间，马得志、卢兆荫、李德金、冯普仁、庄锦清、唐金裕、冯孝堂、张连喜、汪义亮、高兴汉、叶小燕等对唐长安城外郭城、宫城、皇城范围、主要街道、里坊进行了全面勘探，重点完成了大明宫的勘察和试掘，发掘了大明宫麟德殿（图2-6-8）、玄武门、重玄门、兴庆宫西南部城墙、勤政务本楼、东市、西市等遗迹，纠正了过去对大明宫范围、形制上的一些错误认识，对唐长安城遗址进行全面复查与核实，绘制了遗址实测图与复原图。期间，在1957年12月，发掘了隋李静训、唐鲜于庭诲两墓；1965年，马得志、孟凡人、冯孝堂、张连喜等在灞桥电厂也发掘了数座唐墓。

图2-6-7　马得志（右一）在发掘现场（与日本田边昭三先生）

图 2-6-8　唐大明宫麟德殿遗址

20世纪70年代，因"文革"影响，考古工作有所减少，主要有：1972年10月—1973年10月，马得志、冯孝堂等发掘了唐长安城明德门五个门道遗址（图2-6-9）、

图 2-6-9　唐长安城明德门遗址

发现长安:中国社会科学院考古研究所西安研究室成立六十周年纪念

青龙寺遗址西部殿堂及塔基遗迹（图 2-6-10）；1979 年秋季，马得志、冯孝堂、张连喜、左崇新、戴应新、刘庆柱、李毓芳、关兴汉（已故）、汪义亮（已故）及西安市文管处的晁华山等发掘了青龙寺遗址，搞清了东西并列的两个院落布局情况；1978 年起，对麟游新县城及其周围进行了多次考察和发掘，证实了陕西省麟游县新城区即为隋仁寿宫·唐九成宫遗址所在，对宫城缭墙、北门址、禁苑、主要隋唐殿址、阙址、曲廊址、井亭址、水渠等进行了调查和发掘，其工作一直延续到 1994 年才告结束。

图 2-6-10　青龙寺 3 号遗址（西南—东北）

20 世纪 70 年代，"文革"结束，考古工作获得加强，主要工作有：1981 年，马得志、冯孝堂等发掘大明宫清思殿、三清殿遗址（图 2-6-11）；1982 年秋季，马得志、冯孝堂、安家瑶等发掘含元殿前东朝堂遗址；1983 年秋季—1984 年，马得志、叶小燕、冯孝堂、安家瑶等发掘大明宫翰林院南部厅堂及附属建筑基址；1985 年，马得志、冯孝堂、安家瑶等发掘西明寺东部东南、西南院及中央夹道、主院殿堂、回廊等遗迹；1986 年 3—6 月，马得志、冯孝堂等发掘明清西安城南墙内的唐代皇城城门含光门遗址；1987 年 4—5 月，马得志、冯孝堂等发掘大明宫含耀门遗址。

图 2-6-11　唐大明宫三清殿遗址俯瞰

20 世纪 90 年代，主要是配合城市基本建设和遗址保护而展开了大规模的考古发掘：1990 年—1994 年 9 月，安家瑶（1992—2005 年任队长）、冯孝堂、丁晓雷、常青等全面揭露了保存较好的隋仁寿宫·唐九成宫 37 号殿遗址（图 2-6-12）；1992 年

图 2-6-12　陕西麟游唐九成宫 37 号殿遗址

7—9月，安家瑶、冯孝堂等进行了西明寺遗址第二次发掘，面积达7500平方米，揭露出后面两个院落及回廊建筑基址；1995年3月—1996年12月，安家瑶、冯孝堂、李春林、丁晓雷等配合联合国教科文组织保护项目的实施，全面揭露了含元殿遗址，面积达27000平方米，对大殿柱网布置、三层大台形制、龙尾道位置、砖瓦窑址、殿前广场等形成了新的认识（图2-6-13）；1999年3—5月，安家瑶、冯孝堂、李春林、何岁利等发掘唐长安城圜丘遗址（图2-6-14），搞清了其形制结构等问题，对中国古代礼制建筑研究具有重要价值。

图2-6-13 唐大明宫含元殿遗址全景

图2-6-14 唐长安城圜丘遗址鸟瞰

进入 21 世纪，从 2001 年开始，经国务院特别许可和国家文物局批准，中国社会科学院考古研究所与日本奈良国立文化财研究所（后改称"日本独立行政法人文化财研究所奈良文化财研究所"）合作，进行为期五年的唐大明宫太液池皇家园林的考古发掘，安家瑶任中方领队，队员先后有李春林、何岁利、龚国强等（图 2-6-15）。主要在太液池遗址南岸（图 2-6-16）、西岸、北岸、蓬莱岛等地进行探沟和探方发掘，了

图 2-6-15 中日合作发掘太液池遗址（2004）

图 2-6-16 太液池东南岸遗址（东北—西南）

解了遗址的地层堆积、池岸结构、池岸建筑、池边建筑、进水渠道、主要岛屿、人工园林景观遗迹等情况，出土了大量珍贵遗物，初步揭开了这处皇家园林的迷人面貌。

除了前述中日合作的主动性发掘以外，以后的考古工作主要是配合城市基本建设和遗址保护而展开，具体有：2004年春季，安家瑶、龚国强（2003年起任队长）、何岁利等受西安历史文化名城研究会之托，对唐长安城西南隅以及木塔寨的大总持寺和大庄严寺遗址进行了大规模考古勘探，搞清了长安城西南隅城墙交角的确切位置，了解了两大佛寺的大致建筑布局情况；2005年春季，何岁利、李春林等发掘了唐长安城西南门延平门遗址；2005年秋冬，配合西安市实施大明宫含元殿御道保护工程，龚国强、何岁利、李春林等发掘了大明宫正门丹凤门遗址，证明该门为五个门道，纠正了以前三门道的说法（图2-6-17、图2-6-18）；2006年4—8月，龚国强、何岁利、李春林等对唐长安城西市遗址进行大规模勘探和局部发掘，发现了东北十字街、石桥、砖砌水道、作坊基址等遗迹；2006年，龚国强、何岁利、李春林等继续对御道遗址进行考古工作，调查和发掘了大明宫含元殿以南的御道路土、含元殿前龙首渠及其桥梁、上朝砖道等重要遗迹，为了解大明宫殿前建筑布局提供了新资料；2007年3—7月，何岁利、李春林等配合西安含光门遗址博物馆建设工程，对含光门遗址进行了重新揭露和清理工作。

图2-6-17 丹凤门发掘

图 2-6-18　唐大明宫丹凤门遗址全景

2007年10月—2010年10月，安家瑶、龚国强、何岁利、李春林、冯孝堂等全力配合和参与"十一五"期间国家大遗址保护重点项目——西安"唐大明宫国家遗址公园建设"的实施，编辑了《唐大明宫遗址考古发现与研究》一书，编写了《唐大明宫遗址考古工作计划》（获得了国家文物局专家组论证通过），对遗址开展了大规模考古勘探、遗迹定点定位、主动发掘（兴安门遗址）、随工清理等基础性考古工作，克服了时间紧、任务重、难度大等重重困难，获取了大量最新的考古新资料，保证了遗址公园的按时对外开放，其后，该公园被国家文物局列为全国首批十二家国家考古遗址公园之一（图2-6-19）。

此后，为配合大明宫遗址申请世界遗产，西安唐城队全力为申遗文本提供了全部考古基础资料和最新GPS测量的考古遗迹平面分布图，还于2013年对大明宫内三处排水设施进行了考古发掘，获得了重要新发现，增加了展示陈列的亮点。2014年6月，唐长安城大明宫遗址作为中国、哈萨克斯坦和吉尔吉斯斯坦三国联合申遗的"丝绸之路：长安—天山廊道的路网"中的一处遗址点，被成功列入世界遗产名录。

2011年春季—2014年冬季，为实施中国社会科学院的创新工程项目，李春林、龚国强等进行了唐大明宫官署建筑遗址的三次正式发掘，揭露出官署西侧排水沟及东侧的夯土墙、院落、回廊等遗迹，从遗址位置、出土遗迹和遗物等初步判断，可能是唐

图 2-6-19 获得大明宫国家遗址公园建设突出贡献奖

中央官署中书省的办公区，为证明大明宫作为唐代最重要的政治中枢增添了重要的实物资料。

西安唐城队的主要学术目的是：通过持续不断的对隋唐长安城遗址的系统调查和考古发掘，对中国中世纪时期都城（尤其是宫城、离宫等）的形制布局及其演变规律进行全面的研究，进而为中国古代都城制度的研究、中世纪中外文化交流的研究、推动中国隋唐考古学的发展做出应有的贡献。

已取得的考古收获主要如下。

第一，通过近60年的考古调查和发掘，对隋唐长安城遗址平面布局、重要建筑遗址取得了比较全面的认识，绘制出了准确的唐长安城遗址、唐大明宫遗址考古平面图和复原图，使之成为中国古代都城遗址中考古资料最丰富全面的遗址之一。主要的田野工作有明德门、东市、西市、青龙寺、西明寺、圜丘、大明宫、兴庆宫等遗址的调查和发掘。

第二，对隋唐长安城郊的隋唐墓葬进行了较大规模的发掘，为两京地区重要墓葬的分区、分期以及墓葬制度演变的研究提供了极其重要的考古资料。

第三，对隋仁寿宫·唐九成宫遗址进行了大规模的考古调查和发掘，摸清了宫墙、宫殿建筑、园林、排水设施等各部分遗址的保存状况、分布和结构等情况，绘制了隋仁寿宫·唐九成宫遗址平面分布图，使该遗址成为中国古代离宫遗址中考古工作最全面丰富的一处。其中 37 号殿址的发掘，填补了中国建筑史上隋代宫殿遗址的空白。

西安唐城队出版的考古专刊有：《唐长安大明宫》（科学出版社 1959 年版）、《西安郊区隋唐墓》（科学出版社 1966 年版）、《唐长安城郊隋唐墓》（文物出版社 1980 年版）、《隋仁寿宫·唐九成宫》（文物出版社 2007 年版），另出版有《唐代长安宫廷史话》（新华出版社 1994 年版）、《唐大明宫遗址考古发现与研究》（文物出版社 2007 年版）（图 2-6-20），发表考古简报、中型报告数十篇。

图 2-6-20　西安唐城队出版的考古学专刊

西安研究室 2014 年铁质文物保护修复简报

文物保护项目组

汉长安城武库遗址曾出土大量铁质文物，西安研究室附属博物馆中展出的 14 件铁器中有 8 件出自武库遗址。2014 年修复的对象就是这 8 件文物，均为铁兵器，包括 1 件铁矛、1 件铁刀和 6 件铁铠甲片。

由于西安地区四季差异明显，文物保存地点、保存环境也几度变迁，很多金属文物与出土时相比已出现明显变化，潮湿和干燥环境的不断转化使铁器出现龟裂、表面脱层等现象，锈蚀程度不断加深，保存状况堪忧。如不尽快采取有效的保护措施，这些金属类文物的病害将进一步恶化。

一　保护修复工作目标

通过物理和化学方法对器物进行不同程度的处理，对于腐蚀较严重的部位要控制其腐蚀进程，而且要尽可能清除病源；对于有裂隙的部位要进行加固；对于残缺的部位，根据情况看是否对其进行补缺；控制陈列室的保存环境以达到长期保存的目的。

一些无害的稳定锈蚀，不仅能起到保护文物本体不会继续受到病害侵蚀的作用，还能增加文物的艺术美感，应予以保留。

二　保护修复整体思路

依照上述基本原则和法规，遵循"最小干预原则""可持续保护原则""协调及可辨识原则"的思路，按照"使用的所有材料及工艺必须经过试验和研究，证明是对文物古迹有效的、基本无害的"的要求。

三　保护修复的措施、步骤及要求

第一，信息采集及整理。

对保护修复前文物的保存环境、保存现状、修复情况等进行调查，并对文物进行拍照记录、文字记录，完成病害描述和病害图的制作。

第二，分析检测。

针对文物具体情况进行相关的保护修复前的分析检测，为具体保护方案的实施提供实际依据。

第三，修复保护材料选择及模拟实验。

根据之前文物信息整理及分析检测得出的数据以及文物本身的具体情况，筛选合适的保护材料、试剂以及方法。

第四，文物的具体保护修复措施、步骤及要求。

①渗透加固：采用德国环氧进行渗透加固。

②表面清理：去除铁器表面外来的附着物。根据前面的科学观察和分析，在了解清洗对象的结构、成分及性质后，先通过小面积的试验，确定所选择的清洗方法及试剂在实施时安全有效，不会对文物造成机械磨损、腐蚀等不良影响。一般采用机械方法（如手工、超声波等），在附着物难以去除的情况下，可采用化学法配合机械方法进行清洗，清洗完毕后一定要用清水将化学试剂冲洗干净。

③除锈：去除铁器表面不稳定并会继续发展、对本体造成影响的锈蚀产物。除锈操作结束要保证器物整体风格统一，不对文物本体造成损伤。常使用的除锈方法有：机械除锈法（人工研磨除锈、超声波除锈、激光除锈）、化学除锈法、电化学除锈法等。

④封护：为了能够有效地抵抗外界有害成分的侵蚀、环境变化的影响，铁器文物表面需要采用封护剂封护。要求封护剂不易分解、对文物外观改变小、耐老化、有效期长。现在使用较多的是 B72。

⑤拍照记录，验收入库。

第五，文物档案资料整理。

保护修复档案的记录、整理对今后文物的保存、再修复都有着重要的指导意义，在完成保护修复操作后需要对保护修复记录进行整理，并按照相关标准编写整理出修复档案。

四 保护修复后的保存环境建议

保护修复后的文物应保存在稳定、清洁的环境中,由于铁器化学性质活泼,很容易受到外界保存环境的干扰,所以建议有独立的展台进行存放,并控制其温湿度及有害气体(温度:20±2℃;相对湿度:20%—40%;照度:不大于300lux;并确保不含氯、硫等元素的气体)。

五 保护修复前后对比图

图2-7-1 铁矛(上:修复前,下:修复后)

图2-7-2 铁刀(上:修复前,下:修复后)

图 2-7-3　1 号铠甲片（上：修复前，下：修复后）

图 2-7-4　2 号铠甲片（上：修复前，下：修复后）

图 2-7-5　3 号铠甲片（上：修复前，下：修复后）

图 2-7-6　4 号铠甲片（上：修复前，下：修复后）

图2-7-7 5号铠甲片（上：修复前，下：修复后）

图2-7-8 6号铠甲片（上：修复前，下：修复后）

执笔：赵君妮

附记：本文物保护项目负责人为刘永茂，项目组成员有赵君妮、张亚玲。在项目实施过程中得到中国社会科学院考古研究所王浩天和陕西省考古研究院赵西晨、宋俊荣等先生的指导，谨表感谢。

第三篇
中国社会科学院考古研究所博物馆西安分馆陈列

前　　言

中国科学院考古研究所（1977年改属中国社会科学院）于1954年设立西安研究室，随之在中国西北地区开展了多项田野调查和发掘，大部分工作延续至今。这个陈列即是半个多世纪以来西安研究室田野考古成果的一个展示（图3-0-1）。

图3-0-1　中国社会科学院考古研究所博物馆西安分馆大厅

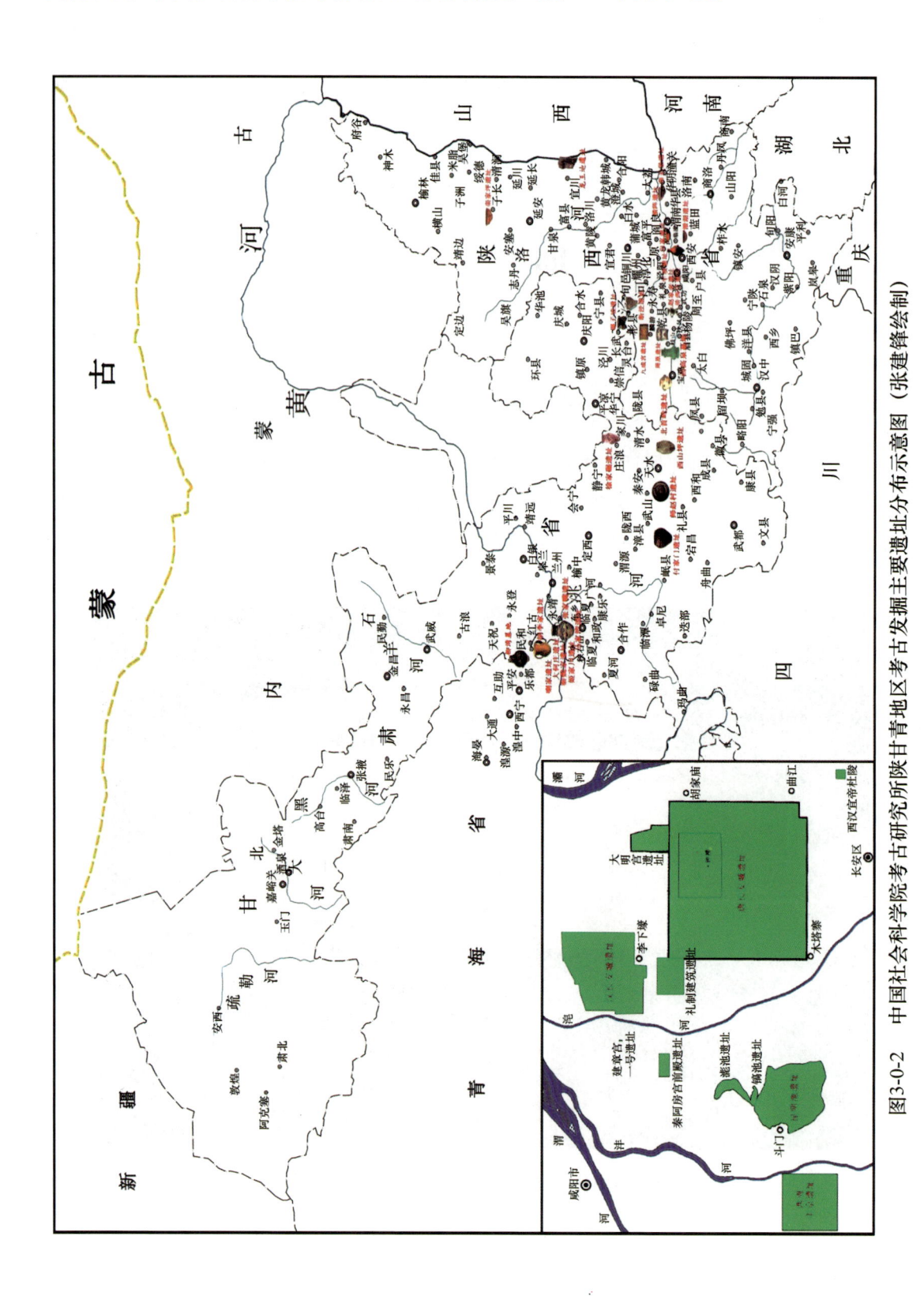

发现长安:中国社会科学院考古研究所西安研究室成立六十周年纪念

图3-0-2 中国社会科学院考古研究所甘青地区考古发掘主要遗址分布示意图（张建锋绘制）

石器时期

从西安研究室成立之前半坡遗址的发掘,到华阴西关堡、横阵、宝鸡北首岭、武功浒西庄、赵家来、临潼白家、蓝田泄湖、子长栾家坪、宜川龙王辿等一系列重要遗址的考古工作,中国社会科学院考古研究所以明确的课题意识,引领学术发展的潮流,为探求中华远古文明的起源、构建中国史前文化的谱系和年代框架提供了丰富的资料,为中国史前考古学的发展做出了重要贡献(图3-1-1)。

图3-1-1 中国社会科学院考古研究所博物馆西安分馆石器时期陈列

图 3-1-2　石端刮器　7177
旧石器时代晚期
陕西宜川龙王辿遗址
通长 3.0 厘米、通宽 1.9 厘米、厚 0.4 厘米

图 3-1-3　石刮削器　145
旧石器时代晚期
陕西宜川龙王辿遗址
通长 2.5 厘米、通宽 2.3 厘米、厚 1.0 厘米

图 3-1-4　细石核　4349
旧石器时代晚期
陕西宜川龙王辿遗址
通长 2.2 厘米、通宽 1.1 厘米、厚 0.9 厘米

图 3-1-5　石雕刻器　296
旧石器时代晚期
陕西宜川龙王辿遗址
通长 2.1 厘米、通宽 1 厘米、厚 0.4 厘米

图 3-1-6　蚌饰品　06YHLWCI④7
旧石器时代晚期
陕西宜川龙王辿遗址
通长 3.3 厘米、通宽 1.8 厘米、厚 0.3 厘米

图 3-1-7　石锯　132
旧石器时代晚期
陕西宜川龙王辿遗址
通长 3.8 厘米、通宽 2.3 厘米、厚 0.4 厘米

图 3-1-8　细石核　5446
旧石器时代晚期
陕西宜川龙王辿遗址
通长 2.3 厘米、通宽 1.4 厘米、厚 1.1 厘米

图 3-1-9　石钻　7489
旧石器时代晚期
陕西宜川龙王辿遗址
通长 2.2 厘米、通宽 1.7 厘米、厚 0.9 厘米

图 3-1-10　细石核　5439
旧石器时代晚期
陕西宜川龙王辿遗址
通长 2.8 厘米、通宽 1.5 厘米、厚 1.1 厘米

图 3-1-11　细石核　5559
旧石器时代晚期
陕西宜川龙王辿遗址
通长 3.5 厘米、通宽 2.9 厘米、厚 1.4 厘米

图 3-1-12　石雕刻器　4195
旧石器时代晚期
陕西宜川龙王辿遗址
通长 3 厘米、通宽 1.2 厘米、厚 0.7 厘米

图 3-1-13　石雕刻器　432
旧石器时代晚期
陕西宜川龙王辿遗址
通长 3.3 厘米、通宽 1.8 厘米、厚 0.9 厘米

图 3-1-14　三足陶钵　83T316（2A）
老官台文化
陕西临潼白家遗址
通高14.6厘米、口径31.3厘米

图 3-1-15　圜底陶钵　83SlBT313（2）:62
老官台文化
陕西临潼白家遗址
通高12.2厘米、口径35.3厘米

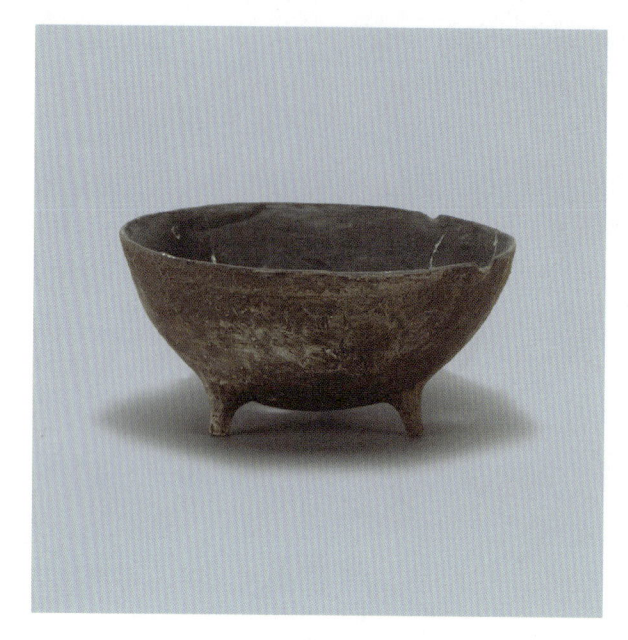

图3-1-16　三足陶钵　83T310（2B）
老官台文化
陕西临潼白家遗址
通高9.9厘米、口径20.8厘米

图3-1-17　三足陶钵　83T317（2A）
老官台文化
陕西临潼白家遗址
通高13.4厘米、口径20厘米

图 3－1－18　三足陶罐　83T309（2B）
老官台文化
陕西临潼白家遗址
通高 36.4 厘米、口径 24.3 厘米

图 3－1－19　小口平底陶罐　T312（2A）
老官台文化
陕西临潼白家遗址
通高 26.2 厘米、口径 11.3 厘米、腹径 31 厘米、底径 8 厘米

图 3-1-20　三足陶罐　T114 H2W3
老官台文化
陕西临潼白家遗址
通高 54 厘米、口径 25.8 厘米、腹径 31 厘米

图 3-1-21　三足陶罐　77BIT2M13:4
老官台文化
陕西宝鸡北首岭遗址
通高 13.8 厘米、口径 9.1 厘米、腹径 11 厘米

图 3-1-22　陶罐　77BIT2M18:4
老官台文化
陕西宝鸡北首岭遗址
通高 14.5 厘米、口径 11 厘米、腹径 14 厘米、底径 5 厘米

图 3-1-23　陶钵　77BIT2M13:3
老官台文化
陕西宝鸡北首岭遗址
通高 7 厘米、口径 16 厘米、底径 7.5 厘米

图 3-1-24　陶钵　77BIT2M18:②
老官台文化
陕西宝鸡北首岭遗址
通高 6.5 厘米、口径 11.3 厘米、底径 4.6 厘米

图 3-1-25　陶盂　77BIT2M13:5
老官台文化
陕西宝鸡北首岭遗址
通高 9.1 厘米、口径 7.8 厘米、腹径 9 厘米、底径 4.6 厘米

图 3-1-26　陶钵　77BIT2M18:①
老官台文化
陕西宝鸡北首岭遗址
通高 5.5 厘米、口径 14.1 厘米、底径 5.2 厘米

图 3-1-27　陶钵　77BIT2M13:2
老官台文化
陕西宝鸡北首岭遗址
通高 6.5 厘米、口径 15.8 厘米、底径 6.8 厘米

图 3-1-28　石铲　77BIT2H13
仰韶文化
陕西宝鸡北首岭遗址
通长 14.8 厘米、通宽 13.7 厘米、厚 1.4 厘米

图 3-1-29　石刀　T136:2
仰韶文化
陕西宝鸡北首岭遗址
通长 15.8 厘米、通宽 6.6 厘米、厚 1.6 厘米

图 3-1-30　石斧　F23:18
仰韶文化
陕西宝鸡北首岭遗址
通长 15.4 厘米、通宽 7.1 厘米、厚 3.3 厘米

图 3-1-31　石网坠　T93:2
仰韶文化
陕西宝鸡北首岭遗址
通长 6.8 厘米、通宽 5.2 厘米、厚 1.3 厘米

(正)　　(反)

图 3-1-32　陶刀　58BIT78:2(2)
仰韶文化
陕西宝鸡北首岭遗址
通长 8.1 厘米、通宽 5.1 厘米、厚 0.8 厘米

图 3-1-33 石锛 F35:16
仰韶文化
陕西宝鸡北首岭遗址
通长 5.8 厘米、通宽 3.7 厘米、厚 1.1 厘米

图 3-1-34 石饰品 77BIT2M14:6
仰韶文化
陕西宝鸡北首岭遗址
通长 8.1 厘米、通宽 1.6 厘米、厚 1.4 厘米

图 3-1-35 彩陶瓶 58BIM45:③
仰韶文化
陕西宝鸡北首岭遗址
通高 25.5 厘米、腹径 19 厘米、底径 7.3 厘米

图 3-1-36 陶瓶 77BM12:5
仰韶文化
陕西宝鸡北首岭遗址
通高 20.6 厘米、腹径 16.5 厘米、底径 4.8 厘米

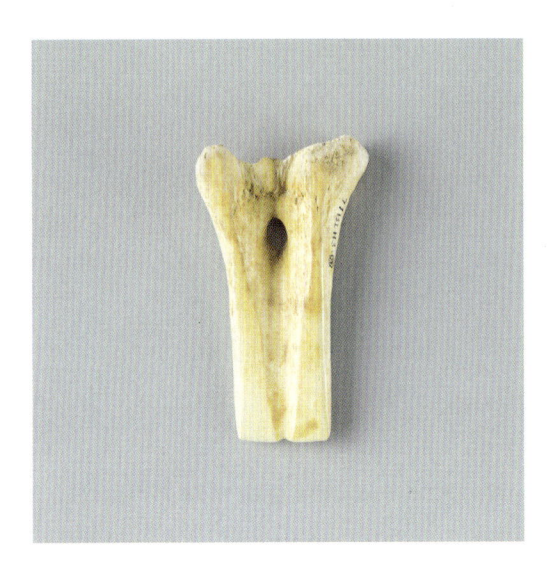

图 3-1-37　骨铲　77BIH3：⑧
仰韶文化
陕西宝鸡北首岭遗址
通长 7.5 厘米、通宽 4.4 厘米、厚 1.1 厘米

图 3-1-38　骨匕　60BIIT126：2：①
仰韶文化
陕西宝鸡北首岭遗址
通长 10.7 厘米、通宽 2.3 厘米、厚 0.2 厘米

图 3-1-39　骨匕　H32：11
仰韶文化
陕西宝鸡北首岭遗址
通长 8.9 厘米、通宽 2.0 厘米、厚 0.3 厘米

图 3-1-40　骨匕　60BIT128（3）3A
仰韶文化
陕西宝鸡北首岭遗址
通长 5.5 厘米、通宽 2.3 厘米、厚 0.2 厘米

图3-1-41 骨器 59BIIT116（3）:4
仰韶文化
陕西宝鸡北首岭遗址
通长4.4厘米、通宽1.4厘米、厚0.2厘米

图3-1-42 雕花骨器 77BIT3:3:(11)
仰韶文化
陕西宝鸡北首岭遗址
通长10.2厘米、通宽1.3厘米、厚0.4厘米

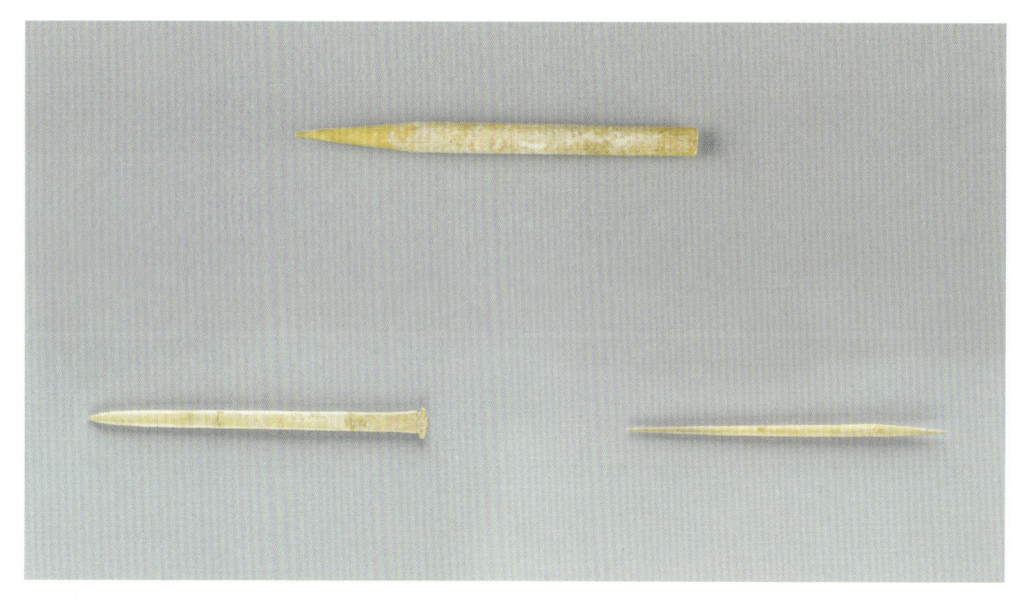

图3-1-43 骨簪 77BIT4M15:2；77BIT1:⑤:16；77BIM6甲:8
仰韶文化
陕西宝鸡北首岭遗址
通长11.7厘米、直径0.7厘米；
通长14.3厘米、通宽1.3厘米、厚0.4厘米；
通长18.2厘米、直径0.7厘米

图3-1-44 骨镞 78BIT5M17；77BIF3：⑧；77BIT2：6：④
仰韶文化
陕西宝鸡北首岭遗址
通长10.8厘米、通宽1.2厘米、厚0.7厘米；
通长10.2厘米、通宽1.1厘米、厚0.4厘米；
通长10.4厘米、通宽0.9厘米、厚0.5厘米

图 3-1-45　骨镞　77BIT2M1:4
仰韶文化
陕西宝鸡北首岭遗址
通长 10.6 厘米、通宽 0.9 厘米、厚 0.5 厘米

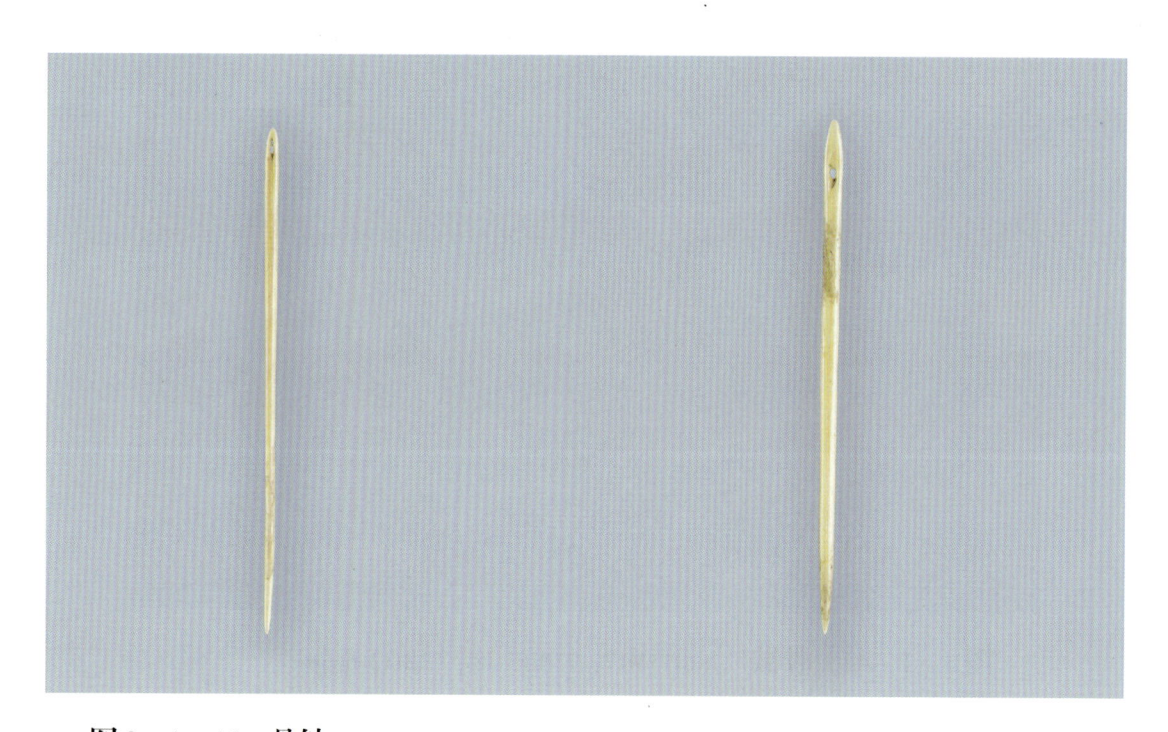

图 3-1-46　骨针
仰韶文化　78H11:8；T141:2:7
陕西宝鸡北首岭遗址
通长 8.4 厘米、直径 0.2 厘米；
通长 8.5 厘米、直径 0.3 厘米

图3-1-47 蚌饰 59BIT116:4:8
仰韶文化
陕西宝鸡北首岭遗址
通长4.1厘米、通宽1.5厘米、厚0.3厘米

图3-1-48 蚌饰 59BIT116:4
仰韶文化
陕西宝鸡北首岭遗址
直径1.4厘米、厚0.2厘米

图3-1-49 牙饰 78T5:5:9
仰韶文化
陕西宝鸡北首岭遗址
通长3.9厘米、通宽1.0厘米、厚0.7厘米

图3-1-50 牙饰 78BIM3:1
仰韶文化
陕西宝鸡北首岭遗址
通长12.3厘米、通宽1.5厘米、厚0.5厘米

图3-1-51 船形陶壶 77BIT4M5:1
仰韶文化
陕西宝鸡北首岭遗址
通长31.8厘米、通高23.5厘米、口径5.8厘米、腹径18厘米

图3-1-52 尖底陶瓶 60BIF23:23
仰韶文化
陕西宝鸡北首岭遗址
通高82厘米、口径6.8厘米、腹径25厘米

图3-1-53 陶鼎 80SWHT18:4
庙底沟二期文化
陕西武功浒西庄遗址
通高25.8厘米、口径25厘米

图3-1-54 陶斝 H33:21
庙底沟二期文化
陕西武功浒西庄遗址
通高29厘米、口径19厘米

图 3-1-55　单耳陶罐　79SWHT2:38
庙底沟二期文化
陕西武功浒西庄遗址
通高 19.9 厘米、口径 13 厘米、腹径 14.3 厘米、底径 9.7 厘米

图 3-1-56　陶罐　80SWHT15:H29
庙底沟二期文化
陕西武功浒西庄遗址
通高 20.2 厘米、口径 14 厘米、腹径 14.4 厘米、底径 9 厘米

图 3-1-57　深腹陶盆　H4:1
庙底沟二期文化
陕西武功浒西庄遗址
通高 25.9 厘米、口径 33 厘米、底径 16.5 厘米

图 3-1-58　单耳陶罐　灰坑采集 01
庙底沟二期文化
陕西武功浒西庄遗址
通高 17.7 厘米、口径 10.5 厘米、腹径 14.2 厘米、底径 8 厘米

图 3-1-59　陶鬲　81SWZ T101④A:4
客省庄文化
陕西武功赵家来遗址
通高 31.8 厘米、口径 18.5 厘米

图 3-1-60　陶鬲　81SWZT113:(5) F8:2
客省庄文化
陕西武功赵家来遗址
通高 25.6 厘米、口径 14.7 厘米

图 3-1-61　陶鬲　81SWZ T102⑥B:7
客省庄文化
陕西武功赵家来遗址
通高21.1厘米、口径11.8厘米

图 3-1-62　陶罐　81SWZ T103⑥A下H7:1
客省庄文化
陕西武功赵家来遗址
通高16.7厘米、口径13.2厘米

图 3-1-63　陶罐　82SWZ T110:8
客省庄文化
陕西武功赵家来遗址
通高 13.7 厘米、口径 18.3 厘米、腹径 16.6 厘米、底径 9.3 厘米

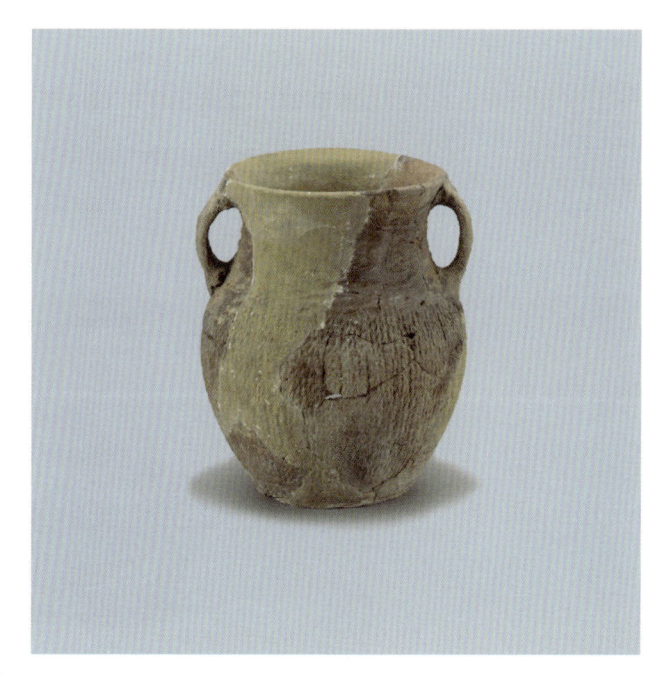

图 3-1-64　双耳圆腹陶罐　81SWZT113H20:2
客省庄文化
陕西武功赵家来遗址
通高 20.4 厘米、口径 14.1 厘米、腹径 17.4 厘米、底径 10 厘米

图 3-1-65　双耳折腹陶罐　T112⑦A:6
客省庄文化
陕西武功赵家来遗址
通高 13.8 厘米、口径 10.5 厘米、腹径 13.8 厘米、底径 7 厘米

图 3-1-66　彩陶壶　M352:6
马家窑文化
青海乐都柳湾遗址
通高 25.4 厘米、口径 8.7 厘米、腹径 21.2 厘米、底径 8.8 厘米

图 3-1-67　彩陶壶　M564:23
马家窑文化
青海乐都柳湾遗址
通高 30.7 厘米、口径 9.8 厘米、腹径 24.6 厘米、底径 9.7 厘米

图 3-1-68　彩陶壶　M564:28
马家窑文化
青海乐都柳湾遗址
通高 31.6 厘米、口径 8.7 厘米、腹径 28.3 厘米、底径 10.4 厘米

图 3-1-69　彩陶壶　M564:8
马家窑文化
青海乐都柳湾遗址
通高 29.9 厘米、口径 8.5 厘米、腹径 24.2 厘米、底径 11.2 厘米

图 3-1-70　双耳彩陶罐　M564:4
马家窑文化
青海乐都柳湾遗址
通高 10.3 厘米、口径 10 厘米、腹径 11.6 厘米、底径 5.6 厘米

图 3-1-71　侈口陶罐　M243:1
马家窑文化
青海乐都柳湾遗址
通高 11 厘米、口径 13.6 厘米、底径 6.9 厘米

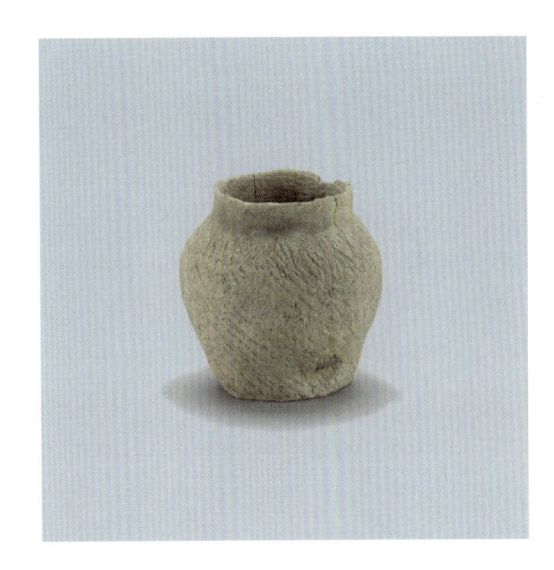

图 3-1-72　陶罐　M54:10
马家窑文化
青海乐都柳湾遗址
通高 10.2 厘米、口径 7 厘米、腹径 10.4 米、底径 6 厘米

图 3-1-73　双耳彩陶罐　M1014:18
马家窑文化
青海乐都柳湾遗址
通高 12.1 厘米、口径 9 厘米、腹径 12.4 厘米、底径 7.3 厘米

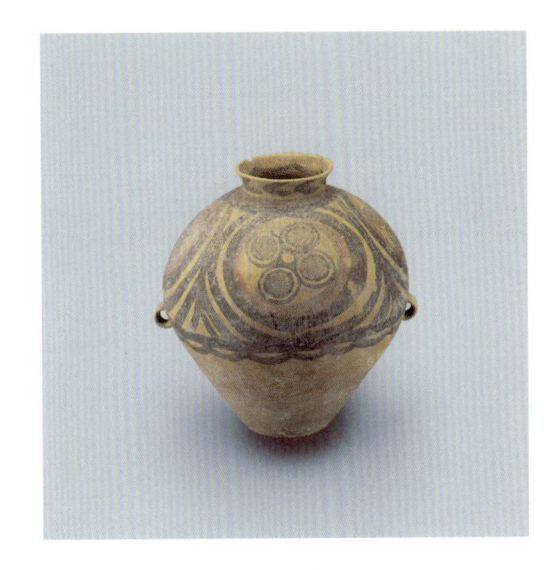

图 3-1-74　彩陶罐　59KG4M6:3
马家窑文化
青海乐都柳湾遗址
通高 38.2 厘米、口径 13.8 厘米、腹径 36 厘米、底径 11.5 厘米

图 3-1-75　双耳彩陶罐　M564:12
齐家文化
青海乐都柳湾遗址
通高 7.7 厘米、口径 12 厘米、腹径 12.8 厘米、底径 7.2 厘米

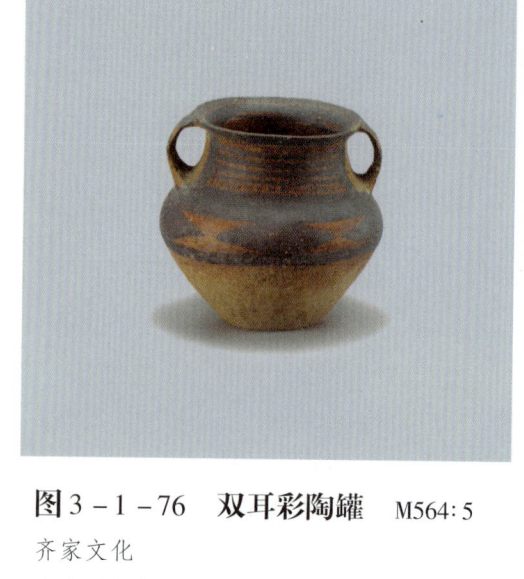

图 3-1-76　双耳彩陶罐　M564:5
齐家文化
青海乐都柳湾遗址
通高 11.6 厘米、口径 9.5 厘米、腹径 12.5 厘米、底径 5.6 厘米

图 3-1-77　双耳彩陶罐　M564:82
齐家文化
青海乐都柳湾遗址
通高 9.2 厘米、口径 12.9 厘米、腹径 12.2 厘米、底径 5.6 厘米

图 3-1-78　双耳彩陶罐　M847:2
齐家文化
青海乐都柳湾遗址
通高 13.6 厘米、口径 9.5 厘米、腹径 13.5 厘米、底径 6 厘米

图 3-1-79　双耳陶罐　M770:8
齐家文化
青海乐都柳湾遗址
通高9.7厘米、口径8.6厘米、腹径10厘米、底径5厘米

图 3-1-80　双耳陶罐　M579:3
齐家文化
青海乐都柳湾遗址
通高11.6厘米、口径6.5厘米、腹径10厘米、底径4.9厘米

图 3-1-81　双耳彩陶罐　M564:2
齐家文化
青海乐都柳湾遗址
通高9.4厘米、口径9.2厘米、腹径10.5厘米、底径4.8厘米

图 3-1-82　双耳彩陶罐　M564:6
齐家文化
青海乐都柳湾遗址
通高8.4厘米、口径11.8厘米、腹径12.3厘米、底径5.6厘米

图 3-1-83　陶罐　M388:38
齐家文化
青海乐都柳湾遗址
通高 10.4 厘米、口径 12 厘米、腹径 16.9 厘米、底径 7.1 厘米

商周时期

周文化发源、成长、形成于陕甘地区，这一区域在探索中华文明进程中占有极其重要的地位。自20世纪50年代至今，中国社会科学院考古研究所围绕周文化在泾渭流域开展了一系列田野调查，先后于丰镐、周原、碾子坡、断泾等遗址进行考古发掘，并将研究范围延伸至周边的寺洼文化徐家碾遗址和东周时期的客省庄、西高泉遗址（图3-2-1）。

图3-2-1 中国社会科学院考古研究所博物馆西安分馆商周时期陈列

图 3-2-2　陶鬲　蒙小红捐献 95BXD
商
陕西彬县断泾遗址
通高 10.6 厘米、口径 14 厘米

图 3-2-3　陶鬲　95BXDM7:1
商
陕西彬县断泾遗址
通高 9.7 厘米、口径 13 厘米

图 3-2-4　陶鬲　95BXD
商
陕西彬县断泾遗址
通高 12.8 厘米、口径 12.6 厘米

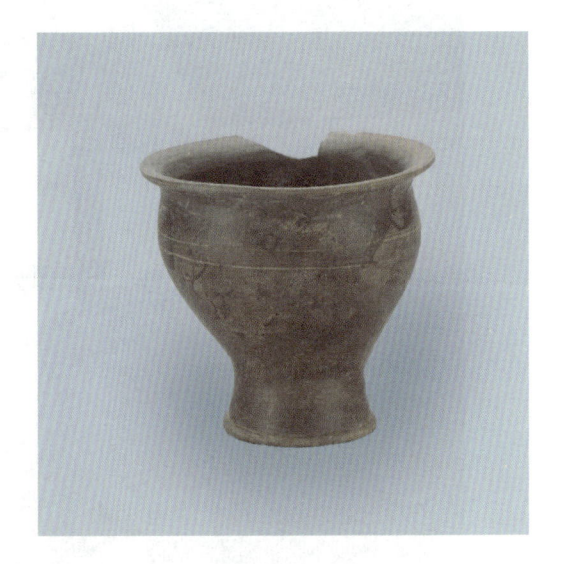

图 3-2-5　陶簋　95BXDM7:2
商
陕西彬县断泾遗址
通高 18 厘米、口径 19 厘米、腹径 17 厘米、底径 10 厘米

图 3-2-6　陶簋　95BXDM7:3、5
商
陕西彬县断泾遗址
通高 12 厘米、口径 9 厘米、腹径 8.8 厘米、底径 6.5 厘米

图 3-2-7　陶簋　95BXDM7:4、6
商
陕西彬县断泾遗址
通高 7.8 厘米、口径 6.7 厘米、腹径 8.2 厘米、底径 5.5 厘米

图 3-2-8　陶鬲　采集于邠县香庙乡南河滩杜家村
商
陕西彬县北芦遗址
通高 10.9 厘米、口径 13.2 厘米

图 3-2-9　陶鬲　采集于邠县香庙乡南河滩杜家村
商
陕西彬县北芦遗址
通高 11.4 厘米、口径 13 厘米

图 3-2-10 陶罐 85SC 碾 MH192:2
商
陕西长武碾子坡遗址
通高 22.6 厘米、口径 11.1 厘米、腹径 19.2 厘米、底径 8.5 厘米

图 3-2-11 陶盆 83SC 碾 H131:92
商
陕西长武碾子坡遗址
通高 23.6 厘米、口径 26 厘米、底径 14.8 厘米

图 3-2-12 陶鬲 80SC 碾 M1:1
商
陕西长武碾子坡遗址
通高 16.3 厘米、口径 12.8 厘米

图 3-2-13 陶鬲 84SC 碾 M1124
商
陕西长武碾子坡遗址
通高 12.2 厘米、口径 13.8 厘米

图3-2-14　陶鬲　84SC碾M660
商
陕西长武碾子坡遗址
通高12.3厘米、口径13.7厘米

图 3-2-15 陶罐 83SC 碾 H131、H134、H140 三处拼接
商
陕西长武碾子坡遗址
通高 26.2 厘米、口径 26 厘米、腹径 28 厘米、底径 11.8 厘米

图 3-2-16　陶甗　83SC 碾 H1104、H192、T172③三处拼接
商
陕西长武碾子坡遗址
通高 34.6 厘米、口径 24 厘米

图 3-2-17　陶盆　84SC 碾 H151：133
商
陕西长武碾子坡遗址
通高 17.1 厘米、口径 20 厘米、底径 11.4 厘米

(侧)　(底)

图 3-2-18　陶甑　85SC 碾 H134:4
商
陕西长武碾子坡遗址
通高 15.3 厘米、口径 24.3 厘米、底径 10 厘米

图 3-2-19 陶豆 85SC 碾 H151、188、189 三处拼接
商
陕西长武碾子坡遗址
通高 18 厘米、口径 26.5 厘米、底径 15.7 厘米

图3-2-20 陶鬲 85SC碾M1202
商
陕西长武碾子坡遗址
通高11.7厘米、口径10.5厘米

发现长安：中国社会科学院考古研究所西安研究室成立六十周年纪念

（侧） （底）

图 3-2-21 双耳陶鬲
商
陕西长武碾子坡遗址
通高 12.4 厘米、口径 11.3 厘米

图 3-2-22 陶鬲 84SC 碾 M1129
商
陕西长武碾子坡遗址
通高 12.4 厘米、口径 13 厘米

图 3-2-23 陶器盖 80SC 碾 H2:29
商
陕西长武碾子坡遗址
通高 8.9 厘米、口径 18.2 厘米

图 3-2-24　陶器盖　83SC 碾 H134:2
商
陕西长武碾子坡遗址
通高 13 厘米、口径 25.6 厘米

图 3-2-25　陶盆　84SC 碾 H151、85SC 碾 H191 二处拼接
商
陕西长武碾子坡遗址
通高 17 厘米、口径 23.3 厘米、底径 11.5 厘米

图 3-2-26　陶盆　83SC 碾 H131:97
商
陕西长武碾子坡遗址
通高 23.8 厘米、口径 25.7 厘米、底径 15.4 厘米

图 3-2-27　陶豆　83SC 碾 H131:75
商
陕西长武碾子坡遗址
通高 11.9 厘米、口径 17.7 厘米、底径 10.4 厘米

图 3-2-28　陶豆　84SC 碾 H151:88
商
陕西长武碾子坡遗址
通高 10.7 厘米、口径 17.8 厘米、底径 9.2 厘米

图 3-2-29　卜骨　84SC 碾 H151:110
商
陕西长武碾子坡遗址
通长 10.7 厘米、通宽 6 厘米

图 3-2-30　卜骨　84SC 碾 H139:2
商
陕西长武碾子坡遗址
通长 16.3 厘米、通宽 6.2 厘米

图 3-2-31　卜骨　84SC 碾 H139:3
商
陕西长武碾子坡遗址
通长 9.7 厘米、通宽 7 厘米

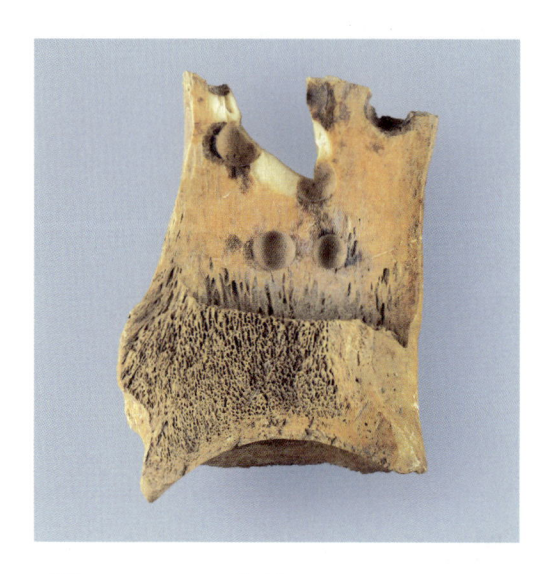

图 3-2-32　卜骨　84SC 碾 H139:1
商
陕西长武碾子坡遗址
通长 9.8 厘米、通宽 7 厘米

图 3-2-33　鹿角　84SC 碾 H138:3
商
陕西长武碾子坡遗址
残长 23.9 厘米、通宽 4.4 厘米、厚 3 厘米

图 3-2-34　**陶豆**　86SC 碾 H1156:1
商
陕西长武碾子坡遗址
通高 10.6 厘米、口径 15.6 厘米、底径 9.5 厘米

图 3 - 2 - 35　石球　80SC 碾 T6H7∶21；80SC 碾 T6H179∶28
商
陕西长武碾子坡遗址
直径 4.8—5.5 厘米；直径 3.6 厘米

图 3 - 2 - 36　石锤斧　80SC 碾 H6∶1
商
陕西长武碾子坡遗址
残长 7.3 厘米、通宽 5 厘米、厚 4.4 厘米

图 3 - 2 - 37　石刀　83SC 碾 H131∶15
商
陕西长武碾子坡遗址
残长 5.8 厘米、通宽 4.5 厘米、厚 0.4 厘米

图 3-2-38　石刀　85SC 碾 H191:63
商
陕西长武碾子坡遗址
残长 4.5 厘米、通宽 4.8 厘米、厚 0.6 厘米

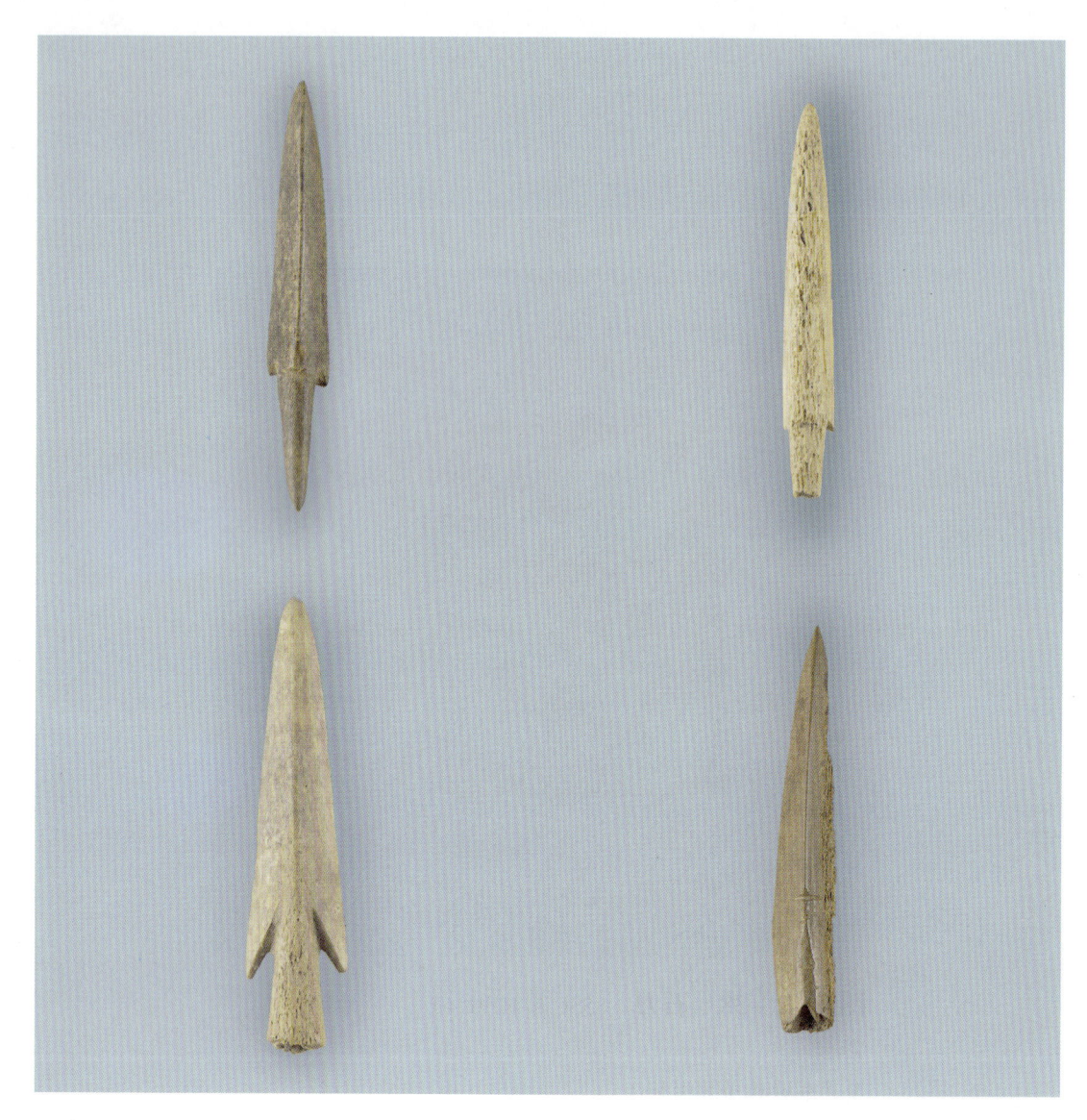

图 3-2-39　骨镞　84SC 碾 H151:73；84SC 碾 H151:72；84SC 碾 H151:71；83SC 碾 H134:15
商
陕西长武碾子坡遗址
通长 7.7 厘米、通宽 1.2 厘米、厚 0.9 厘米；
通长 6.5 厘米、通宽 0.9 厘米、厚 0.8 厘米；
通长 7 厘米、通宽 1.6 厘米、厚 1.2 厘米；
通长 7.5 厘米、通宽 1.1 厘米、厚 1.1 厘米

图 3-2-40 蚌壳 84SC 碾 H166:2
商
陕西长武碾子坡遗址
通长 5.1 厘米、通宽 2.4 厘米

图 3-2-41 蚌壳 84SC 碾 H151:18
商
陕西长武碾子坡遗址
残长 6.3 厘米、残宽 4 厘米

图 3-2-42 陶纺轮 84SC 碾 H138:4
商
陕西长武碾子坡遗址
直径 5 厘米、厚 1.3 厘米

图 3-2-43　残陶环　84SC 碾 H153：3；84SC 碾 H153：4
商
陕西长武碾子坡遗址
残长 5 厘米、厚 1.2 厘米；
残长 6.3 厘米、厚 1.0 厘米

图 3-2-44　铜戈　83SCKM1：14；83SCKM1：15
商
陕西长安丰镐遗址
通长 28.7 厘米、通宽 6 厘米、厚 0.4 厘米；
通长 28.2 厘米、通宽 6.5 厘米、厚 0.3 厘米

图3-2-45 铜镞 83SCKM1:9；83SCKM1:10；83SCKM1:11；83SCKM1:12

商

陕西长安丰镐遗址

通长5.5厘米、通宽1.8厘米；

通长5.1厘米、通宽1.9厘米；

通长5.3厘米、通宽1.8厘米；

残长4.6厘米、残宽1.6厘米

图 3-2-46 铜弓形器　83SCKM1:13
商
陕西长安丰镐遗址
通高 8.5 厘米、通长 35.5 厘米、通宽 3.9 厘米

图 3-2-47 陶鬲　83SCKM1:1
商
陕西长安丰镐遗址
通高 14.8 厘米、口径 14.7 厘米

图 3-2-48 骨管　83SCKM1:6
商
陕西长安丰镐遗址
通长 7.1 厘米、直径 2.3 厘米

骨管端面

图3-2-49 "田"字鬲
61SCMH10
商
陕西长安丰镐遗址
通高12厘米、口径13.7厘米

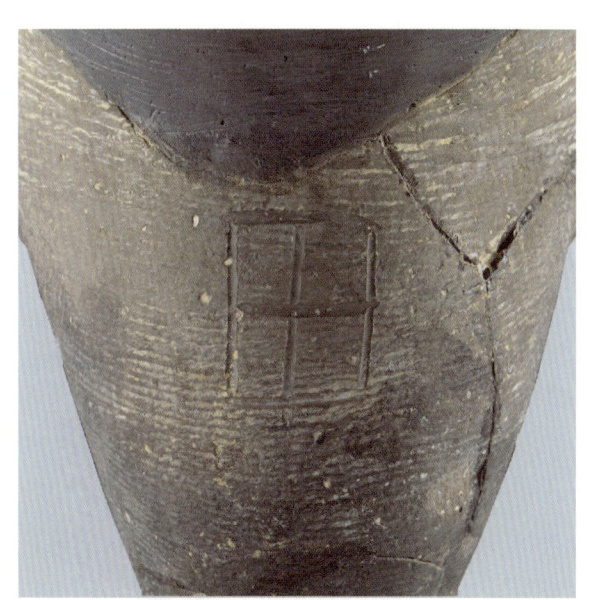

陶鬲"田"字刻划符号

图 3-2-50　铜鼎　67SCCM87:1
西周早期
陕西长安丰镐遗址
通高37厘米、口径30.6厘米
鼎内有兽骨，口沿内部有铭文

铜鼎内保存的动物骨骼　　　　　铜鼎文字拓片

图 3-2-51　铜觚　67SCCM87:6
西周早期
陕西长安丰镐遗址
通高27.3厘米、口径14.6厘米、底径8.7厘米

图 3-2-52　铜爵　67SCCM87：7
西周早期
陕西长安丰镐遗址
通高22.6厘米、口径8.2厘米、腹径6.2厘米

铜爵局部特写之一　　　　　铜爵局部特写之二

图 3-2-53　铜爵　67SCCM87∶8
西周早期
陕西长安丰镐遗址
通高22.1厘米、口径8.4厘米、腹径6.2厘米

铜爵局部特写

图 3-2-54 铜尊 67SCCM87:5
西周早期
陕西长安丰镐遗址
通高 27.3 厘米、口径 21.5 厘米、腹径 13.6 厘米、底径 14 厘米

图 3-2-55 铜斗 67SCCM87:9
西周早期
陕西长安丰镐遗址
残长 26.5 厘米、通宽 6.2 厘米

图 3-2-56　陶鬲　67SCCM87:15
西周早期
陕西长安丰镐遗址
通高 12 厘米、口径 12.3 厘米

图 3-2-57 铜簋 67SCCM87:3
西周早期
陕西长安丰镐遗址
通高 16.8 厘米、口径 23.5 厘米、腹径 21.8 厘米、底径 18.2 厘米

铜簋局部特写

图 3-2-58　铜提梁卣　67SCCM87:4
西周早期
陕西长安丰镐遗址
通高 33 厘米、口径 11.7×14.8 厘米、底径 16×19 厘米
盖内及内腹部有铭文

铜提梁卣内部铭文特写

图 3-2-59　铜鼎　67SCCM87:2
西周早期
陕西长安丰镐遗址
通高 20.6 厘米、口径 17.1 厘米

图 3-2-60　铜斧　67SCCM87:10
西周早期
陕西长安丰镐遗址
通长 9.7 厘米、通宽 4 厘米

图 3-2-61　铜凿　67SCCM87:13
西周早期
陕西长安丰镐遗址
通长 9.1 厘米、通宽 1.9 厘米

图3-2-62 铜锛 67SCCM87:12
西周早期
陕西长安丰镐遗址
通长9.9厘米、通宽3.9厘米

图3-2-63 铜戈 67SCCM87:11
西周早期
陕西长安丰镐遗址
通长19.9厘米、通宽9.6厘米

图3-2-64 铜矛 67SCCM87:14
西周早期
陕西长安丰镐遗址
通长22厘米、通宽3.7厘米

图3-2-65 铜戈 67SCCM35:17
西周早期
陕西长安丰镐遗址
通长22.2厘米、通宽9.6厘米、厚1.1厘米

图 3-2-66　铜带扣一对　67SCCM35：36
西周早期
陕西长安丰镐遗址
通长 2.5 厘米、通宽 1 厘米、通高 2.5 厘米

图 3-2-67　铜车踵　67SCCM35：20　　　　　　　　**铜车踵侧端**
西周早期
陕西长安丰镐遗址
通长 14.8 厘米、通宽 7.7 厘米、通高 6.5
厘米

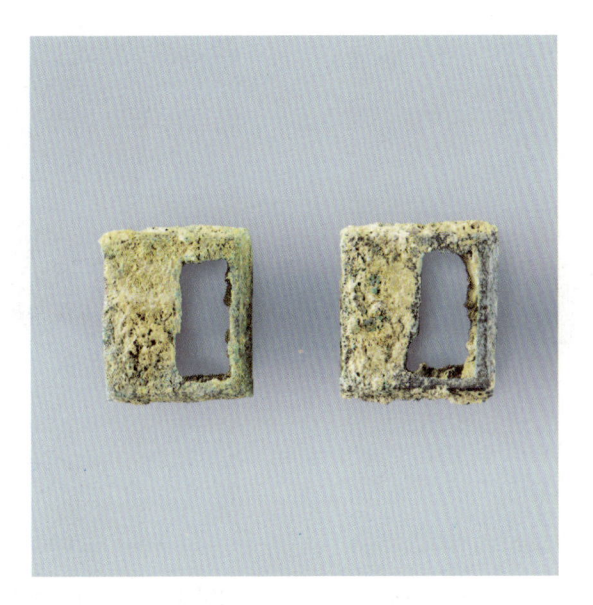

图3-2-68　铜带扣一对　67SCCM35:9
西周早期
陕西长安丰镐遗址
通长2.5厘米、通宽1厘米、通高2.5厘米

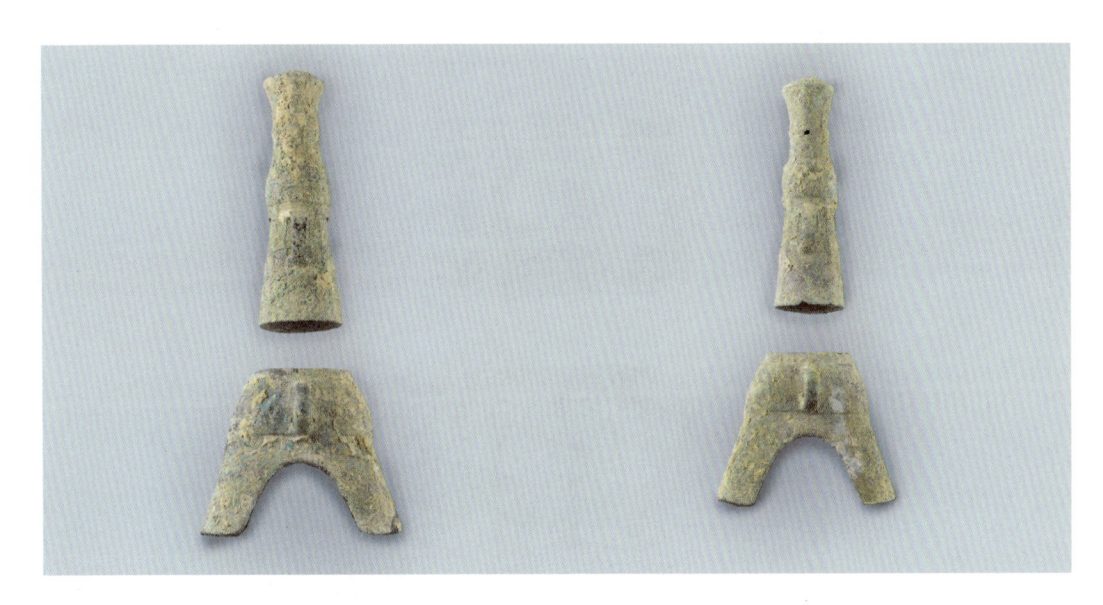

图3-2-69　铜轭　67SCCM35:11；67SCCM35:23
西周早期
陕西长安丰镐遗址
上部：通长13.7厘米、管径3.5—4.5厘米；
下部：通宽7厘米、通高8.5厘米

图 3-2-70　铜车軎　67SCCM35∶16
西周早期
陕西长安丰镐遗址
通长 19 厘米、管径 4.2—5.3 厘米

图 3-2-71　铜车軎　67SCCM35∶21
西周早期
陕西长安丰镐遗址
通长 19 厘米、管径 4.2—5.3 厘米

图 3-2-72　铜马镳一对　67SCCM35∶6
西周早期
陕西长安丰镐遗址
通长 8.6 厘米、通宽 5.5 厘米、厚 1.2 厘米

(正)　　　　　　　　　　　(反)

图 3-2-73　铜泡　67SCCM35:7
西周早期
陕西长安丰镐遗址
直径5.8厘米、厚1.1厘米

(正)　　　　　　　　　　　(反)

图 3-2-74　铜泡　67SCCM35:27
西周早期
陕西长安丰镐遗址
直径5.7厘米、厚1.2厘米

(正)

(反)

图 3-2-75 铜镞形饰 67SCCM35:5；67SCCM35:29
西周早期
陕西长安丰镐遗址
通长 4.5 厘米、通宽 2.5 厘米、厚 1 厘米；
通长 4.7 厘米、通宽 2.5 厘米、厚 1 厘米

图 3-2-76　铜马镳一对　67SCCM35:30

西周早期

陕西长安丰镐遗址

通长 8.4 厘米、通宽 5.8 厘米、厚 1.3 厘米

(正)

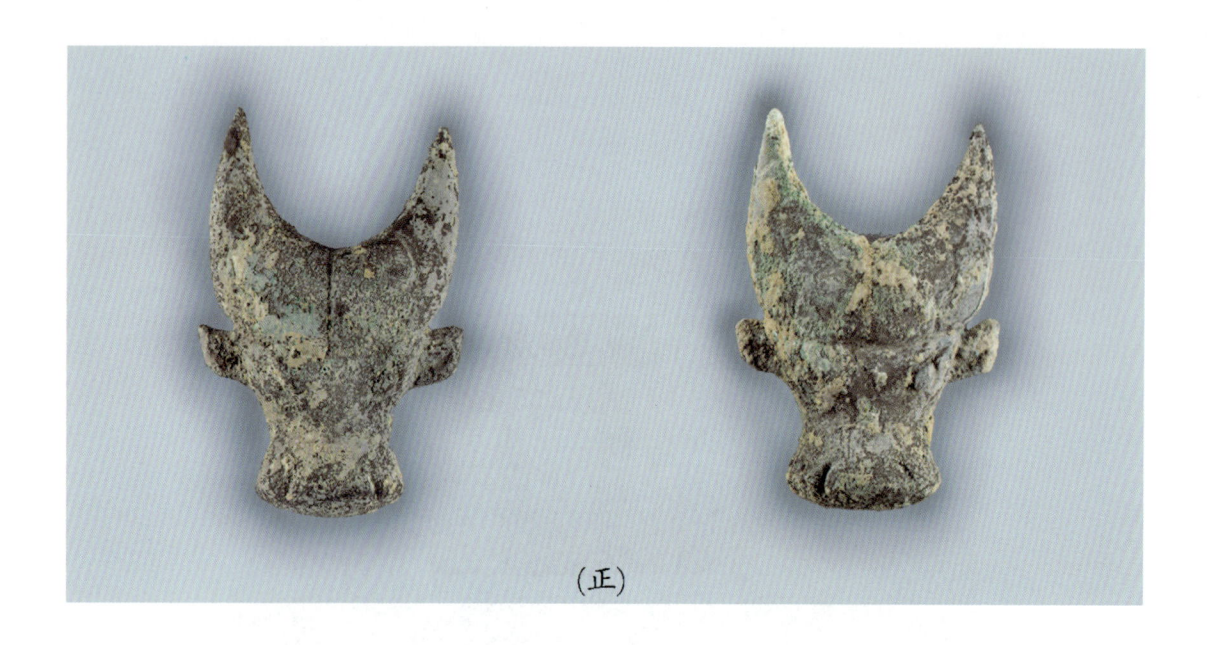

(反)

图 3-2-77 铜牛头泡 67SCCM35:4；67SCCM35:26
西周早期
陕西长安丰镐遗址
通高 6.2 厘米、通宽 4.3 厘米、厚 1.2 厘米；
通高 6.2 厘米、通宽 4.3 厘米、厚 1.2 厘米

(正)　　　　　　　　　　　　(反)

图 3-2-78　铜虎头泡　67SCCM35:8
西周早期
陕西长安丰镐遗址
通长 2.5 厘米、通宽 2.4 厘米、厚 0.5 厘米

(正)　　　　　　　　　　　　(反)

图 3-2-79　铜当卢　67SCCM35:31
西周早期
陕西长安丰镐遗址
通长 11.9 厘米、通宽 6.3 厘米

图 3-2-80　铜当卢　67SCCM35: 14
西周早期
陕西长安丰镐遗址
通长 11.9 厘米、通宽 6.3 厘米

图 3-2-81　铜虎头泡　67SCCM35: 32
西周早期
陕西长安丰镐遗址
通长 2.4 厘米、通宽 2.4 厘米

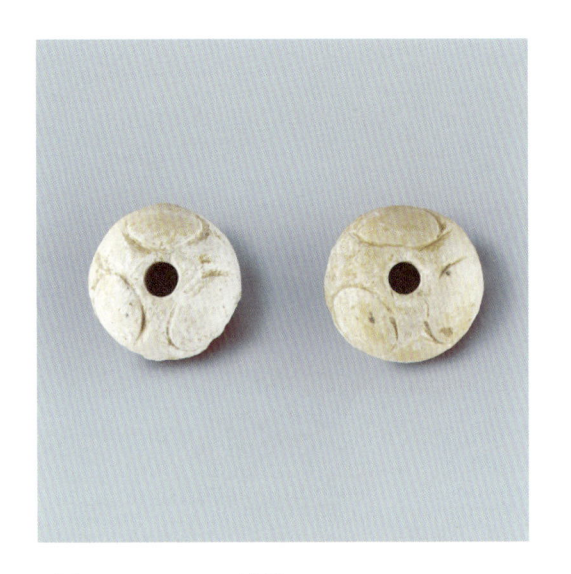

图 3-2-82　蚌泡　67SCCM35∶18
西周早期
陕西长安丰镐遗址
直径 2.6 厘米

图 3-2-83　陶鬲　61SCCM403∶6
西周中期
陕西长安丰镐遗址
通高 16 厘米、口径 15 厘米

图 3-2-84　陶簋　61SCCM403∶1
西周中期
陕西长安丰镐遗址
通高 14.8 厘米、口径 21.8 厘米、底径 11 厘米

图 3-2-85　陶壶　61SCCM403∶4
西周中期
陕西长安丰镐遗址
通高 27.1 厘米、口径 10.4 厘米、腹径 16.8 厘米、底径 16.4 厘米

图 3-2-86　陶罐　61SCCM403:5
西周中期
陕西长安丰镐遗址
通高 21.6 厘米、口径 14.1 厘米、腹径 23 厘米

图 3-2-87　陶簋　61SCCM403:2
西周中期
陕西长安丰镐遗址
通高 18.2 厘米、口径 24.4 厘米、底径 14.7 厘米

图 3-2-88　铜簋　86SCCM390:2
西周中期
陕西长安丰镐遗址
通高 13 厘米、口径 19.5 厘米、腹径 19.5 厘米、底径 17 厘米
簋内内底有铭文

铜簋内底铭文

图 3-2-89　铜鼎　61SCCM403∶3
西周中期
陕西长安丰镐遗址
通高 15.8 厘米、口径 14 厘米

图 3-2-90　铜鼎　86SCCM271∶1
西周中期
陕西长安丰镐遗址
通高 22.6 厘米、口径 19.7 厘米

图 3-2-91　铜鼎　86SCCM390∶1
西周中期
陕西长安丰镐遗址
通高 18.9 厘米、口径 16.3 厘米

图 3-2-92　陶盂　67SCCM106∶3
西周晚期
陕西长安丰镐遗址
通高 10.9 厘米、口径 10.7 厘米、腹径 14.4 厘米、底径 8 厘米

图 3-2-93 陶豆 67SCCM106:1
西周晚期
陕西长安丰镐遗址
通高 9.4 厘米、口径 17.1 厘米、底径 9.5 厘米

图 3-2-94 陶罐 67SCCM106:2
西周晚期
陕西长安丰镐遗址
通高 11.2 厘米、口径 7.3 厘米、腹径 13 厘米、底径 5.8 厘米

图 3-2-95 陶鬲 67SCCM115:3
西周晚期
陕西长安丰镐遗址
通高 9.1 厘米、口径 3.3 厘米

图 3-2-96 铜鼎 67SCCM115:2
西周晚期
陕西长安丰镐遗址
通高 16.5 厘米、口径 19.4 厘米

图 3-2-97　铜盂　67SCCM115：1
西周晚期
陕西长安丰镐遗址
通高 16.7 厘米、口径 25.3 厘米、腹径 23.8 厘米、底径 13.5 厘米

图 3-2-98　漆盘　67SCCM115：8、9
西周晚期
陕西长安丰镐遗址
通长 40 厘米、通宽 37 厘米、通高 13.2 厘米

图 3-2-99　铜盨　64SCCM1∶1
西周晚期
陕西长安丰镐遗址
通高 19.6 厘米、通长 31.4 厘米、通宽 20.1 厘米
盖内及内腹部有铭文

铜盨内腹部铭文

铜盨盖内铭文

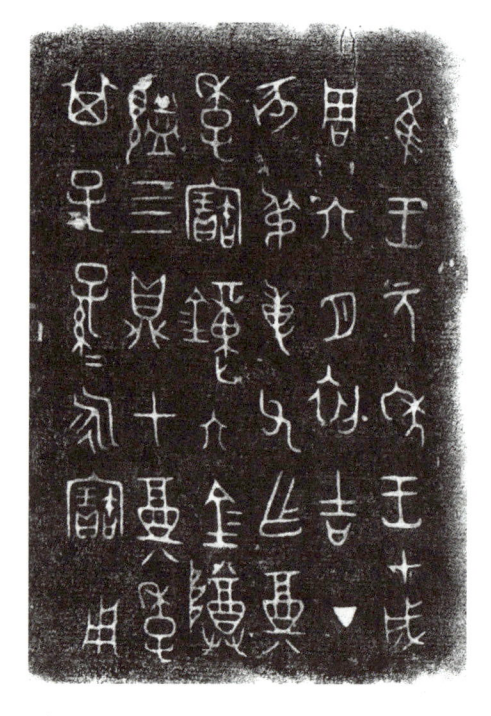

铜盨内腹部铭文拓片

图 3-2-100　铜盨　64SCCM1:4

西周晚期

陕西长安丰镐遗址

通高19.8厘米、通长32厘米、通宽19.4厘米

盖内及内腹部有铭文

铜盨内腹部铭文

铜盨盖内铭文

铜盨盖内铭文拓片

商周时期

图 3-2-101　铜壶　8 号
西周晚期
陕西长安丰镐遗址
通高 36.3 厘米、通长 23.1 厘米、通宽 17.6 厘米

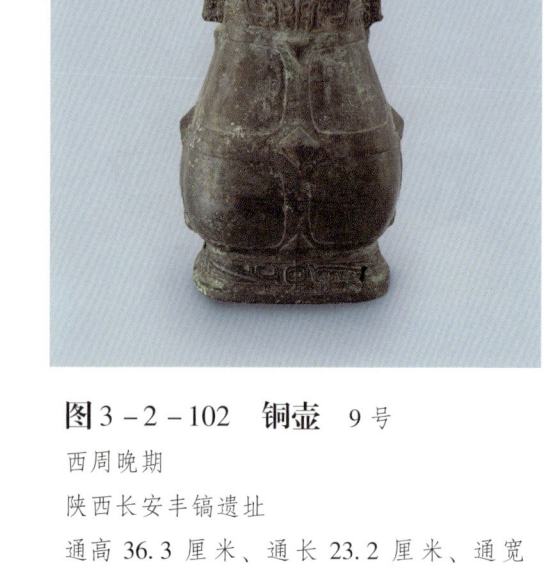

图 3-2-102　铜壶　9 号
西周晚期
陕西长安丰镐遗址
通高 36.3 厘米、通长 23.2 厘米、通宽 13.4 厘米

图 3-2-103　陶罐　80 徐 M79:26
商周之际
甘肃庄浪徐家碾遗址
通高 41.8 厘米、口径 15.3 厘米、腹径 26.9 厘米、底径 12.2 厘米

图 3-2-104　双耳马鞍口陶罐　80 徐 M79:38
商周之际
甘肃庄浪徐家碾遗址
通高 19.3 厘米、口径 8.2 厘米、腹径 13.4 厘米、底径 7.8 厘米

图 3 - 2 - 105　双耳马鞍口陶罐　80 徐 M79:42；80 徐 M79:41
商周之际
甘肃庄浪徐家碾遗址
通高 21.4 厘米、口径 9 厘米、腹径 14.1 厘米、底径 6 厘米；
通高 19.3 厘米、口径 10.6 厘米、腹径 13.4 厘米、底径 6.7 厘米

图 3 - 2 - 106　陶壶　80 徐 M79:32
商周之际
甘肃庄浪徐家碾遗址
残高 17.6 厘米、腹径 14.8 厘米、底径 8.1 厘米

图 3 - 2 - 107　陶壶　80 徐 M79:29
商周之际
甘肃庄浪徐家碾遗址
通高 16.7 厘米、口径 8.7 厘米、腹径 13 厘米、底径 7.4 厘米

图 3-2-108　陶壶　80 徐 M79:31
商周之际
甘肃庄浪徐家碾遗址
通高 18.5 厘米、口径 8.6 厘米、腹径 14.2 厘米、底径 7.2 厘米

图 3-2-109　陶壶　80 徐 M79:34；80 徐 M79:35

商周之际

甘肃庄浪徐家碾遗址

通高 18.6 厘米、口径 9 厘米、腹径 14.2 厘米、底径 7.3 厘米；

通高 19.3 厘米、口径 8.6 厘米、腹径 14.2 厘米、底径 6.6 厘米

图 3-2-110　陶豆　80 徐 M79:36

商周之际

甘肃庄浪徐家碾遗址

通高 15.7 厘米、口径 18 厘米、底径 10.7 厘米

陶豆局部刻划符号

图 3-2-111　陶豆　80 徐 M79:39
商周之际
甘肃庄浪徐家碾遗址
通高 18.2 厘米、口径 17.8 厘米、底径 12.6 厘米

图 3-2-112　陶簋　80 徐 M79:33
商周之际
甘肃庄浪徐家碾遗址
通高 21.1 厘米、口径 19.6 厘米、底径 10.6 厘米

图 3-2-113　陶簋　80 徐 M79:37
商周之际
甘肃庄浪徐家碾遗址
通高 18.6 厘米、口径 17.3 厘米、底径 11.2 厘米

图 3-2-114　陶簋　80 徐 M79:40
商周之际
甘肃庄浪徐家碾遗址
通高 13.7 厘米、口径 17.2 厘米、底径 11.4 厘米

秦汉—南北朝时期

秦都咸阳后，在渭河南岸广开苑囿，大建宫室。汉初经济凋敝，长安城就是依托秦的宫室逐步营建而成。新莽代汉，仍使用旧城。东汉以至魏晋，长安城的格局没有大的变化。到了十六国时期，前赵、前秦、后秦相继建都长安，随着宫城的转移，城市格局发生了根本变化。西魏、北周和隋初建都长安时期，应是延续了十六国时期长安城的格局。中国社会科学院考古研究所陕西第二工作队对这一时期的长安城进行了持续不断的勘探、发掘和研究，取得了较大收获。此外，对西汉宣帝杜陵的考古工作也取得了重要成果（图3-3-1）。

图3-3-1 中国社会科学院考古研究所博物馆西安分馆秦汉—南北朝时期陈列

图 3-3-2　"□□丞印"封泥　2000CH 甲 1T3③：9
战国至秦代
西安相家巷秦封泥遗址
通长 3 厘米、通宽 2.4 厘米

图 3-3-3　"右厩丞印"封泥　2000CH 甲 1T3③:3
战国至秦代
西安相家巷秦封泥遗址
通长3厘米、通宽2.3厘米

图 3-3-4 "高章宦丞"封泥 2000CH 甲 1T3③:10
战国至秦代
西安相家巷秦封泥遗址
通长 2.9 厘米、通宽 2.4 厘米

图3-3-5　"桑林丞印"封泥　2000CH 甲1T3③:5
战国至秦代
西安相家巷秦封泥遗址
通长3厘米、通宽2.7厘米

图 3-3-6　"北宫丞□"封泥　2000CH 甲 1T3③:4
战国至秦代
西安相家巷秦封泥遗址
通长 2.9 厘米、通宽 2.8 厘米

图3-3-7　"乐府丞印"封泥　2000CH 甲 1T3③:6
战国至秦代
西安相家巷秦封泥遗址
通长2.8厘米、通宽1.8厘米

图3-3-8　"北宫私丞"封泥　2000CH 甲 1T3③:7
战国至秦代
西安相家巷秦封泥遗址
通长2.6厘米、通宽2.6厘米

图 3-3-9 "居室丞印"封泥　2000CH 甲 1T3③:8
战国至秦代
西安相家巷秦封泥遗址
通长 2.9 厘米、通宽 2.5 厘米

图3-3-10 "乐府丞印"封泥 2000CH 甲1T3③:2
战国至秦代
西安相家巷秦封泥遗址
通长2.5厘米、通宽2厘米

图 3-3-11　"公车司马丞"封泥　2000CH 甲 1T3③:1

战国至秦代

西安相家巷秦封泥遗址

通长 3.2 厘米、通宽 2.8 厘米

图 3-3-12　陶板瓦　2000CH 甲 1T2J3：1
秦汉
西安相家巷秦封泥遗址
残长 33.2 厘米、残宽 25.1 厘米

图 3-3-13　筒瓦　2000CH 甲 1T2②J2

秦汉

西安相家巷秦封泥遗址

残长 11.9 厘米、残宽 10.9 厘米

图 3-3-14　三鸟纹瓦当　2000CH 甲 1T2J1:4
秦汉
西安相家巷秦封泥遗址
直径 16.8 厘米

图 3-3-15　铜弩机
西汉
汉长安城遗址
通长 8.8 厘米、通宽 2.8 厘米、通高 13 厘米

图 3-3-16　铜弩机
西汉
汉长安城遗址
通长 14.8 厘米、通宽 3.6 厘米、通高 18.9 厘米

图 3 - 3 - 17　擂石　02CH 西南角 T4③ T4∶66

西汉

汉长安城西南角遗址

通长 22 厘米、通宽 19.5 厘米、通高 15 厘米

图 3-3-18　铁剑　80CHWYT2③:1
西汉
汉长安城未央宫遗址
通长92.5厘米、通宽6.3厘米

图 3-3-19　铜镞　84CHW3T3③:33
西汉
汉长安城未央宫三号遗址
通长3.5厘米、通宽1.7厘米、通高1.6厘米

图 3-3-20　铜镞　84CHW3T3③:32
西汉
汉长安城未央宫三号遗址
通长3厘米、通宽1.6厘米、通高1.8厘米

图 3-3-21　铜带扣　84CHW3T13②:6
西汉
汉长安城未央宫三号遗址
通长4.4厘米、通宽4.2厘米

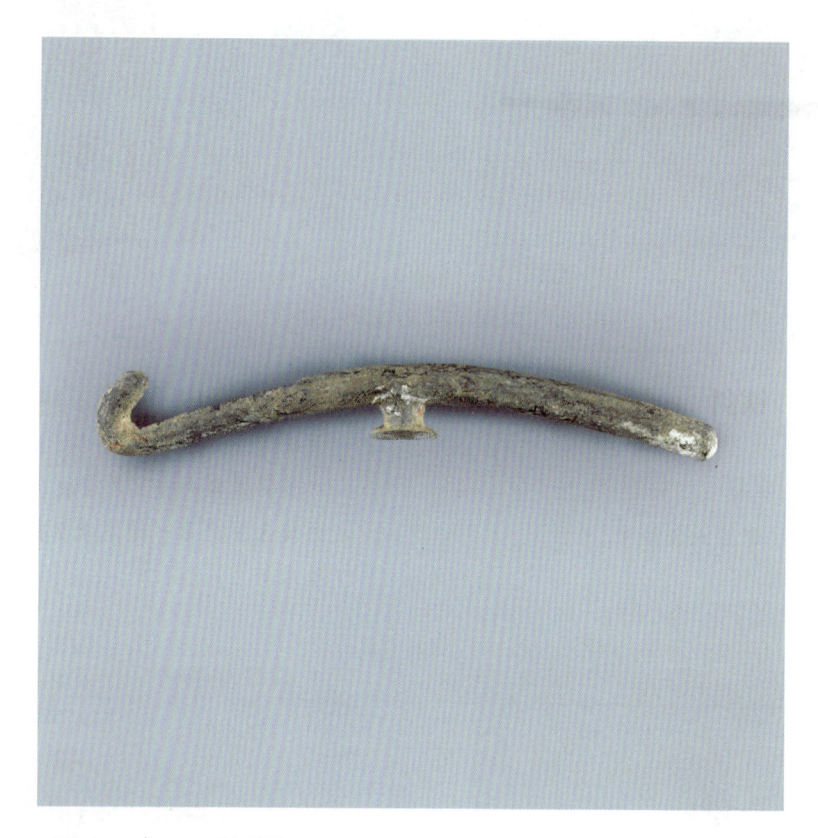

图 3-3-22　铜带钩　84CHW3T7③:6
西汉
汉长安城未央宫三号遗址
通长 12.2 厘米、宽 1 厘米、通高 1.4 厘米

图 3-3-23 "长乐未央"瓦当 88CHW4T14④
西汉
汉长安城未央宫四号遗址
直径 19.8 厘米

图3-3-24 铜铺首衔环 84CHW4T 64④:7
西汉
汉长安城未央宫四号遗址
通长11.8厘米、通宽9厘米

秦汉—南北朝时期

图 3-3-25　骨签　02101
西汉
汉长安城未央宫四号遗址
通长 6.2 厘米、通宽 2.3 厘米

图 3-3-26　骨签　02504
西汉
汉长安城未央宫四号遗址
通长 6.1 厘米、通宽 2 厘米

图 3-3-27　骨签　02533
西汉
汉长安城未央宫四号遗址
通长 3.8 厘米、通宽 2.2 厘米

图 3-3-28　骨签　02544
西汉
汉长安城未央宫四号遗址
通长 3.4 厘米、通宽 1.8 厘米

图 3-3-29　骨签　02531
西汉
汉长安城未央宫四号遗址
通长5.6厘米、通宽2厘米

图 3-3-30　骨签　02107
西汉
汉长安城未央宫四号遗址
通长6.7厘米、通宽2.2厘米

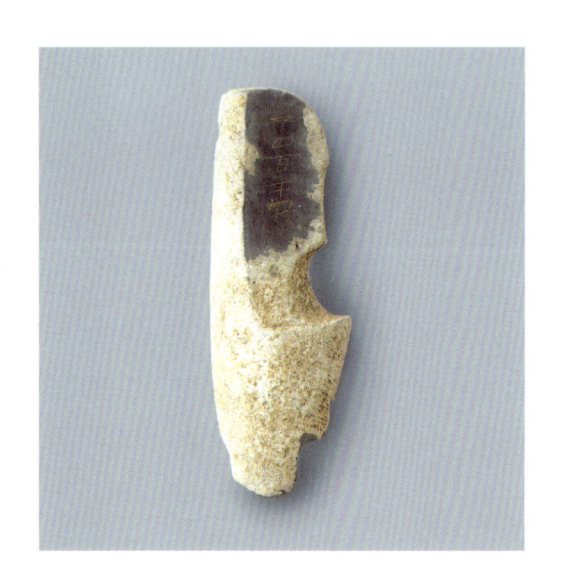

图 3-3-31　骨签　02108
西汉
汉长安城未央宫四号遗址
通长6.4厘米、通宽2.3厘米

图 3-3-32　骨签　02149
西汉
汉长安城未央宫四号遗址
通长6.3厘米、通宽2.5厘米

图 3-3-33　骨签　02147
西汉
汉长安城未央宫四号遗址
通长 3.2 厘米、通宽 1.7 厘米

图 3-3-34　骨签　02110
西汉
汉长安城未央宫四号遗址
通长 6 厘米、通宽 2.1 厘米

图 3-3-35　葵纹瓦当　88—89CHW5 第四层

战国秦

汉长安城未央宫五号遗址

直径 16.8 厘米

图 3-3-36　云纹瓦当　88—89CHW5 第三层

西汉

汉长安城未央宫五号遗址

直径 15.7 厘米

图 3-3-37 云纹瓦当 88—89CHW5 第三层
西汉
汉长安城未央宫五号遗址
直径 16.8 厘米

图 3-3-38 壁画残块 029
西汉
汉长安城长乐宫四号遗址
残长 17.6 厘米、残宽 4.1 厘米

图 3-3-39 壁画残块 034
西汉
汉长安城长乐宫四号遗址
残长 15.5 厘米、残宽 11.4 厘米

图 3-3-40 壁画残块 032
西汉
汉长安城长乐宫四号遗址
残长 9 厘米、残宽 5.7 厘米

图 3-3-41 壁画残块 016
西汉
汉长安城长乐宫四号遗址
残长 22.2 厘米、残宽 8.4 厘米

图 3-3-42　壁画残块　025
西汉
汉长安城长乐宫四号遗址
残长 6.9 厘米、残宽 5.8 厘米

图 3-3-43　壁画残块　020
西汉
汉长安城长乐宫四号遗址
残长 16.8 厘米、残宽 12.6 厘米

图3-3-44 "荆州牧印章"封泥 2002CHC4T19
西汉
汉长安城长乐宫四号遗址
通长4.2厘米、通宽3厘米

图 3-3-45　铜泡钉　2002CHC4T21③:6
西汉
汉长安城长乐宫四号遗址
直径2.8厘米、厚1.4厘米

图 3-3-46　铜泡钉　2002CHC4T21③:9
西汉
汉长安城长乐宫四号遗址
直径2.8厘米、厚1.4厘米

图 3-3-47　"五铢"铜钱　2002CHC4T5③:21
西汉
汉长安城长乐宫四号遗址
直径 2.4 厘米

图 3-3-48 小"五铢"铜钱 2002CHC4T13③: 16

西汉

汉长安城长乐宫四号遗址

直径 1.8 厘米

图3-3-49 剪轮"五铢"铜钱 2002CHC4T17③:1
西汉
汉长安城长乐宫四号遗址
直径2.4厘米

图 3-3-50　"大泉五十"铜钱　2002CHC4T21③:5
新莽
汉长安城长乐宫四号遗址
直径 2.7 厘米

图3-3-51　"布泉"铜钱　2002CHC4 采:3
新莽
汉长安城长乐宫四号遗址
直径2.6厘米

图 3-3-52　"货泉"铜钱　2002CHC4 采:1
新莽
汉长安城长乐宫四号遗址
直径 2.1 厘米

图 3-3-53　"五行大布"铜钱　2002CHC4 采:2
北周
汉长安城长乐宫四号遗址
直径 2.6 厘米

图 3-3-54　五角形陶管道　2001CH 排水管:18

西汉

汉长安城长乐宫排水管道遗址

通长 68.9 厘米、通宽 59.5 厘米、通高 63 厘米

管道外壁有戳印

五角形陶管道外壁戳印

图 3-3-55　长铁钉　T1③:16
西汉
汉长安城桂宫三号遗址
通长 40.6 厘米、直径 1 厘米

图 3-3-56　长铁钉　T1③:20
西汉
汉长安城桂宫三号遗址
通长 28 厘米、直径 1.2 厘米

图 3-3-57　直角铁钉　T1③:31
西汉
汉长安城桂宫三号遗址
残长 7.4 厘米、残宽 1.3 厘米

图 3-3-58　圆帽铁钉　T2③:26
西汉
汉长安城桂宫三号遗址
残长 10.8 厘米、残宽 0.5 厘米

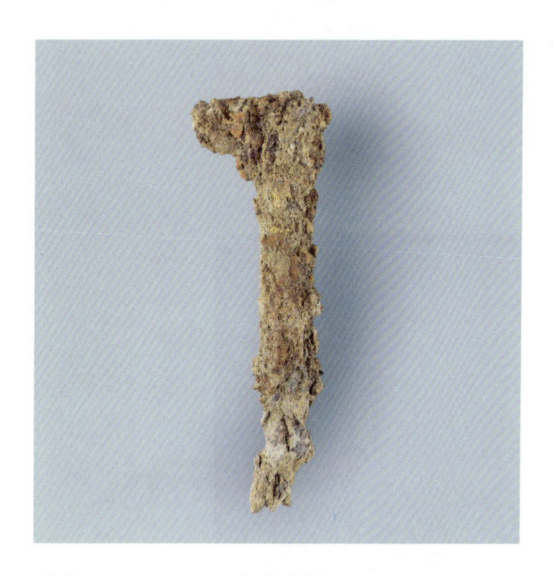

图 3 - 3 - 59　直角铁钉　T1③:32
西汉
汉长安城桂宫三号遗址
残长 10.6 厘米、残宽 1.4 厘米

图 3 - 3 - 60　陶子母砖　排水渠:21
西汉
汉长安城桂宫三号遗址
通长 32 厘米、通宽 25.8 厘米、厚 4.7 厘米

图 3 - 3 - 61　方砖　97CHG3T13:15
西汉
汉长安城桂宫三号遗址
通长 35 厘米、通宽 35 厘米、厚 5 厘米

图 3 - 3 - 62　石磨　T2③:45
西汉
汉长安城桂宫三号遗址
通高 22.5 厘米、直径 50 厘米

图 3-3-63　铁矛　76CHW3T5③:2
西汉
汉长安城武库三号遗址
通长 23.3 厘米、通宽 2.4 厘米、厚 0.8 厘米

图 3-3-64　铁铠甲片　5:T1③:28
西汉
汉长安城武库五号遗址
通长 7.1 厘米、通宽 4.6 厘米

图 3-3-65　铁铠甲片　5:T1③:27
西汉
汉长安城武库五号遗址
通长 3.2 厘米、通宽 2.7 厘米

图 3-3-66　铁铠甲片　5:T1③:29
西汉
汉长安城武库五号遗址
通长 7.5 厘米、通宽 4.8 厘米

图3-3-67 铁铠甲片 5:T1③:25
西汉
汉长安城武库五号遗址
通长2.1厘米、通宽1.7厘米

图3-3-68 铁铠甲片 5:T1③:26
西汉
汉长安城武库五号遗址
通长3.2厘米、通宽2.8厘米

图3-3-69 铁刀 78CHW5:T1③:5
西汉
汉长安城武库五号遗址
通长69.5厘米、通宽3.1厘米

图3-3-70 铁刀 76CHW5T1③:5
西汉
汉长安城武库五号遗址
通长31.3厘米、通宽2.8厘米、厚1厘米

图 3-3-71　铁铤铜镞　78CHW5T2③：5
西汉
汉长安城武库五号遗址
残长 14.5 厘米、通宽 0.9 厘米、厚 0.9 厘米

图 3－3－72　铁铤铜镞　78CHW5T3③：8
西汉
汉长安城武库五号遗址
残长7.2厘米、通宽1.1厘米、厚1.1厘米

图 3-3-73　铜镞　78CHW5T3③:30
西汉
汉长安城武库五号遗址
长 5.1 厘米、通宽 0.6 厘米、厚 0.5 厘米

图 3-3-74　铜镞　78CHW5T2③:10
西汉
汉长安城武库五号遗址
长 4.1 厘米、通宽 0.6 厘米、厚 0.6 厘米

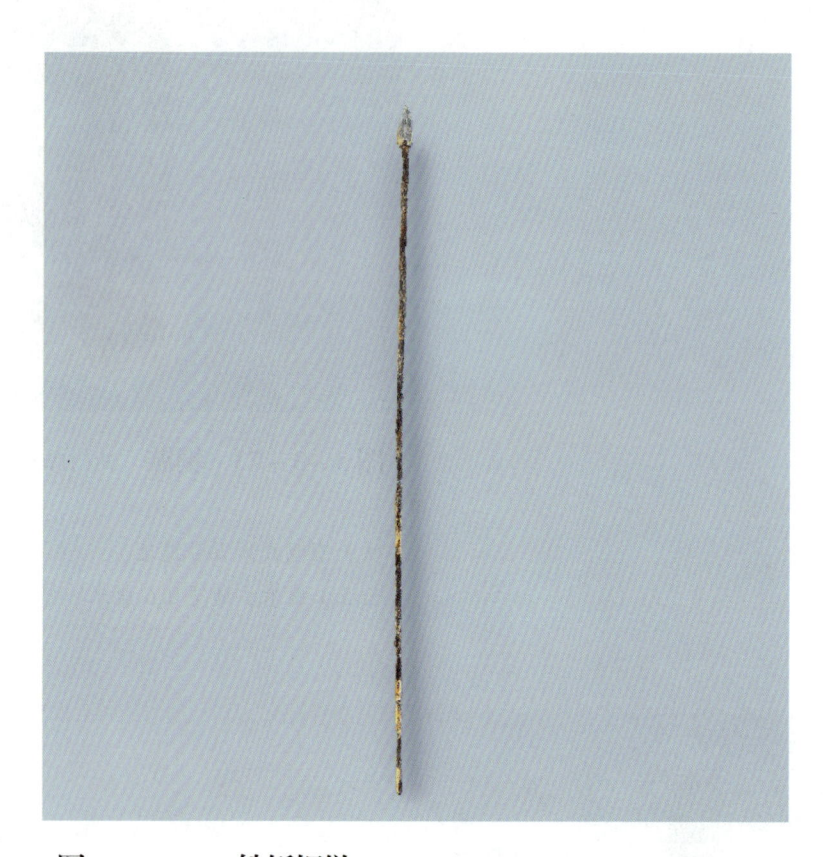

图 3-3-75　铁铤铜镞　77CHW7T6③:11
西汉
汉长安城武库七号遗址
残长46厘米、通宽1厘米、厚1.1厘米

图 3-3-76　陶几何纹砖　Y40:3
西汉
汉长安城窑址
残长 19.6 厘米、残宽 20.5 厘米、厚 3 厘米

图 3-3-77　陶支垫 98CHY45
西汉
汉长安城窑址
通长 11.7 厘米、通宽 3.9 厘米、厚 2.9 厘米；
通长 11 厘米、通宽 3.6 厘米、厚 3.1 厘米

图 3-3-78　陶叠铸范　90k2:9
西汉
汉长安城窑址
通长 14 厘米、通宽 12 厘米、通高 7 厘米

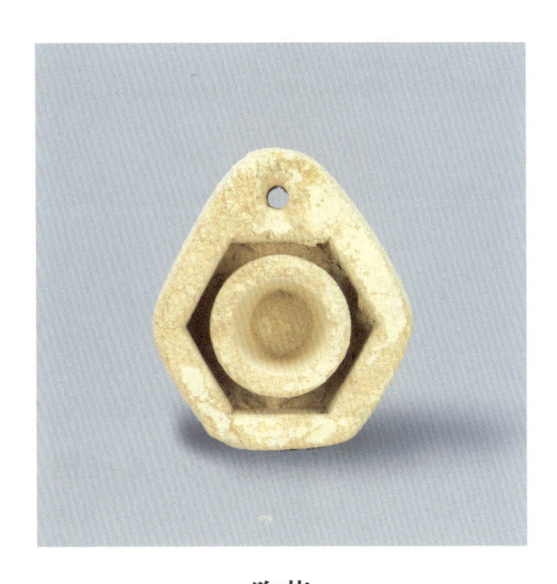

陶范 　　　　　　　　　　陶范盖

图 3-3-79　陶俑
西汉
汉长安城窑址
通高 58 厘米、通宽 16 厘米、厚 12 厘米

陶俑侧视 　　　　　　　　　陶俑背视

图3-3-80 陶钱范 97CH 西市 T3:1
西汉
汉长安城钱范遗址
残长17厘米、通宽20厘米、厚2.9厘米

图3-3-81 铜铨 窦寨村铜器窖藏7号
西汉
西安西北郊窦寨村
通高21.5厘米、口径11厘米

图3-3-82 铜灯 窦寨村铜器窖藏
西汉
西安西北郊窦寨村
通高35.3厘米、口径15.5厘米、底径14厘米

图3-3-83 铜壶 窦寨村铜器窖藏
西汉
西安西北郊窦寨村
通高27.5厘米、口径4.3厘米、腹径16.4厘米、底径11.7厘米

图3-3-84 钱范（背面范）
西汉
汉长安城建章宫遗址
残长27厘米、通宽25.5厘米、厚5.7厘米

图 3-3-85 钱范（正面范） 05CH 建 1T3③:19

西汉

汉长安城建章宫遗址

残长 10.8 厘米、通宽 17 厘米、厚 2.7 厘米

图 3-3-86 钱范（正面范）　　06CH 建 1T3③：17

西汉

汉长安城建章宫遗址

残长 11 厘米、残宽 10.6 厘米、厚 3.5 厘米

图 3-3-87 "千秋万岁"瓦当
西汉
汉长安城建章宫遗址
直径 19.6 厘米

图3-3-88 钱范（背面范） 06CH建1T3③:61

西汉

汉长安城建章宫一号遗址

通长47.7厘米、通宽19.9厘米、厚5厘米

图 3-3-89 "延年益寿" 瓦当　05CH 建 1T4③:2

西汉

汉长安城建章宫一号遗址

直径 16.6 厘米

图 3-3-90　云纹瓦当　59HIT1202③
西汉
汉长安城南郊礼制建筑遗址
直径 15.2 厘米

图 3 - 3 - 91　云纹瓦当　59HIT151 - 158②
西汉
汉长安城南郊礼制建筑遗址
直径 19 厘米

图3-3-92 云纹瓦当 59113厂采集
西汉
汉长安城南郊礼制建筑遗址
直径15.9厘米

图3-3-93 云纹瓦当 60HIT1202③
西汉
汉长安城南郊礼制建筑遗址
直径16.4厘米

图3-3-94 云纹瓦当 56HCT2⑤
西汉
汉长安城南郊礼制建筑遗址
直径15.4厘米

图3-3-95 云纹瓦当 采集Ⅶa
西汉
汉长安城南郊礼制建筑遗址
直径16.2厘米

图 3-3-96　圆形陶水管　影山楼采集
西汉
汉长安城南郊礼制建筑遗址
通长 65.5 厘米、管径 25—27 厘米

图 3-3-97　青龙瓦当　59N1T461-468:1
新莽
汉长安城南郊礼制建筑遗址
直径 18.8 厘米

图 3-3-98　白虎瓦当　闫：西门:5
新莽
汉长安城南郊礼制建筑遗址
直径 18 厘米

图 3-3-99 朱雀瓦当 59N1T461-468:39
新莽
汉长安城南郊礼制建筑遗址
直径 18.8 厘米

图 3-3-100　玄武瓦当　60HIT1259⑥
新莽
汉长安城南郊礼制建筑遗址
直径 16.2 厘米

图 3-3-101　门臼砖　T2③:14
西汉
杜陵五号遗址
通长 12.8 厘米、通宽 10.5 厘米、通高 5.8 厘米

门臼砖上视

图 3-3-102　小铜铺首　H2:16（A）；H2:16（B）

西汉

杜陵五号遗址

通长 3.3 厘米、通宽 4 厘米、厚 0.2 厘米；

通长 2.8 厘米、通宽 3.2 厘米、厚 0.2 厘米

图 3-3-103　铜饰件　H2:7
西汉
杜陵五号遗址
通长8.9厘米、通宽8.9厘米、厚0.2厘米

图 3-3-104　"货泉"铜钱　T15③：1
新莽
杜陵五号遗址
直径 2.2 厘米

图 3-3-105　小"五铢"铜钱　K1 盗洞
西汉
杜陵一号陪葬坑
直径 1.3 厘米

图 3-3-106　陶俑　K1　　　　　　　　陶俑侧视
西汉
杜陵一号陪葬坑
通高 56 厘米、通宽 7.8 厘米、厚 6.3 厘米

图3-3-107 陶俑 K1　　　　　　　　　　　　　　　陶俑侧视
西汉
杜陵一号陪葬坑
通高57厘米、通宽7.8厘米、厚6厘米

图3-3-108 印章 K4:8　　　　　　　　　　　　　　印章底部
西汉
杜陵四号陪葬坑
通长0.8厘米、通宽0.6厘米、通高0.9厘米

图 3-3-109　瓦当　02CHC2T5②:4
十六国北朝
汉长安城长乐宫二号遗址窑址
直径 11.8 厘米

图 3-3-110　瓦当　02CHC2T5②:2
十六国北朝
汉长安城长乐宫二号遗址窑址
直径 11.4 厘米

图 3-3-111　瓦当　02CHC2Y5:6
十六国北朝
汉长安城长乐宫二号遗址窑址
直径 11.8 厘米

图 3-3-112　瓦当　02CHC2T7②:5
十六国北朝
汉长安城长乐宫二号遗址窑址
直径 12.8 厘米

图 3-3-113　板瓦　02CHC2Y2⑤:2
十六国北朝
汉长安城长乐宫二号遗址窑址
通长 39 厘米、通宽 24 厘米

图 3-3-114　板瓦　02CHC2Y3:1
十六国北朝
汉长安城长乐宫二号遗址窑址
通长 37.7 厘米、通宽 23.6 厘米

图 3-3-115　筒瓦　02CHC2Y12:1
十六国北朝
汉长安城长乐宫二号遗址窑址
通长 39 厘米、通宽 11.6 厘米

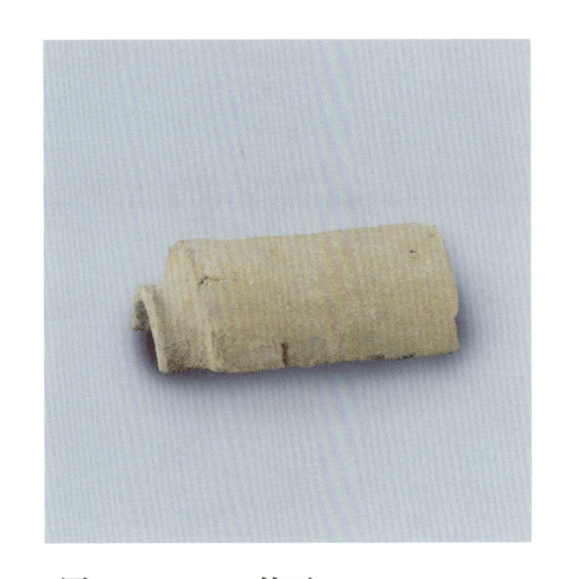

图 3-3-116　筒瓦　02CHC2Y5:4
十六国北朝
汉长安城长乐宫二号遗址窑址
通长 17 厘米、通宽 11.5 厘米

图3-3-117 石佛像 21号B1
北朝
西安西北郊中查寨佛像窖藏
残高52.5厘米、通宽19.5厘米、厚12.5厘米

石佛像背面

图3-3-118 石菩萨像 9号B4
北朝
西安西北郊中查寨佛像窖藏
残高41厘米、通宽21厘米、厚14.5厘米

石菩萨像背面

隋唐时期

　　隋唐是中国古代封建社会的鼎盛时期，作为帝国都城的长安，是当时全国的政治、经济和文化中心。本所陕西第一工作队自1957开始对隋唐长安城遗址进行考古勘探、发掘和研究。五十多年来，在基本明确了隋大兴唐长安城轮廓、形制和布局的基础上，先后对大明宫、兴庆宫、东市、西市、青龙寺、西明寺、个别里坊等遗址开展了有计划的考古工作，同时，配合城市改造和基本建设，对都城近郊的圜丘遗址、渠池遗址和隋唐墓葬等进行了勘探和发掘。此外，受国家文物局委托，还对隋唐两代重要的避暑行宫——隋仁寿宫·唐九成宫遗址进行了为期十余年的勘察和发掘。以上考古成果丰富了隋唐考古学和历史学的内容，尤其对中国古代都城和建筑史的研究有着十分重要的意义（图3-4-1）。

图3-4-1　中国社会科学院考古研究所博物馆西安分馆隋唐时期陈列

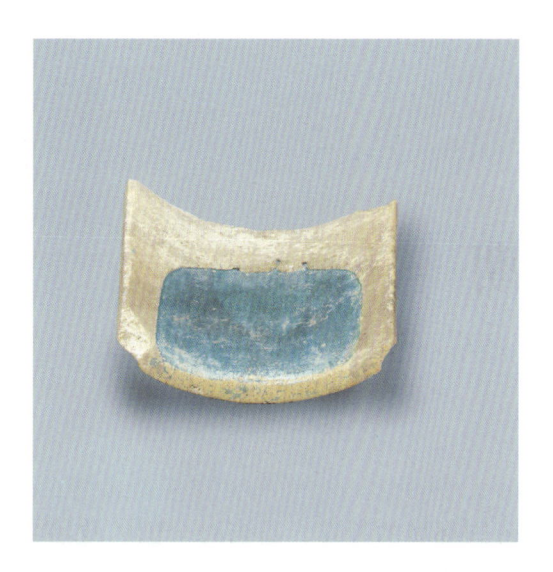

图3-4-2 琉璃板瓦 58XCNH1
唐
唐长安城遗址
通长40厘米、通宽28.5厘米

图3-4-3 琉璃板瓦
唐
唐长安城遗址
残长24.3厘米、通宽21.6厘米

图3-4-4 长条砖 72CTMT8沟:75
唐
唐长安城明德门遗址
通长35厘米、通宽14.7厘米、厚6.6厘米
戳印"西坊开廿八九月官砖"

图3-4-5 长条砖 57TWCT5第四层
唐
唐长安城大明宫遗址
通长36.8厘米、通宽17.1厘米、厚6.6厘米
戳印"城东官砖"

图 3-4-6　长条砖　59TWJT2:5
唐
唐长安城大明宫遗址
通长36.1厘米、通宽17.3厘米、厚7.6厘米
戳印"六官昭"

图 3-4-7　长条砖　陕西11、中128
唐
唐长安城大明宫遗址
残长18.7厘米、残宽12.3厘米、厚6.7厘米
戳印"天八春明官砖"

图 3-4-8　莲花瓦当筒瓦　58HXMT10②:1
唐
唐长安城大明宫遗址
通长40.7厘米、通宽15.5厘米、直径15.3厘米

莲花瓦当底部

图 3-4-9 筒瓦 49#
唐
唐长安城大明宫遗址
残长 37.8 厘米、通宽 14.5 厘米

图 3-4-10 板瓦
唐
唐长安城大明宫遗址
残长 40 厘米、通宽 24 厘米

图 3-4-11 缠枝纹瓦当 58TWCT11③
唐
唐长安城大明宫遗址
残长 13.3 厘米、残宽 11 厘米

图 3-4-12 莲花瓦当 85CTQT501#3
唐
唐长安城大明宫遗址
直径 20.7 厘米

图 3-4-13　石螭首　59THGT39③
唐
唐长安城大明宫遗址
残长 19 厘米、残宽 13 厘米、残高 23.5 厘米

石螭首背面

图 3-4-14　石螭首
唐
唐长安城大明宫遗址
残长 28 厘米、残宽 25.5 厘米、残高 23 厘米

图 3-4-15　骨梳　原 623
唐
唐长安城大明宫遗址
残长 7.2 厘米、残宽 5.8 厘米、厚 0.4 厘米

图 3-4-16　黄釉瓷碗　59TWCT110②
唐
唐长安城大明宫遗址
通高4.1厘米、口径10厘米、底径5.4厘米

图 3-4-17　白釉花边瓷盒盖　大明宫：30
唐
唐长安城大明宫遗址
通长8.9厘米、通宽6.5厘米、厚1.6厘米

图 3-4-18　白釉瓷茶托　大明宫:31
唐
唐长安城大明宫遗址
通高 1.5 厘米、口径 10.2 厘米、底径 3.7 厘米

图 3-4-19　白釉小瓷杯　34#
唐
唐长安城大明宫遗址
通高 7.6 厘米、口径 9 厘米、底径 3.5 厘米

图 3-4-20　白釉瓷大盒盖　59TWYT1
唐
唐长安城大明宫遗址
通高5.2厘米、口径30.3厘米、底径26.5厘米

图 3-4-21　缠枝纹方砖　陕西 7、中 137
唐
唐长安城大明宫含元殿遗址
边长 32 厘米、厚 6.5 厘米

图 3-4-22　四叶纹方砖　2001TCDTG1④165
唐
唐长安城大明宫含元殿遗址
边长 32 厘米、厚 6.5 厘米

图 3-4-23　莲花瓦当　1960 龙尾道 T1:2
唐
唐长安城大明宫含元殿遗址
直径 17.5 厘米

图 3-4-24　汉白玉圭璧　60THGT69:4
唐
唐长安城大明宫含元殿遗址
通长 18 厘米、直径 14.8 厘米、厚 1.6 厘米

图 3-4-25　金箔兽　83CTDL
唐
唐长安城大明宫麟德殿遗址
通长 6.5 厘米、通高 2.8 厘米

图 3-4-26　石螭首　无号
唐
唐长安城大明宫麟德殿遗址
通长 98.5 厘米、通宽 24 厘米、通高 32 厘米

石螭首前视

图 3-4-27 三彩筒瓦 81CTDST1-21:526
唐
唐长安城大明宫三清殿遗址
残长14.6厘米、残宽9厘米

图 3-4-28　琉璃筒瓦　81CTDST1-21:521
唐
唐长安城大明宫三清殿遗址
残长6.2厘米、残宽7.8厘米

图 3-4-29 琉璃筒瓦 81CTDST1-21:524
唐
唐长安城大明宫三清殿遗址
残长 5.7 厘米、残宽 6.6 厘米

图 3-4-30　琉璃忍冬纹瓦当　81CTDST1-21:537
唐
唐长安城大明宫三清殿遗址
残长7厘米、残宽4.5厘米

图 3-4-31　琉璃忍冬纹瓦当　82CTDST18:52，总542
唐
唐长安城大明宫三清殿遗址
残长7.5厘米、残宽6厘米

图 3-4-32 琉璃忍冬纹瓦当 82CTDST18:22，总 547
唐
唐长安城大明宫三清殿遗址
残长 9.5 厘米、残宽 7.6 厘米

图 3-4-33　长条砖　59TWYT2:5
唐
唐长安城兴庆宫遗址
通长 38.2 厘米、通宽 16.5 厘米、厚 6.6 厘米
戳印"六官昭"

图 3-4-34　缠枝纹方砖　57秋TWCT32
唐
唐长安城兴庆宫遗址
边长31厘米、厚5.9厘米

图 3-4-35 莲花纹方砖 57TCT3③
唐
唐长安城兴庆宫遗址
边长 34 厘米、厚 6.1 厘米
戳印"城东官砖"

图 3-4-36 兽面砖 92CTXT：124
唐
唐长安城西明寺遗址
通长 26.5 厘米、通宽 22.2 厘米、厚 3.7 厘米

图 3-4-37 铜佛像 85CTCJ2④：465
唐
唐长安城西明寺遗址
通高 8.5 厘米、通宽 2.5 厘米、座长 2.5 厘米、座宽 1.8 厘米

图 3-4-38 铜佛像 85CTCJ2④：463
唐
唐长安城西明寺遗址
通高 9.5 厘米、通宽 3 厘米、座长 2.4 厘米、座宽 1.8 厘米

图 3-4-39　陶脊兽　73CTQT461③：268
唐
唐长安城青龙寺遗址
残高 30.2 厘米、残宽 20.8 厘米

图 3 - 4 - 40　八边形莲花纹石砚　73GQT323:571
唐
唐长安城青龙寺遗址
通高 7.6 厘米、口径 20.2 厘米、底径 22.4 厘米

图 3-4-41 铜铃　　　　　　　　　　　　铜铃另一面
唐
唐长安城青龙寺遗址
通高 2.7 厘米、口径 2.5 厘米
铸"四季平安"铭

图3-4-42　陶女俑　T325③:431
唐
唐长安城青龙寺遗址
通高5厘米、通宽2厘米

陶女俑背面

图3-4-43　铜佛像
隋唐
陕西麟游九成宫遗址
通高9.8厘米、通宽1.9厘米、座长2厘米、座宽1.7厘米

图3-4-44　铁斧
隋唐
陕西麟游九成宫遗址
通长8.5厘米、通宽8.7厘米

隋唐时期

图 3-4-45　铁铲　94SGT113:282
隋唐
陕西麟游九成宫遗址
通长 12.3 厘米、通宽 13.2 厘米

图 3-4-46　铁钉
隋唐
陕西麟游九成宫遗址
通长 8.3 厘米、宽 0.5—0.8 厘米

图 3-4-47　铁钉
隋唐
陕西麟游九成宫遗址
通长 14.7 厘米、宽 0.6 厘米

图 3-4-48　铜带环钉　80SLJT308③:325
隋唐
陕西麟游九成宫遗址
通长 13.8 厘米、环径 3.6 厘米

图3-4-49 花边板瓦 84SLJ—4:92
隋唐
陕西麟游九成宫遗址
残长30厘米、通宽29.5厘米、厚3.2厘米

图3-4-50 莲花纹方砖 80SLJ:8
隋唐
陕西麟游九成宫遗址
边长31.5×31.8厘米、厚6.8厘米

图3-4-51 莲珠瓦当 94SLJ:34
隋唐
陕西麟游九成宫遗址
直径14.8厘米
戳印"洛州李国"

莲珠瓦当背面

图 3-4-52 莲珠瓦当 80SLJ:174、45
隋唐
陕西麟游九成宫遗址
直径 12.7 厘米
戳印 "汝州杜罗汉"

莲珠瓦当背面

图 3-4-53 石雕花构件 SLJ184—4
隋唐
陕西麟游九成宫遗址
残长 26 厘米、残高 9.3 厘米、厚 4.7 厘米

图 3-4-54 石望柱头 94SLJ—4:181
隋唐
陕西麟游九成宫遗址
通高 15.5 厘米、底径 16.7 厘米、顶径 12 厘米

图3-4-55　雕花石构件　80SLJ:303
隋唐
陕西麟游九成宫遗址
通高18厘米、通长39.5厘米、通宽29.4厘米

图3-4-56　陶鸱尾
隋唐
陕西麟游九成宫遗址
通高113厘米、通宽70厘米、厚56厘米

图3-4-57　彩绘镇墓兽　原631；原632
唐
西安郊区唐墓
通高62厘米、通宽33.5厘米、厚34厘米；
通高58.5厘米、通宽37.5厘米、厚29.5厘米

图3-4-58 三彩文官俑 57印厂 M32:5
唐
西安郊区唐墓
通高44.5厘米、通宽13厘米、厚8.8厘米

三彩文官俑背面

图3-4-59 三彩文官俑 57印厂 M32:11
唐
西安郊区唐墓
通高43厘米、通宽12厘米、厚9.2厘米

图3-4-60 三彩天王俑 57印厂 M32:4
唐
西安郊区唐墓
通高42.5厘米、通宽20.5厘米、厚8.5厘米

三彩天王俑背面

图3-4-61 三彩天王俑 57印厂 M32:3
唐
西安郊区唐墓
通高42.5厘米、通宽21厘米、厚8.5厘米

三彩天王俑背面

图3-4-62 陶女俑 原580

唐

西安郊区唐墓

通高40厘米、通宽13.5厘米、厚11.5厘米

陶女俑背面

图 3-4-63　陶男俑　57.004 工地 T12M117:7
唐
西安郊区唐墓
通高 40.5 厘米、通宽 11.2 厘米、厚 10.5 厘米

陶男俑背面

图 3-4-64　三彩陶马　57 印厂 M32:2
唐
西安郊区唐墓
通高 31.8 厘米、通长 32 厘米、通宽 11.2 厘米；
通高 33.2 厘米、通长 35 厘米、通宽 11 厘米

图 3-4-65　白瓷罐　57SCCM195①
唐
西安郊区唐墓
通高 12.5 厘米、口径 5.8 厘米、腹径 13.2
厘米、底径 6.5 厘米

图 3-4-66　青釉瓷盂　56.004 工地
唐
西安郊区唐墓
通高 9.3 厘米、口径 15.4 厘米、底径 6.5
厘米

图 3-4-67　青釉瓷灯　57.004 主厂区 8#M147:3
唐
西安郊区唐墓
通高 12.1 厘米、口径 14.5 厘米、底径 9.8 厘米

图 3-4-68　青釉瓷莲花座烛台　57.0048#M5:6
唐
西安郊区唐墓
通高 29.8 厘米、口径 4.8 厘米、底径 15.4 厘米

图 3-4-69　花鸟铜镜　57.284 工地交:46
唐
西安郊区唐墓
直径 18.7 厘米、缘厚 0.5 厘米

图 3-4-70　海兽葡萄铜镜　57.786 工地交:1
唐
西安郊区唐墓
直径 7.5 厘米、缘厚 0.9 厘米

图 3-4-71　真子飞霜铜镜　57.786 工地交:4
唐
西安郊区唐墓
直径 16 厘米、缘厚 0.3 厘米

图 3-4-72　双鸾仙山鹊衔绶带铜镜　57.004 工地交
唐
西安郊区唐墓
直径 9.5 厘米、缘厚 0.6 厘米

参与本部分的工作人员有：

策划：安家瑶　刘永茂　刘振东　郭晓涛

摄影：张亚斌　张鹿野（文物）　王新民（其他）

协力：西安研究室（左崇新　张珍　李成　赵君妮）
　　　陕西第六工作队（新石器工作队　王小庆）
　　　陕西第三工作队（西周丰镐工作队　宋江宁）
　　　陕西第二工作队（汉长安城工作队　张建锋）
　　　陕西第一工作队（唐长安城工作队　李春林）

结　　语

陕西是中华文明的发源地之一，西安曾有13个朝代建都，周秦汉唐的辉煌是值得骄傲的历史篇章。中国科学院考古研究所在建所初期就将西北地区，尤其是陕西作为优先开展考古工作的地区之一，几代考古人在这片沃土上披荆斩棘，用辛勤的汗水浇灌出丰硕的成果。如今，新一代考古人又在起早贪黑地劳作，用手铲书写着新的历史。

前排左起：张　珍　张连喜　席昭霞　冯孝堂　左崇新；后排左起：付仲杨　何岁利　刘　涛
韩建华　刘永茂　刘振东　刘　瑞　郭晓涛　宋江宁　张建锋
西安研究室"全家福"（2015年7月29日）